İstanbul,

DÜŞÜN
YAYINCILIK

Yayın No	139
Kitabın Adı	SAVAŞ KESMEYEN SÖZLER
Yazar	Mustafa İslâmoğlu - 26
İç Mizampaj	İsra Tanıtım
Kapak	Mehmet Kaman
Kapak Karikatürü	Hasan Aycın
1. Baskı *8. Baskı*	Haziran, 2002 Ağustos, 2011
ISBN	975 - 550 - 153 - 3
Baskı ve Mücellit	İstanbul Matbaacılık Gümüşsuyu Cad. Işık Sanayi Sitesi B Blok No: 21 Topkapı-Zeytinburnu/İSTANBUL Tel: 0212 482 51 66
Yayıncı Adresi *Tel & Fax*	Topkapı Mh. Kahalbağı Sk. No: 55/A Topkapı-İSTANBUL
Sipariş Tel & Web	Tel: (0212) 521 91 13-23 • Fax: (0212) 521 90 86 (0212) 524 7 524 • www.kidap.com.tr

SAVAŞ KESMEYEN SÖZLER

Mustafa İslâmoğlu

İÇİNDEKİLER

BİRİNCİ BÖLÜM

III. BÖLÜM

IV. BÖLÜM

V. BÖLÜM

SUNUŞ

Söz ola kese savaşı
Söz ola kestire başı
Söz ola ağulu aşı
Bal ile yağ ede bir söz

Bu mısraların sahibi koca Yunus, sözün gücüne inanıyordu. Çünkü o "sözlerin sultanı" olan *vahiy medeniyetinin* çocuğuydu. İşte bu nedenle, sözün savaş kesebilme imkanına atıfta bulunmuştu.

Elbet sözün el üstünde tutulduğu bir medeniyette, savaş kesen söz sahipleri ve sözün gücü önünde diz çöküp savaş kesen savaşçılar bulunuyordu. Fakat sözün tahtını kaba kuvvete terkettiği modern zamanlarda, sözlerin gücü savaş kesmeye yetmedi. Çünkü savaş açanlar, ne söz dinliyorlar, ne de sözün gücüne inanıyorlardı. Onlar kaba kuvvetle diz çöktürüyorlar, kaba kuvvetin önünde diz çöküyorlardı.

Bir söz eri olan bu satırların sahibi de, sözün gücüne hep inandı, hâlâ da inanıyor. Bunun içindir ki ait olduğu inanç sistemine ve onun müminlerine karşı açılan savaşı sözün gücüyle durdurmaya çaba gösterdi. Bu kitapta yer alan yazılar, işte bu çabanın hem ürünü hem tanığıdırlar.

Ne ki, bu sözlerin gücü kimilerinin "postmodern darbe" adını koydukları meş'um süreçte açılan savaşı kesmeye yetmedi. O sürecin mimarlarından biri olan ve sözün sırtından geçinen bir kısım medyanın *"Topyekün Savaş"* manşetleri attığı bir ortamda, sözün gücü savaş kesmeye yetmezdi. Çünkü söze en büyük ihanet, gücünü sözden alması gereken çevreler tarafından yapılmıştı. Artık onlar "gücün sözcüsü" idiler.

Bütün bu yaşananlara rağmen, biz kalem ve söz uygarlığı mensuplarının, sözün hâlâ güçlü olduğuna inanması gerekiyor. *"Eşkıya dünyaya hükümdar olmaz"* diyen herkesin ilk yapacağı şey, sözün makamını zorbalık ve kaba kuvvetin üzerine çıkarmak olmalıdır.

Öyle ya, eğer sözün hükmü olmasaydı, Allah insanla konuşur muydu?

I. BÖLÜM

İŞİNİZ VAR MI İŞİNİZ?

İnsan işini unutur mu?

Ne münasebet! Unutmasaydı "insan" adını almazdı. Malumunuz insan, "unutmak" anlamına gelen "nisyan" kökünden türetilir.

Ve işte bu yüzden insan işini unutur. Caddeler işini unutanlarla dolu. "İşsizlik" felaket mi ki? Asıl felaket "işini unutmak". Bu öyle bir iş ki, insan ona doğuştan sahiptir. Ölünceye kadar da emekliliği yoktur. Bu iş kriz dinlemez. Ne kimse sizi işten atabilir, ne siz işinizi terkedebilirsiniz.

Ancak sorumlu ya da sorumsuz davranırsınız, unutursunuz ya da unutmazsınız.

Evet, işiniz sorumluluğunuzdur.

Günahkar olarak değil, sorumlu olarak doğdunuz. İşiniz boynunuza bir borç olarak asıldı. Çünkü, hiçbir karşılık ödemeden, değeri ölçülemeyecek miktarda kredi kullanarak geldiniz dünyaya. Borçlusunuz. Borç "deyn" demektir, deyn "din" demektir: *Din borçluluk bilincidir...*

Birilerinin, insanları "Senin işin var" diye uyarması gerekiyor. İşini unutan insanlara işini hatırlatması gerekiyor. Sağa sola bakanlara, gözü dışarıda olanlara, "İşine bak!" demesi gerekiyor.

Hele "Ne yapabilirim ki", "Elimden ne gelir ki" diyenler yok mu?

İşte asıl onlara seslenmek, "Başka şey değil, sadece işini yap" diye haykırmak gerekiyor.

Biliyorum, "Paçamıza saldıranlardan baş bulamadık ki!" diye dert yanacaksınız.

Ama ne yapalım ki dünyanın kaderi bu; yürüyenler oldukça ürüyenler de olacak. Asıl olan 'mahlukların' neden ürüdüğünden çok, sizin nereye, nasıl, kiminle ve niçin yürüdüğünüz. Dahası bir "kervanınızın" olup olmadığı.

Kervan nedir peki?

Farsça kelime "kârcı" anlamına geliyor. "Kâr" köküne "..cı" anlamına gelen "bân" eki eklenerek elde edilmiş. Demek ki kervan bir ticaret yolculuğu. Yani öyle âvâre âvâre gezip tozmak falan değil. Bir işi, bir kisb ve kazancı olan demek.

Sonra, bir kervanın nereden çıkıp nereye gittiği ve yolda nerelerde konaklayacağı da bellidir. Kervanınız varsa, "Canım, kısmet neresiyse orası olur" diyemezsiniz. Mahreciniz de menziliniz de belli olacak. Yılkı atlarını posta atlarından ayıran da bu değil midir? Birincinin yürümesine "dolaşma" denir, ikincisininkine "yol alma" denir. Dolaşmakla yol almak arasında dağlar kadar fark var.

Bir de kervanınızın olup olmadığı, yükünüzün olup olmadığından belli olur. Çünkü kervancı olabilmeniz için "kâr" edecek bir "yüke", yani bir "değere" sahip olmanız gerekir. Bunlar varsa sizin için yürümek bir sorumluluktur zaten. Buna mecbur, hatta mahkumsunuz.

Yürüyeceksiniz...

Arkanıza bakmadan yürüyeceksiniz.

Gelenlerin ya da gelmeyenlerin kimler olduğuna çok fazla aldırmayacaksınız.

Yola nâdânlar değil, kâr edecek değeri olanlar gelsin.

Yolsuz olanlar değil, "yollu" ve "yolcu" olanlar gelsin.

Sorumsuzlar ve olumsuzlar değil, sorumlular ve olumlular gelsin.

Bir de havlamalara aldırmayanlar gelsin.

Hangi gece yarasasız, hangi gül dikensiz, hangi gün gamsız, hangi hayat elemsiz, hangi güzel kusursuz, hangi yol yokuşsuz, hangi köy köpeksizdir ki!..

Ya da; hangi dem Şeytan'sız, hangi Nuh tufansız, hangi İbrahim Nemrut'suz, hangi Musa Firavun'suzdur?

Ve hangi köpeğin havlaması kervanı yürüyüşünden etmiştir?

Eğil yere...

Al taşı eline...

"Bismillah" de...

Kafanı taşa vur...

Ya da taşı kafana...

Belki o zaman işini hatırlayacaksın. Kervanının olduğunu göreceksin. Yolda yolcu olduğunu, yoldan çıkamayacağını, yola yatamayacağını, yolu kahpe dünyanın ciğeri beş para etmez nâdânlarına satamayacağını anlayacaksın.

"Bismillah" demek ne demek?

"Ben ne yaptığımı biliyorum" demek...

"Ben nereden başlayacağımı biliyorum" demek...

"Ben kiminle yapacağımı biliyorum" demek...

"Ben nasıl yapacağımı biliyorum" demek...

"Ey Rabbim, sensiz hiçbir şey yapamayacağımın farkındayım" demek...

Ve "Ben yaptığımı senden aldığım güç sayesinde yapıyorum" demek...

Ne kadar büyük krizler çıkarırlarsa çıkarsınlar, kimse işimizi elimizden alamaz. Ve biz ne kadar usta kaytarıcı olursak olalım, işimizi başkalarına yıkamayız.

İnsan olarak işimiz, yeryüzünde yaratılış amacımıza uygun bir hayatın inşasıdır. Kalfa olarak, usta olarak, amele olarak.

Ama mutlaka bu inşanın bir yerinde bir şey olarak...

Binanın mühendisliğine, plan ve projesine, altyapısına, üstyapısına, malzemesine, işçiliğine, sermayesine katkıda bulunarak.

Ama mutlaka bir yerine katkıda bulunarak...

"Yıkım ekipleri" mi?

"Bismillah" de, al taşı eline, işine bak!..

DİNİN "İKMALİ" NİMETİN "İTMAMI"

Deyn, "borç" anlamına gelir. Din sözcüğünün kendisinden türetildiği ilk mastardır. Dine mensup olmak, varoluşsal anlamda borçlu olduğunun bilincinde olmaktır.

Ed-Dîn'e göre insan, varoluşunu Vareden'den borç olarak almıştır. Bu yüzden "borç" ile "borçlu" aynı varlıkta birleşmiştir. Yani insan "borç" olduğunun bilincinde olan tek "borçlu"dur. Bitimsiz hamd yükümlülüğü, bu borçluluğun bilinç düzeyinde sürekli diri tutulması içindir.

Borçluluk duygusu, insan-insan ilişkisinde, borç alanı borç veren karşısında zillete götürür. Aynı duygu, Allah-insan ilişkisinde, borç alanı borç veren karşısında kulluğa götürür. Hedefi aşkın ve mutlak varlık olan kulluk ise, hem borç aldığını sahiplenme ve onlar üzerinde hakimiyet kurma anlamında özgürlüğün, hem de yalnızca borcunu ödeyenlerin 'emin' oldukları ve emin kılındıkları güvenliğin tek garantisidir.

Güvenlik ve özgürlüğün tek sahici kapısının din olduğuna inanan bir dindar, sahip olduğu her değere bir "borç", bir "emanet" olarak bakar. Başta kendi öz varlığı olmak üzere, hayatı, ailesi, sevdikleri, serveti, makamı, şöhreti, sevgisi, bilgisi hep birer emanettir. Bir yandan bu emanetlerle, öte yandan bu emanetlerin gerçek sahibiyle ilişkisini sağlıklı ve sahih bir zeminde tutmaya çaba harcar.

Din, borçluluk bilinci sayesinde, mensubunu "kendi kendine yettiği" sahte duygusuna kapılmaktan korur. İnsanın kendi kendine yettiğini sanmasının en vahim sonucu, sorumluluk bilincinin yerini tehlikeli bir sorumsuzluğa terk etmesidir. Böyle bir durumda o insan, kendisini ve çevresini tahrip eden akıllı bir tahrip kalıbına dönüşecektir. Elde ettiği güç ve kullandığı yetki büyüdükçe, çevresine verdiği tahribat da büyüyecektir.

İşte bu yüzden Yaratıcı, sadece insanın iç dünyasına akıl gibi bir peygamber yerleştirmekle kalmayıp, dış dünyasına da peygamber gibi bir akılla müdahalede bulunmuştur. Peygamberler, Allah'ın hayata aktif müdahalesinin bir unsuru olan vahyi insanlığa taşıyan, insan suretinde tecelli etmiş İslâm aklıdırlar.

Peygamberlik kurumunun zirvesi olan Hz. Muhammed aleyhisselama, vahyin zirvesi olan Kur'an mesajının inişi, yaklaşık 23 yıl sürmüştür. Zamanı ve mekanı aşan bir tohum, zamana ve mekana ait bir toprağa ekilmişti. "Şimdi" ve "burada"nın tarlasında, "her yerde" ve "her zaman" geçerli olacak bir ürün yetiştirilmişti.

İlahi mesajın iniş sürecinin sona yaklaştığını en açık ve net bir üslupla haber veren Kur'an ayeti şuydu: *"Bugün dininizi sizin için ikmal ettim ve nimetlerimi sizin için itmam ettim; teslimiyeti ise sizin için din olarak kabul ettim."* (5.3)

Ayette dinin "ikmal" edildiği, fakat nimetin "itmam" edildiği ifade ediliyor.

"Acaba bir şeyi ikmal etmekle itmam etmek arasında fark var mıdır?" diye soruyor ve cevabını almak için otoritelere başvuruyoruz. Bize şöyle diyorlar: *Bir şeyin ikmali, onun cevher ve arazının kemale ermesidir. Bir şeyin itmamı ise, cevherinin kemale ulaştığı halde henüz arazının kemale ulaşmamış olmasıdır.* (Süyuti, *el-İtkan)*

Bir müminin görevi, ikmal olmuş olan dine zam yapmak, ya da ondan ıskonto yapmak değil (ki birincisini cahil sofular, ikincisini düpedüz cahiller yapar), inandığı değerlerin inşa ettiği bir tasavvur ve akılla, nimetin de kemale erdirilmesi için var gücüyle çaba göstermek olmalıdır.

Bu da dini değerleri tüketmekten değil üretmekten geçer. Tarihin bir zaman ve mekanında yetişen, zamanlar ve mekanlar üstü ürünün tohumunu, kendi zaman ve mekanınıza, kendi şimdi ve buradanıza ekmekten geçer.

Toprağı ıslah etmek, bahçıvanı eğitmek yerine, işe tohumu ıslah etme iddiasıyla başlayanlar, kusurun tohumda olduğu önyargısına sahip olanlardır. Onlar kendilerine, itmam edilen nimetin de ikmal edilmesini dert edinmemişlerdir. Onun için onlar tohumu ekecek toprak arayan sorumlu bir bahçıvan gibi davranmamışlardır.

Cins tohumların, ancak cins topraklarda, maharetli bahçıvanlar eliyle, uygun iklimde ekilip yetiştirildiği gerçeği onların umurlarında bile değildir. Onun için cins topraklara hayat veren güneşin hoyrat yarasa sürüleri tarafından engellenme girişimleriyle hiç ilgilenmemektedirler. Bu yüzden, tohum yetiştirme amacıyla kullanılma ihtimali olan her temiz suyun kökünü kurutma çabalarını görmezden gelmektedirler.

Onların asıl derdi, tohumu "mal yemi" diye satıp, kazandıklarıyla günü gün etmektir. En sevdikleri söz, *"el-Kâsibu habibullah: Kazanan Allah'ın sevgilisidir"* sözüdür. Onlar, bu sözün söylendiği zaman ve mekanda, kazanmanın en yaygın en meşru yolunun üretim olduğunu, dolayısıyla bu sözün gerçekte *"Üreten Allah'ın sevgilisidir"* anlamına geldiğini dahi görmezden gelirler.

Evet, nimeti de tıpkı din gibi ikmal etmek nimetin sahibinin işidir. Fakat, o nimetin kendisine emanet edildiği kimseler, öncelikle ikmal edilen dine ve itmam edilen nimete ihanet etmemeyi bilmelidirler.

Bu ülkenin müslümanları şu soruyu kendi kendilerine sormalıdırlar: "Duruşumuz hiç ikmal edilmiş bir din mensubunun duruşuna benziyor mu?"

Bu ülkenin müslümanları, nimetin ikmali işini, bu ülkenin ya da başka ülkelerin gayr-ı müslimlerine bırakmışlarsa, onların aklıyla düşünüp onların ulufesiyle yaşamak gibi bir yabancılaşma ve zilleti de hak ediyorlar demektir.

Eskiler "kıymet bilmeyene kıymet yetmez" derlerdi; ben bu sözü biraz farklı bir biçimde yeniden kurmak istiyorum:

Kıymet bilmeyenin, kıymeti olmaz!

DİN "MEDÎNE"Yİ, MEDÎNE "MEDENİYETİ" GEREKLİ KILAR

Din ile aynı kökten türetilen "medine", borçlu ile alacaklı arasındaki anlaşmazlığı adil bir sistemle halleden "deyyan"a (hakim, yönetici) sahip olan yerleşim birimine verilen isimdi. Peygamber Efendimiz Yesrib'e hicret ettiğinde, burasının adı Medinetu'n-Nebi'ye, kısaca "şehir" anlamına gelen Medine'ye dönüştürülmüştü.

Bu dönüşüm sadece isimde kalan bir dönüşüm değildi. Aslında fiili bir durumun adının konulması anlamına geliyordu. Çünkü Allah'a karşı borçluluk duymayan; dolayısıyla insana, eşyaya, doğaya ve çevresine karşı sorumsuz davranan, haklının güçlü olduğu değil güçlünün haklı ilan edildiği "kent", yerini "şehir"e, yani Medine'ye terk etmişti.

Burada artık üstünlerin hukuku değil, hukukun üstünlüğü hakimdi. Tek dünyalı insanlar yerini çift dünyalı insanlara bırakmıştı. Bu nedenle denetim mekanizması biri hukuki, diğeri sosyal, sonuncusu uhrevi olmak üzere üçlü bir müeyyide sistemine bağlanmıştı. Böylece insanda zaten var olan vicdan ile Allah arasındaki kopmaz bağ bir daha unutulmayacak şekilde hatırlatılmış, bu bağı aktif hale getirip Rabb'iyle iletişime giren kişiler sorumluluk bilinciyle donatılmıştı.

Aynı zamanda medine, dinin tam ve kâmil manada yaşandığı yerdi. Yani, insanın Allah'a, hemcinslerine, eşyaya ve kendisine karşı sorumluluklarını yerine getirdiği, "borcunu" ödediği mekan idi. Dolayısıyla medine, "huzur şehri" olarak anılmayı hak eden tevhid, adalet, güvenlik ve özgürlük diyarıydı.

Din'in kendi medinesini oluşturma sürecinde anahtar kelime "değişim" idi. Kur'an, Sevgili Peygamberimize kendi medinesini oluşturmanın tüm zamanlarda ve mekanlarda geçerli olan altın anahtarını daha Mekke'deyken vermişti:

"Hiç kuşkusuz bir toplumun bireyleri kendi iç dünyalarını değiştirmedikçe, Allah da o toplumun gidişatını değiştir-

mez." (13.11)

Toplumsal bir değişimin adresi önce bireysel değişimden geçiyordu. Bireylerin derinliğine değişimi gerçekleşmeden toplumların yatay değişimi gerçekleşmez, diyordu İlahi yasa. Yani, bireyin vicdanı oluşmadan toplumun vicdanı oluşmaz.

Her insanda fıtri bir "İslâm" olarak pasif bir vicdan vardı. Asıl iş bu pasif vicdanı aktif, etkin ve aktüel kılmaktı. Fakat bu yetmiyordu. Aktif hale gelen vicdanın aktivitesini doğru kullanması için onun istikametini ana bağlantılarla sürekli kontrol eden bir akla ihtiyacı vardı. Kur'an başından beri bu aklı oluşturmak için çırpındı. Sorumsuz aklı "karanlıklar" olarak niteleyip, tüm muhataplarına vahyin ve peygamberin misyonunu *"karanlıktan çıkarıp aydınlığa iletme"* olarak tanıtıyordu.

İşte değişimin başlangıç noktası burasıydı. Akıl gibi, vicdan gibi doğru araçlara sahip olan birey, imanından aldığı enerjiyle bunları kullanarak kendi iç dünyasını baştan başa yenileyecek, yani değiştirecekti. Bu değişim doğal olarak ele ayağa, göze kulağa, dile dudağa yansıyacaktı.

O artık farklı bir gözle bakıp eşyayı farklı, yani gerçek haliyle gören biriydi. O yığınların baktığı yerden bakmadığı için "kalabalıklara" (*ekseru'n-nas*) ait değil "akleden bir kalbi olanlara" (*ulu'l-elbab*) ait idi. Dolayısıyla şeytanın gör dediği yerden değil Allah'ın gör dediği yerden bakıyor, kendisini, eşyayı ve olayları öyle algılıyordu.

Bu bakışaçısı, onu sadece "farklı" değil, aynı zamanda "güçlü" de kılacaktı. Güçlü, aktif ve etkin... Şu gerçek inkar edilemez bir biçimde ortada duruyordu: Kendini değiştirecek bir iradeye sahip olmayan birinin başkalarını değiştirmeye kalkması ham hayaldi. Kendisini değiştirebilen biri ise zaten doğal bir cazibe merkeziydi. Yörüngesine giren herkes az ya da çok kendi istidadınca ondan etkilenecekti.

Dahası, kendisini değiştirebilen birini, değişmenin sırrını elde etmenin verdiği özgüven, özgürlük ve özgüçle çevresini değiştirmekten hiçbir engel alıkoyamayacaktı. Bireysel değişimin kişinin kendisine atfedilip toplumsal değişimin Allah'a atfedilmesinin sırrı da işte burada yatmaktaydı. Birincisinin sonucu doğal olarak ikincisini getirecekti. Bunun yasalarını koyan Allah olduğu için, -kamusal eylemlerin hemen tamamında olduğu gibi- eylem doğrudan kamunun sahibi olan Allah'a atfedilmişti.

Nasıl ki "din" ile "medine" arasında doğrudan bir irtibat varsa, medine ismi ile "meddene" fiili arasında da öyle bir irtibat bulunmakta. Meddene, "şehirler tanzim etti, medenileşti, hukukun üstün olduğu bir nizam kurdu" anlamına gelir. Bu işin tüm insani alanları kaplayıp bireysel ve toplumsal hayatın tüm ihtiyaçlarına cevap verir hale gelmesine "temeddün" adı verilmektedir. Sonunda elde edilen "medeniyet"tir.

Din, medine, medeniyet... Ya da şahsiyet, toplum, hayat... Tıpkı anlamın oluşum süreci gibi: Harf, kelime, cümle... Keşke bir hayat inşa etmek, bir cümle inşa etmek kadar kolay olsaydı, ama değil, fakat imkansız hiç değil. Çünkü, dinin anlamlarından biri de "doğal yöneliş"tir. İnancımıza göre dinin yasasıyla tarihin ve insanın yasası aynı el tarafından konulmuştur.

O halde, neden her şey ters gidiyor?

Evet, bir yerlerde ters giden bir şeyler var.

Fakat kesinlikle bu O'ndan kaynaklanmıyor.

Kimden kaynaklandığını hâlâ merak ettiğinizi hiç sanmıyorum.

NİCELİĞİN SULTASINDAN NİTELİĞİN EGEMENLİĞİNE

Hayatı İslâmileştirme yolunda ortaya konulan çabalar genellikle 'yatay çabalardı'. Dolayısıyla, kaliteye yönelik olmaktan çok kantiteye yönelikti. Bu yatay yapı göz önüne alındığında, varılan noktanın küçümsenmemesi gerektiğini düşünüyorum.

Fakat, tüm yatay çalışmaların taşıdığı zaafları, söz konusu çalışmalar da taşıyordu. Bunlar arasında, niceliğe odaklanmanın sonucu olarak niteliği gözardı etmek, rehavet modunda çalışmayı kanıksamak, daima geniş alanlarda 'oynamak' ve alan daraltılınca 'yerim dar' demek, yatay çalışma bir kitle oluşturur oluşturmaz kitle psikolojisini şahsiyyet ve akliyyetin yerine geçirmek ve daha başkaları sayılabilir.

Kur'an'ın zaman tasavvuru pasif, kurgusal, mühendisliğe açık, tekdüze ve doğrusal değil, aktif, tepki veren, değişken ve inişli-çıkışlı bir zaman tasavvurudur. Bu açıdan, insanlık yürüyüşünde sizin zamanınızın 'vadi' ya da 'zirve', 'düz' ya da 'yokuş', 'iniş zamanı' ya da 'çıkış zamanı' olmasına bakılmaz. Bu alanda Zamana Müdahil Olan'ın 'sosyolojik kader'ine tâbisinizdir. Fakat, kendi zamanınızın akıbeti sizin yürüyüş sırasındaki davranışınıza göre şekillenecektir.

Daha iyi açıklama bazında nübüvvet tarihinden bir örnek verebilirim: İkisi de İsrailoğulları peygamberi olan Süleyman ve Yahya peygamberlerin zamanları farklı eğim ve rakımlardadır. Hz. Süleyman'ın zamanı yükselen bir zamandı ve o kişisel sorumluluğunu zirvede îfâ etti. Elbette başarılıdır. Buna karşın Hz. Yahya'nın zamanı alçalan bir zamandı ve o kişisel sorumluluğunu vadinin en dibinde îfâ etti: Bir koç gibi kellesi kesildi.

Kim ona "Başarısızdı!" deme cüretini gösterebilir ki?

O da başarılıydı; hem de en az Hz. Süleyman kadar.

O halde sorun "başarı" dediğiniz şeyin tanımından kaynaklanıyor. "Kime göre başarılı?" ya da "Gerçekte başarı nedir, başarısızlık nedir?"

Şeytanın 'gör' dediği yerden bakarsanız, varacağınız sonuç farklı olacaktır.

Ama Allah'ın 'gör' dediği yerden bakarsanız, sizi aşan makro zamanın eğrisine bakıp hayıflanacağınıza, size ait olan bireysel zamanınız üzerindeki tasarrufunuzu kullanarak kendi mikro zamanınızı zirveye ayarlayabilir/uyarlayabilirsiniz: İnanın bu tamamen sizin elinizde. O zaman siz de kendi zamanınızın zirvesi olmuş olursunuz. Çünkü, *kimsenin ayağının altındaki tepe onun boyuna ilave edilmez* ve önüne çıkan zirvelere rağmen, yolcu olma bilincini unutmayan herkes için prensip şudur: 'Yolcu yolunda gerek'.

İşte bu nedenle, yatay çabaların, insani alanların oldukça daraltıldığı mevcut konjonktürü fırsat bilip 'dikey' çabalara dönüştürülmesi en doğru yöntemdir.

Yatay çabalar genişliğine ve uzunluğuna nasıl çift yönlüyse, dikey çabalar da öylesine çift yönlüdür: Derinliğine ve yüksekliğine...

Derinliğine çabalar, daha çok bireyin şahsiyete dönüşmesi için şart olan yüreğe doğru yolculuktur ki, bu yolculuğun sonunda kişi kendisiyle biliş olur, tanış olur; kendisini bulur ve iç kavgalarını çözer. Bu yolculuk kişinin kendi yüreğinin çeperlerine dayanarak yapacağı bir yolculuktur ve şu ayet bu yolculuğun adeta şifresidir: "Biz insanı en ideal potansiyelde (ahsen-i takvîm) yarattık, sonra aşağıların da aşağısına (başlangıç noktasına) iade ettik."

Dikey çabaların "yüksekliğine" gerçekleşen boyutu ise derin bir bilgi ve bilinç donanımına sahip olmayla sonuçlanacak uzmanlaşmadır. Artık İslâmi çalışmalar her hastalıktan anlayıp hiçbirini tedavi edecek bilgi ve beceriye sahip olamamak şeklinde tanımlayabileceğimiz 'pratisyenliği' bırakmalı, kendilerine hayatın alanlarından birini 'hedef alan' olarak seçmelidirler. Bunu yaparken de modernizmin indirgemeci ve izole edici mantığına düşmekten azami oranda sakınmalıdırlar. Bunu yapmayan bir uzmanlaşma; kör bölgeleri görülenlerden çok olan bir 'garip' uzmanlaşma olur.

Okuyucu bu makalede en çok mikro ve makrosuyla, bireysel ve toplumsal olanıyla 'zaman' sözcüğüyle karşılaştı. Doğal olarak şu soruyu soracaktır: Ya 'kişisel mekan'? Makro zamana rağmen kişisel zamanımızı zirveye odaklamak mümkünse, bu proje en sağlıklı hangi mekanda başlar?

Bu sorunun cevabı üzerine böyle bir makale daha yazılır. Fakat bendeniz bu soruya bir ayetle cevap vermeyi daha uygun görüyorum. İçini doldurmaksa okurun ferasetine kalmış:

"Biz Musa ile kardeşine: 'Şehirde halkınız için kimi evleri karargâh haline getirin, evlerinizi de ibadet yerine dönüştürün' diye vahyettik." (Yunus 87)

İSLÂM AKLI (I)

Mahmutpaşa Camii imam-hatibi, şuna yakın şeyler söylemişti: "Kur'an kurslarını kapatırsan, Kur'an okumayı yasaklarsan, başörtüsüne karşı savaş açarsan ahlaksızlık artar. Soygunlar, talanlar, çalmalar, suiistimaller çoğalır. Bunların sonucunda ekonomik kriz de çıkar, başka şeyler de!.."

Bu üslubu bir parça 'hard' bulanlar olabilir. Nihayetinde bu bir 'dil' sorunudur. Bu sözleri şöyle 'soft'laştırabiliriz:

İnsanda vicdan oluşturan tek kurum dindir. Vicdanlar üzerinde en sağlam yaptırım ise imanla sağlanır. Vicdan olmadan, mutlak anlamda ahlak olmaz. Dolayısıyla, bir ahlak sistemi dışbükey olarak dine, içbükey olarak imana yaslanmak zorundadır. İşte bu nedenle, dine ve imana yönelik bir azaltma operasyonu, aynı zamanda ahlaka yönelik bir azaltma operasyonudur. Sonuç ahlaki çürümedir. Ahlaki çürüme, siyasi, sosyal, ekonomik tüm çözülme ve krizlerin anasıdır.

Bu değerlendirmede yer almamasına rağmen, şu sonucu da buna ilave etmek pekala mümkündür: Bu ülkede "irtica" adı altında "İslâm"a karşı savaş açmak, onunla birlikte bilerek ya da bilmeyerek ahlak, helal kazanç, kanaat duygusu, yardımseverlik, cömertlik, fedakarlık ve dürüstlük gibi tüm İslâmi ve insani erdemlere karşı savaş açmak anlamını taşır.

Evet, soft şekli böyle olan bu sözler en basit ifadesiyle bir "yorum"dur. Bu ülkede herkesin olan-biteni kendi durduğu yerden yorumlama hakkı vardır. Cemaatinin dini önderi konumunda olan bir imam, olayları yorumlama hakkını kullandığı için, malum medya tarafından medyatik bir linçe tabi tutulmuştur. Ve o imamı savunmakla görevli olan Diyanet kurumu, malum medyanın kurduğu darağacının celladı konumuna düşürülmüştür.

Aynı şey deprem sırasında da yaşanmıştı. "Deprem ilahi ikazdır" diyen birileri, sırf olayı kendi inancına göre yorumladığı için cezalandırılmıştı.

Bu örneklere bakınca, öteden beri yaşanan anlama sorununun, vahim bir "anlama krizine" dönüşmüş bulunduğunu görüyorum. Söz konusu anlama krizi, yaklaşık bir asırdır devlet gücünü tekelinde bulunduran "laik aklın krizi"dir.

19. yüzyıldan kalmış gerici pozitivist ve materyalist koordinatlar üzerine inşa edilen laik akıl, eşyanın ve olayların bir biçimde kutsalla ilişkilendirilmesine fena halde bozuluyor. Bu aklın eline silah verin, ilk doğrulttuğu *"din ve iman"* oluyor. Bu aklı doktor yapın, ilk düşman olduğu *"alternatif tıp"* oluyor. Bu aklı siyasetçi yapın, düşman olduğu ilk unsur *"millet"* oluyor. Bu aklı hukukçu yapın, ilk katlettiği *"hak ve adalet"* oluyor. Bu aklı ekonomist yapın, ilk düşman olduğu *"helal para"* oluyor. Bu aklı bilim adamı yapın, ilk düşman olduğu *"hakikat"* oluyor. Bu akla felsefe öğretin, ilk ihanet ettiği *"hikmet"* oluyor. Bu aklın eline medyayı verin, ilk manipüle ettiği *"haber"* oluyor...

İşin aslına bakarsanız, olmaması için de hiçbir sebep yok. Kutsalla tüm ilişkilerini koparmış laik bir akıl, kendi kendisine yabancılaşmış ve varoluşuna ihanet etmiş bir akıldır. O akıl, ışıksız bırakılmış bir göz gibidir. Göz nasıl ışık olmadan görme işlevini yerine getiremezse, akıl da kutsalla olan irtibatı sonucu aldığı ışık (imanın nuru) olmadan doğru algılayamaz. Hesap eder, ölçer biçer; fakat hesabını yaparken mikro âlemle (enfüste), makro âlemle (afakta) ve insanoğlunun kolektif bilinci olan tarihle bağlantılarını doğru kuramaz. Hesabı kitabı bencilce, hep kişisel ihtiras ve ihtiyaçlarıyla sınırlı olur.

Ubey b. Halef akıllı bir adamdı. Hesap-kitap yapardı. Fakat, hesap-kitap yaptığı akıl kutsalla ilişkisini kesmiş bir akıldı. Bu tür birinin hesap-kitabına Kur'an'ın nasıl baktığını öğrenmek istemez misiniz?

O düşündü, ölçtü-biçti.
Kahrolası, nasıl da ölçtü-biçti!
Bir daha kahrolası, nasıl ölçüp-biçti? (Muddessir 18-20)

Müslüman aklı düşünürken, değerlendirirken, ölçüp-biçerken, mutlaka tasavvurundaki objeyle Allah arasında varoluşsal, aktif ve aktüel bağlar kurar. Bu obje kendi bireysel varlığı, eşya, tabiat, olaylar ve tarih olabileceği gibi, kategorik olarak siyasal, sosyal, ekonomik ya da hayatın tüm alanlarına ait diğer unsurlar olabilir.

Esasen, bir müslüman böyle düşünmüyorsa, onun tasavvuru müslüman olmamış demektir. Müslüman olmanın anlamı, Allah'a teslim olmaktır. Bunun sonucu, kendi varlığı da dahil, tüm varlık ve oluşu Allah'tan bağımsız değerlendirmemektir. Hayatın ve varlığın her hangi bir alanının Allah'tan bağımsız olduğunu düşünen biri, aynı zamanda müslüman olduğunu söylüyorsa; mutlaka bu iki iddiasından birinde, hem kendisini hem başkalarını aldatıyor demektir.

Allah'a teslim olma (müslüman) iddiasındaki her mümin, Allah'ın hayata aktüel ve aktif bir biçimde müdahil olduğuna iman eder. Kur'an'ın baştan sona en belirgin amaçlarından biri, hatta birincisi; kendisine iman eden her bir insanda böyle bir aklı inşa etmek istemesidir. Kur'an'ın neredeyse üçte ikisini kaplayan geçmiş kavimlerin kıssaları, bu ana tema etrafında döner. Helak olup gitmiş tüm kavimlerin helak süreci aşağı-yukarı şöyle gelişir: Önce tasavvurdaki bozulma, ardından bilgi ve bilinçteki tahrif, sonra imandaki tahrip, daha sonra ahlaki çürüme, onun ardından ekonomik, siyasi ve sosyal yozlaşma ve nihayet mukadder son: çöküş...

İşte bu nedenle müslüman aklı depremle insan davranışları arasında bağlantı kurar, ekonomik kriz de dahil her türlü ahlaki, sosyal ve siyasal çürüme, kokuşma ve yozlaşma ile insan davranışlarını irtibatlandırır. Esasen bu ekonomik krizde, ahlaki çürümenin sonucu olan soygun, talan ve suiistimallerin rolü olduğunu söyleyen herkes, Mahmutpaşa imamıyla paralel düşünüyor demektir. O halde bu hazımsızlık niye?

Bugün sopa ve havucu elinde bulundurduğu için susturma hakkına sahip olduğunu düşünen egemen laik akıl, müslüman aklını mahkum edeceği yerde anlamaya çalışsa, daha yararlı olmaz mı?

İSLÂM AKLI (II)

Temellerine kadar tahrif ve tahrip edilmiş hayatın yeniden inşası şart. Yeniden inşa söz konusu ise, elbette enkaz kaldırmak kaçınılmazdır. Fakat hayatın inşasından söz edilen bir yerde, zorunlu olarak insandan söz ediliyor demektir. Zaten insanın yeryüzündeki amaçlarından biri de imar ve inşa değil midir?

O halde, hayatın yeniden inşası için, insanın, insanımızın yeniden inşası şart: "Kırk katır mı, kırk satır mı?" misali, sürüleştirilme ile bireyleştirilme arasında sıkışan insanımızın şahsiyet olarak yeniden inşası...

Hem en büyük derdimiz, hem de dermanımız olan insanımıza ne olmuş?

Daha ne olsun? Hürmeti çiğnenmiş, kimliği kundaklanmış, izzeti yaralanmış, hafızası silinmiş, duygusu incitilmiş, haysiyeti tecavüze uğramış, bilinci örselenmiş. Özetle yüreği işgale, aklı iğfale uğramış.

Gerisi neyse ama, iğfal edilmiş bir akıl ve onu besleyen bir tasavvurla hangi inşa gerçekleştirilebilir ki? O halde, yeni bir akıl inşasından söz edilmeden insanın yeniden inşasından söz edilemez.

Vahiy "İslâm" dediğinde, ahlaki olan *(hulk)* ile yaratılışa uygun olanın *(hilk)* birbirinden ayrı düşünülmediği varoluşsal bir duruşu *(halk)* kasteder. İnsanın doğasıyla uyumu, onun Allah ve eşya ile olan ilişkisinden bağımsız gerçekleşemez. İnsanın Allah'la olan ilişkisinin ekseni olan teslimiyet, insanın insanla olan ilişkisinde adaleti, insanın eşya ile olan ilişkisinde emanete sadakati zorunlu kılar.

Yani müslüman olmak, önce müslümanca bir akla sahip olmaktır. Bu aklın en belirgin özelliklerinden biri, "birleştirilmesi emredilenin arasını ayırmamak"tır. (Bakara, 27) Yani, bütünü oluşturan parçalar arasındaki bağlantıyı koparmamak, hakikati parçalamamak, dahası bütünden kopmuş parçaları ait olduğu yere bağlamaktır. Çünkü parçalanan hakikat, hakikat olmaktan çıkar.

Tarihin hiçbir döneminde, müslüman imanıyla müslüman aklının arası, bugünkü kadar açılmamıştı. İslâm tarihinde, hiçbir müslüman neslin imanı aklına ya da aklı imanına, böylesine yabancılaşmamıştı.

Nuh'a iman ettiği halde, tufana Ken'an gibi tepki vermek... İbrahim'in yoluna inanmak, fakat Nemrud'unki gibi bir hayat tasavvur etmek... Musa'ya iman ettiği halde, Firavun gibi düşünmek... Yusuf'un doğru yaptığına inanmak, fakat Züleyha'nın peşine düşmek...

Kur'an'ın, kendisine inanan insanlarda İslâm aklını inşa etmek için anlattığı bir çok kıssadan biri olan Yusuf kıssasında, kahramanımız iffet ve sadakatini koruduğu için zindana atılmıştır. Taşların bağlanıp köpeklerin salındığı bir ahlaki yapıya sahip olan o dönem Mısır'ında *Yusuf'un suçu, bir köle olarak bir saraylıyı ardından koşturmasıdır.*

İslâm aklı, bilgiyi işlevsel olarak kabul eder. Bunun içindir ki aklın akıl olabilmesi fonksiyonel olmasına bağlıdır. Yani, faaliyet halinde değilse, "akıl" da değildir. Bu nedenledir ki failin ne'liğini ismi değil fiili belirler. Fiil ise, tasavvurdan doğup akılda billurlaşan bir süreç sonucunda ortaya çıkar. Sonuçta; sahibini gerçek anlamda özgür ya da tutsak kılan davranışlarına istikamet veren unsurdur.

Züleyha, Yusuf'un ardından koşuyordu. Ardından koşan efendi, ardından koşulan köle idi. Bu Züleyha'nın durduğu yerden bakınca böyle görünüyordu. Tutkusunun esiri olarak gerçekleştirdiği eylemine rağmen bu hâlâ böyleydi. Peki ya Yusuf'un baktığı yerden bakınca?..

Köle kim?

Efendi kim?

Soru şöyle de formüle edilebilir: Gerçekte Yusuf mu Züleyha'nın kölesi, yoksa Züleyha mı Yusuf'un?

Bu sorunun cevabı nereden baktığınıza bağlı: Züleyha'nın baktığı yerden bakınca Züleyha "efendi", Yusuf "köle" olarak görünüyordu. Yusuf'un baktığı yerden ise tam tersi.

Yusuf diyordu ki: *"Rabbim, benim için zindan, onların beni çağırdığı şeyden çok daha sevimlidir!"* (Yusuf 33)

Yusuf müslüman aklıyla düşünüyordu ve böyle diyordu. O kendisinin zindanda da olsa hür, Züleyha'nın sarayda da olsa tutkusunun esîri olduğunu biliyordu.

Bu örnek İslâm aklından neyi anlamamız gerektiğine dair verilebilecek bir çok örnekten sadece biri. Belki Amir b. Füheyre örneğini de buna ekleyebiliriz. Meune Kuyusu yakınlarında pusuya düşürülüp şehit edilen kişilerden biri olan Amir'in katili diyordu ki *"Onu ben öldürdüm. Fakat o ölürken ne dese beğenirsiniz: "İşte şimdi kazandım!" Öldüren ben olayım da, kazanan nasıl o olsun?"*

Sahi Âmir'in bu aklı, bize de müşrik katil Cebbar kadar yabancı ve garip gelmiyor mu? Âmir'in inancına mensup olup da Cebbar'ın aklını taşımak... İşte asıl garabet.

Kur'an, muhatabında İslâm aklını oluşturabilmek için insanın gündelik hayatında kullandığı kavramların tahrif olmuşlarını tashih eder. Onun tasavvurunu, sahih kavramlarla yeniden inşa eder. Bu nedenle "kâr-zarar, kayıp-kazanç, hayat-ölüm, zafer-yenilgi" derken bu kavramların içini, "birleştirilmesi emredilen şeylerin arasını ayırmayan" bir akılla doldurur.

Tahrif edilmiş kavramlarla düşünen aklın sahibi, nasıl doğru eylem ortaya koyabilir ki? Tasavvurdaki milimetrik bir sapma, eylemde kilometrelere tekabül eder. Tasavvurdaki sapmalara dokunmadan eylemleri düzeltme iddiası, komik bir iddiadır.

Eylemi beğenmiyorsak, önce akıldan başlayalım.

İSLÂM AKLI (III)

"Allah'ın birleştirilmesini emrettiği şeyi koparıp ayırırlar ve yeryüzünü fesada verirler: Bu tipler, sonunda hüsrana uğrayacaklardır." (Krş. 13.21,25)

İşte bu ilahi mesaj, İslâm aklının da koordinatlarından birini teşkil etmektedir: 'Bağ'layıcı, irtibat kurucu, bütünleyici akıl. Zaten "akl"ın kök anlamı da "bağ" değil midir? Yani bağlamıyorsa, irtibat kurmuyorsa orada akıl yok demektir. Hele parçalıyor, çözüyor, bölüyor ve ayırıyorsa, o zaman akıl varediliş amacının tam tersine çalışıyor demektir. Orada ancak *"akla ziyan bir 'akıl'dan"* söz edilebilir.

Laik akıl, Kur'an'ın yukarıda kınadığı sapmış aklın tipik bir modelini teşkil etmektedir. Taklidi olduğu Modern Batı aklının indirgemeciliğini en olumsuz anlamda 'kullanarak' parçalamakta, koparmakta, bölmekte, ayırmakta, ayıramadığını kırmakta, kıramadığını ezmekte, ezemediğinin üzerini çizmektedir.

İndirgemeci laik aklın bu saldırısına karşı, hayatın hiçbir alanı kendisini koruyamamıştır. Bu akıl, bölücü, parçalayıcı, kırıcı ve yıkıcı ellerini sadece siyasi, iktisadi, dînî, ahlaki, sosyal, kültürel, bilimsel, sanatsal alanlara atmakla kalmamış, insan tekinin şahsiyetine, yüreğine ve zihnine kadar uzanıp icraatını orada da sürdürmenin her yolunu denemiş ve denemektedir.

Hepsinden öte bu akıl, Allah'ın birleştirilmesini, koparılmamasını emrettiği ne varsa, onları birbirinden ayırmayı kendi varoluşunun birinci şartı saymış, adeta varlığını buna adamıştır. Bu aklın neleri birbirinden ayırıp parçaladığını bilmek için, şu soruyu sormak kaçınılmazdır: Allah'ın birleştirilmesini emrettiği şey ya da şeyler nelerdir? Cevabı açık: Birbirinden ayrı düşünülünce ya da bilfiil ayırınca, anlamını yitiren ya da anlamından bir şeyler kaybeden her şeydir.

Mesela ontolojik anlamda var olanla var eden arasındaki

Yaratan-yaratılan ilişkisi...

İnsanın Allah'la ilişkisini koparan hiçbir akıl bunu babasının hayrına yapmaz. Allah'a kul olmaktan koparılan her insanın mutlaka kul olacağı bir kapı arayacağını en iyi bilenlerin başında bu ilişkiyi koparanlar gelir. Çünkü Allah'a gereği gibi kulluk, sahibini kula kul olmaya karşı sigortalayan tek yöntemdir.

Bu alandaki koparma sadece Allah-insan ilişkisi düzeyinde kalmamış, insan-insan ilişkisi de dumura uğratılmıştır. İnsan-insan ilişkisinin ahlaki davranış, erdem ve adalet zemini üzerinde yükselmesinin en büyük garantisi ahlaki davranış kodlarına sahip olmaktır. Bu kodlara mukayyet değil mutlak anlamda sahip olmanın garantisi ise sahih bir imandır. Böyle bir iman insan ilişkilerini "çıkar" değil, "sevgi" temeli üzerine kurar ve "insan insanın cennetidir" hedefini gerçekleştirmeye çalışır. Değilse, Hobbes'un Leviathan'ında dediği gibi; "homo homini lupus: insan insanın kurdudur". Tabii ki, böyle bir tahribattan insan-tabiat ilişkileri de azade kalamazdı. Fakat insanın harcandığı bir yerde tabiatı kimin gözü görür?

Dünya-ahiret ilişkisi...

Yani, iki dünyalılık. Laik akıl, insanımızın ahiretle olan bağını koparıp onu tek dünyaya bağlamak için elinden geleni yaptı. Onların içindeki özdenetim müessesesinin can damarını kesti. Öz elleriyle, eylemlerinden hesap verme sorumluluğunu yitiren 'sorumsuz' bireyler imal etti ve kendi varlığını onların varlığına kopmaz biçimde bağladı. Bu nedenle, en çok çalanlar en çok kendine yakın hissettikleri arasından çıktı.

Din-dünya ilişkisi...

Allah'ın birleştirilmesini emrettiği bu bağı koparmak, dini dünyasız (yani hayatsız), dünyayı (hayatı) dinsiz bırakmak anlamına gelirdi. Hayatla olan bağları koparılmış bir dinin bulunmamış define gibi kimseye bir yararı yoktu. Dinden tecrit edilmiş bir hayat ise, onu dinden koparanların elinde patlayacak saatli bir bombaydı.

Para-iman ilişkisi...

"Paranın dini imanı olmaz" diyenler, paranın dinsiz imansız olduğunu kasdetmiyor olabilirler. Fakat, "kara para"dan söz edenler, aynı pişkinlikle "paranın rengi olmaz" diyebilecekler midir?

"Kara"sı olanın "akı" da olmaz mı?

Doğrusu, paranın dini imanı olur. Paranın dinlisi imanlısına "helal kazanç" denir, dinsiz imansızına "haram kazanç". Dinsiz imansız parayla beslenenlere de "haramzade" ya da "harâmî" denir.

İnanç-eylem ilişkisi...

"Din eğitimine" savaş açan, bunun yerine "din öğretimini" ikame eden akıl, inanç-eylem ilişkisini kökünden koparmaya taammüden girişmiş bir akıldır. İnsanın inancıyla eylemi arasında bir ilişki olmayacaksa, dahası inancını eyleme dökemeyecekse, o insanın neye inandığının, ya da inanıp inanmadığının ne önemi var? Aslında bu ilişkiyi koparmak, doğrudan *insanı dinsiz, dini insansız bırakma projesini* yürürlüğe koymaktır.

Siz bu ilişkilere akıl-vahiy, bilinç-bilgi, madde-mana, duygu-düşünce, birey-toplum, geçmiş-bugün, gelenek-gelecek vb. gibi hayatın farklı alanlarındaki ilişkileri de ekleyebilirsiniz.

İslâm aklı zor olana taliptir: Birleştirip bağlamak zor, kesip koparmak kolaydır.

KAFA KARIŞIKLIĞI

Üzeyir Garih'in şaibeli ölümü üzerine konuşulmaya başlanan gerçekler, bu ülkede kafaların ne kadar karışık olduğunu bir kez daha ortaya çıkardı.

Toptancı laik akıl bu işten hiçbir şey anlamadı.

Onun işi toptancılıktı. Ya toptan süpürüp almalıydı, ya da toptan süpürüp atmalıydı.

Dikkat ederseniz, "Tayyip Erdoğan değişti mi değişmedi mi?" muhabbetinde de, aynı havayı çalıyorlardı. Tabi ben samimi olanlarını kastediyorum. Samimi olmayanlar mı? Onlar kimin adamı olduklarını, kimin hesabına çalıştıklarını kendileri daha iyi bilirler.

Bu arada "iktisat" eğitimi alıp da "inkılap" üzerine döktüren Toktamış Ateş gibilerini de ter bastı. Bu ülkede birazcık tarihle ilgilenen herkesin bildiği "toptan imha" planlarını kimlerin yapıp kimlerin önlediği, malumu ilam kabilinden yeniden gündeme taşındı. Tıpkı Altan'ın dile getirdiği 31 Mart olayının, müslümanların sırtına yıkılan bir provokasyon olduğunu dile getirişi gibi.

Galiba bu ülkede birileri, hâlâ tarihin "yazılabilirliğine" değil de "bozulabilirliğine" bel bağlıyor. Tarihi resmi görüş istikametinde tahrif ettiniz, buna eyvallah... Fakat ne zamana kadar?

Ne yalan söylemeli; tahrif edilmiş kurgusal tarih yazımının tufasına, bizim gibi tarihi ciddiye alanlar bile gelebiliyor bazen. Ben Menemen'de asılan yahudi esnaf Haim oğlu Josef'in, esrarkeş Mehmed'e ip sattığı için asıldığını sanırdım.

Pek safmışım meğerse. Hem bu, benim kusurum da değil; çünkü mahkeme kararının metnindeki îmâdan bu anlaşılıyor. Fakat, yine de kendimi kusurlu sayıyorum. Çünkü yeryüzü haritasından silinmekten son anda kurtulan Menemen'in üzerine çarpı işareti çoktan konulmuştu. Çünkü Menemen halkı sisteme olan muhalefetini yeni kurulan *Serbest*

Fırka'ya verdiği destekle dile getirmişti. Devlet partisinin ilçeye gelen heyetini yuhalamıştı.

Sözümona "İrticai ayaklanma"da, Haim oğlu Josef adlı yahudi bakkalın işi ne?

Bu ülkedeki yahudi kökenli Sabataistler, İslam'a karşı savaşın her dönemde başını çekerken, bir yahudi nasıl olur da "İrtica"ya destek verir?

Evet, Üzeyir Garih'in Küçük Hüseyin'in ve Fevzi Çakmak'ın mezarının başında işi neyse, onun işi de o. Meğer Menemenli yahudi Josef, ateşli bir Serbest Fırka taraftarı değil miymiş? Bu yanlışımı, sağ olsun yakın tarihin özellikle gizlenmiş sayfalarını çevirmedeki ustalığıyla tanınan yahudi araştırmacı Rıfat Bali düzeltti. Kendisine o gün bu gündür minnettarım.

Bu ölüm münasebetiyle, toptancı aklın sahibini düşürdüğü tuzağı bir kez daha gördük.

Müslüman aklının en bariz vasfı "mümeyyiz" olmasıydı; yani "seçip ayıran, ayıklayan, farkı fark eden" bir akıl...

Kur'an Mekke putperestlerinin toptancı aklını yerden yere vuruyordu. Onlar, daha dün en iyi (el-Emin) dedikleri kişiye, yerleşik düzenin işine gelmiyor diye "en kötü" dememişler miydi?

Hz. Peygamber Safa ile Merve arasında sa'yi müslüman haccının bir rüknü olarak yapınca, onlar bunu kendilerini taklit olarak anlayacaklardı. Kur'an onların toptancı aklına cevaben Safa ile Merve arasında sa'yin Allah'ın sembollerinden olduğunu dile getirecekti. Yani Hz. İbrahim'den kalmış olan bu ibadeti müşrikler de yapıyor diye süpürüp atmayacaktı.

Bakmayın bizim tümünü bir çuvala doldurup, üstüne çizgi çektiğimize. Kur'an bu tip bir aklı reddetmişti. Onun içindir ki aklını vahyin inşa ettiği Peygamberimiz ikisi de amcası olduğu ve ikisi de iman etmediği halde, Ebu Talib'le Ebu Leheb'in arasını hep ayırmış, bu ikisini hiçbir zaman aynı kefede değerlendirmemişti.

Yine Kur'an kitap ehlinden söz ederken, aynı zamanda muhatabında mümeyyiz bir akıl inşasını gerçekleştiriyordu. Mesela diyordu ki "Kitap ehlinin hepsi bir değildir". (3.113) Yine diyordu ki: "Kitap ehlinden öyleleri vardır ki kendilerine bir hazine emanet etsen (kuruşuna dokunmadan) iade ederler; öyleleri de vardır ki, tek bir dinar emanet etsen, tepesine dikilmedikçe sana geri vermez." (3.75)

Şahsiyetini vahyin inşa ettiği Peygamberimiz, hanif bir şair olduğu halde İslam'a mesafeli durduğu için sahabe tarafından "Allah düşmanı" olarak adlandırılan Ümeyye b. Ebi's-Salt es-Sekafi için *"Onun şiiri müslüman olmuştu"* demişti.

Bu, işte budur seçip ayırmak, temyiz etmek, süpürmemek.

Ya aklını ve kişiliğini vahyin inşa etmediği günümüzün müslümanı Muhayrık olayını nasıl anlasın? Tüm ilk otoritelerin aktardığına göre Muhayrık, Medine'nin varlıklı yahudi bilginlerindendir. Uhud savaşı öncesinde Rasulullah'a gelir ve kendisinin safında savaşma izni ister. Rasulullah izin verir. Muhayrık, savaş meydanında, oradaki insanları da şahit tutarak şu ilanı yapar: "Eğer bu savaşta ölürsem, bütün mallarımın tasarrufu Muhammed'e aittir. O bu malları Allah'ın gösterdiği yere sarfetsin!"

Savaşır ve öldürülür.

Ünlü siyer otoritesi İbn Sa'd *Tabakat*'ında *"Öldüğünde o hâlâ dini üzereydi"* (vehuve ala dinihi) diyor. Yine ilk otoritelerden Vakıdi ve İbn Hişam, "Müslüman oldu" değerlendirmesini yapmışlar. Anlaşılan o ki, ilk siyer otoriteleri durumu adlandırmakta zorlanmışlar. İbn Sa'd'a göre Muhayrık'ın cesedi müslüman şehitlerinin yanına gömülüyor, fakat üzerine namaz kılınmıyor.

Rasulullah'ın onun vefatı ardından söylediği şu sözü, yukarıdaki siyer kaynaklarıyla birlikte hadis kaynaklarında da görüyoruz: *"Muhayrık, Yahudilerin en hayırlısıdır."* Gel de bu işi toptancı, süpürücü ve mümeyyiz olmayan kafalara anlat!..

Elhasıl, kafalar çok karışık, çook!

DİN-SİYASET İLİŞKİSİ ÜZERİNE

En büyük hak ihlalleri, servet ve gücün temerküz ettiği alanlarda yapılmaktadır. Özellikle de servetin temerküz ettiği ve paylaştırıldığı alanlar. Kur'an'da "devlet" (dûleten) sözcüğünün geçtiği tek ayetin, kimi ellerde temerküz eden servetin güç ve iktidara dönüşmesini yasakladığı hatırlanmalı. (59.7)

Yabancılaşmış yönetici seçkinlerin musallat edildiği Türkiye gibi ülkelerde, servet ve gücün temerküz ettiği iktidar alanı, kendini sistemin sahibi olarak gören unsurların tekelindedir. Bu da, paylaşımdaki haksızlığı, hırsızlığı, arsızlığı, yüzsüzlüğü ve zulmü artırmaktan başka bir işe yaramamaktadır.

O halde, servet ve gücün temerküz ettiği alanlar, ahlaka en çok muhtaç olan alanlardır. Bizim gibi iktidarın halksızlaştırıldığı ülkelerde bu ihtiyaç, halkıyla barışık ülkelerden kat be kat daha fazladır.

Dinden ve imandan bağımsız bir ahlak sistemi düşünülemeyeceğine göre, bu ülkede dîne yönelik her saldırı, ahlaka yönelik saldırıdır. Bu ise, dolaylı bir biçimde zalimin zulmüne katkı sağlarken, mazlumun da daha fazla ezilmesine yol açmaktadır.

Bir "yönetme sanatı" olan siyaset, özellikle Türkiye'de, servet ve statünün paylaştırıldığı tek alan haline getirilmiştir. Bunlara talip olanlar, siyasete üşüşmüşlerdir. Sonunda siyaset, toplumun ahlaki bakımdan en sorunlu tabakasının tasallutuna uğramış, adeta bile isteye yozlaştırılmıştır.

Servet ve gücün paylaştırıldığı alanlardan dini ve dine dayalı ahlaki değerleri kovmanın getireceği sonuç, doğal olarak budur. Çaresi, siyasete kaybettiği ahlaki değerleri yeniden kazandırmaktır. Bunu yapacak kadrolara olan ihtiyaç, bugün her zamankinden daha fazladır.

Bu kadroların düşmemeleri gereken vartalardan biri "dîni siyasileştirmek"tir. Hepimiz biliyoruz ki, İslam salt siyasal bir öğreti değil, insanlığın değişmez değerlerine verilen isimdir. Kur'an siyasal bir manifesto değil, Allah'ın insana tenezzül buyurarak talim ettirdiği ilahi bir kılavuzdur. Hz. Peygamber bir siyaset önderi değil, bir ebedi kurtuluş rehberidir...

İslam tarihinde imametin saltanata dönüştürülmesinin en tehlikeli sonucu, dinin siyasileştirilmesi olmuştur. Meşruiyetini aldığı halktan kopan iktidar, meşruiyet açığını dinden yırttıklarıyla kapatmaktaydı. Emevi hanedanının durduk yerde fanatik "kaderci" kesilmesi bunun bir örneğiydi.

Ünlü alim Hasan Basri, Emevi halifelerinden Abdülmelik'e yazdığı o ölümsüz mektubunda, bu tehlikeyi sezmiş ve uyarmıştı. Yezid, önüne getirilen Hz. Hüseyin'in kesik başını, acılı kız kardeşine göstererek Allah'a şöyle iftira ediyordu:

"Onu Allah öldürdü!"

Abbasi halifesi Ebu Cafer Mansur, ellerinde Ebu Hanife'nin kanı olduğu halde geldiği Peygamber mescidinde, İmam Malik'e, peygamberin kabrine dönüp dua etmenin hükmünü sorup sahte dindarlık gösterisi yapıyordu.

Osmanlı'nın en büyük hatası, kendisinden öncekilerin geleneğini sürdürerek dini devletin vesayeti altına almasıydı. Bu nedenle devletten bağımsız dini kurumlar gelişmedi. Osmanlı'nın cesedine, dînî kurumları da diri diri sararak defnetmelerinin nedeni buydu.

Cumhuriyet de Osmanlı'yı taklit etti. Dini, iktidarın vesayetine teslim etti. Bu ise, dinin, kendi varlığını siyasetten bağımsız bir biçimde koruyacak ve geliştirecek müesseseler kurmasını engelledi. Tabi ki bu, dini siyasal iktidarların istismarına açmak demekti. Hakimler ve Savcılar Yüksek Kurulu'nda bakanlık müsteşarının bulunmasını *"yargının siyasallaşması"* olarak gören zihniyet, her ne hikmetse, en yüksek düzeyde dini temsil makamı verdiği Diyanet İşleri Başkanı'nın, "Tapu Kadastro Genel Müdürü" yetkisinde bir bakana bağlı bürokrat olmasını *"dinin siyasallaşması"* olarak görmedi.

Bu düpedüz dini siyasileştirmekti. Bakmayın siz malum kesimlerin "Din istismar ediliyor!" söylemlerine. Bu söyleme sarılanlar, *"dini istismar etme tekeli bizim elimizdedir; başkasına koklatmayız"* diyemedikleri için ortalığı velveleye veriyorlardı. Dahası, bu yaygaranın kendisi en çirkin bir istismardı. Üstelik bu istismarı yapan siyasi kadrolar *"Dinime dahleden bari müselman olsa"* dizesini hatırlatırcasına dinle imanla ilişkisini kesmiş, bunu da açıkça ilan etmiş kadrolardı.

Dini siyasileştirmenin karşı kutbunda, "siyaseti dinsizleştirmek" yer alıyordu. Üstelik bu din, İslam gibi "siyaseti ibadet, ibadeti siyaset olan bir din" idi. Onlar dini iktidarlarının koltuk değneği olarak kullanabildikleri kadar kullanacaklar, bir yandan da onun işlevsizleşmesi ve ölü bir kurum haline gelmesi için var güçlerini harcayacaklardı. Artık işe yaramaz hale getirdiklerine kânî olduklarında ise, müstamel bir eşya gibi çöpe atacaklardı.

Din bu iki sapmaya da meydan okuyarak, kendi doğal ve özgün mecrasında ilerledi. Dini siyasileştirenlerden ve siyaseti dinsizleştirenlerden bağımsız, "sivil" bir varlık kazanma yolunda hayli mesafe aldı.

28 Şubat, adeta dinin bu doğal seyrini aksatmaya, eğer becerebilirse durdurmaya yönelik bir "darbe" idi.

Değilse, Türkiye'nin batısında cami yapımı engellenirken doğusunda uçaklardan ayetli hadisli bildiri dağıtmanın bir açıklaması olabilir miydi? Şimdi ise, MGK'da "tarikat ve mezhep önderleri"yle (!) ilişkiye geçilip rejimin yanına çekildiği dile getiriliyor...

"Mezhep önderleri"yle nasıl ilişkiye geçildiğini doğrusu ben de merak ediyorum. Mesela İmam Ebu Hanife, İmam Şafi, İmam Cafer vd. gibi mezhep önderleriyle ilişkiye geçmek için "Geçilecek...geç!" komutu yetmeyebilir. Ölülerle irtibat kuracak özel bir teknoloji geliştirildiyse, ondan da benim haberim yok.

Sözün özü, bu ülkeyi yöneten akıl, dini siyasal bir manivela olarak görmekten vazgeçip, onu rahat ve özgür bırakmayı denemeli.

AHLAKIN KÖKENİ ÜZERİNE (I)

Kürşat Bumin'in yazılarını ne zaman okusam, onu Haber Saati'nde ne zaman izlesem, çirkinliklere karşı epeydir kullanmadığımız bir hakkımızın daha olduğunu hatırlayıveririm: Tebessüm etme hakkı...

Bumin, sistemi, sistemin kutsallarını, 'mukaddes' bürokrasiyi ve 'vaftizli' medyayı hak-hukuk tanımazlıklarından dolayı eleştirirken, bize "tebessüm etme hakkını" nasıl kullanacağımızı öğretiyor. Şunun şurasında bu ülkede, çirkinlikleri hedef alıp da baltayı taşa vurmadan (bu önemli) eleştirinin hakkını veren kaç kalem var ki?

Buna Frenkler "humour" diyorlar. Eskiden "nüktedan" derlerdi. Eleştirirken güldürebilme (az acılı, bol kinayeli), güldürürken düşündürme, düşündürürken iç geçirtme...

İşte Bumin bize, -kendimize kalsa tebessümü sittîn sene hiç hatırlamayacağımız- şu acayiplikler ülkesinde, eleştirirken tebessüm etmeyi öğretiyor. Humour, sadece başkalarıyla değil, gerektiğinde kendimizle dalga geçebilmemiz için de gerekli. Bunu küçümsemeyin sakın; bunu sadece "özgüven" sahipleri becerebilir.

Doğrusu, Kürşat Bumin gibi felsefi derinliği olan bir yazar tarafından titizlikle takip edilmek beni sevindirir. Eh, işi medya eleştirisi olan bir yazarca okunuyor olmanın riski de var elbet. Ne yapalım, buna da katlanacağız zahir...

Eleştiri dedimse, sanmayın öyle. Bumin, 4 Eylül tarihli sütununda bu köşenin yazarını konuk etmiş ve bu köşede yayımlanan yazılardan bir demet alıntı yapmış. Bunlardan sonuncusu "Din-siyaset ilişkisi üzerine" başlıklı yazımdan yaptığı şu alıntı: *"Dinden ve imandan bağımsız bir ahlak sistemi düşünülemeyeceğine göre, bu ülkede dine yönelik her saldırı, ahlaka yönelik saldırıdır."*

Bumin, bu satırları naklettikten sonra, yazısını şöyle bitiriyor: *"bana sorarsanız, bu son hükmünü biraz açmalıdır.*

Birçok yazısından "ortak iyi"nin başkalarıyla pekala paylaşılabilir bir şey olduğu sonucu çıkabilirken, ahlakın kökenine dair bu hüküm niye?"

Bu soru mühim! Sadece "mühim" değil, aynı zamanda netameli, hatta 'cerbezeli'. Altı ucu bir soru diye geçiştiremeyiz. Çünkü bu soru, meselenin özünü kurcalıyor; üstelik ahlakın kökeni gibi pür "metafizik" bir konuda...

Görüyorsunuz, sözü, sözün gücüne inananlar ciddiye alır. Onunla beni aynı gözede buluşturan da işte bu: Sözün gücüne inanmamız. Bakış açımız, hayat tarzımız, alem görüşümüz, varlık algımız ve ahlak felsefemiz ayrı olsa da...

"Ahlak sistemini 'din ü imana' hasrettin madem, gel bakalım bunun hesabını ver?" demek de onun hakkı. O bu hakkını nazikçe kullanıyor.

Aslında bu işi kısa kesip küçük bir düzeltmeyle soruyu savuşturabiliriz. O da, Bumin'in dikkatinden kaçtığını düşündüğümüz *"ahlak"* ile *"ahlak sistemi"* arasındaki ayırım.

Biz ahlakın kökenini din ve imana bağlarken salt eylem olan ahlaki davranıştan değil; metafizik, tasavvur, bir düşünce sistemi olarak akıl ve bunların dokuduğu kişilikle birlikte, o davranışı anlamlı kılan *"kâmil bir sistemden"* söz etmiştik.

Bumin, buna rağmen konuyu açmamı istiyor gibi geldi bana. Doğrusu, görmezden gelemeyeceğim böyle bir talep olmasaydı, ahlak felsefesi gibi netameli, boyumu aşan, derin sulara dalmayı gözüm yemezdi. Hele de bir gazete köşesinde...

Görüyorsunuz, "yerim dar".

Bu mazeretimi en iyi Bumin anlar, fakat okuyucu da anlar mı? Ya beni "Oynamayı bilmeyen gelin" yerine koyacaklar çıkarsa? (Alın size bir ahlak felsefesi paradoksu!)

Deneyeceğim. Sadece düşünen ve yazan insan olarak değil, inanan ve inandığı değerlere güvenen, imanını ciddiye alan bir 'mü'min' olarak...

Evet, "dinden ve imandan bağımsız bir ahlak sistemi düşünülemez". Bu önermenin anahtarları "din" ve "iman" tanımlarıdır. Bu anahtarlar çözülmeden muhalefet de, muvafakat da pek bir anlam taşımaz.

Bumin diyor ki: *"Ortak iyi" başkalarıyla paylaşılabilen bir şey.. O halde ahlakın kökenini din ve imana bağlamak niye?"*

Anlayamadığım şu: "Ortak iyi"nin başkalarıyla paylaşılabilir olması, ahlakın kökeninin dinden imandan bağımsız olmasının illeti mi, şartı mı, gereği mi, hepsi mi? Niçin?

Hem, "iyi" iyi olma niteliğini "ortak"lıktan mı almaktadır ki? "iyi"yi iyi eden insanların onun üzerinde fikir birliği içinde olması mıdır? Konumuza taşıyalım; ahlaki bir davranışın ahlakiliğinde "ortak"lık ölçüt olabilir mi?

Tutalım ki başkaları paylaşmıyor; "iyi"nin iyilik vasfına halel gelir mi? Ya 'cem'i ğafîr'in paylaştığı kötüye ne demeli? Bu olsa olsa, insanın *"ontolojik formatı"* (fıtrat)'nın yaradılıştan iyiye yatkın oluşuyla açıklanabilir.

İşte din de iman da, bizatihi bu ontolojik format olan "fıtrat"la alakalıdır. Bunu, iyice irdelemek gerekecek. Zamanı gelince...

Gelebilecek itirazı tahmin ediyorum, fakat hemen ilave edeyim: din de iman da aşkınla bağlantılı, metafizik durumlardır.

İşin garibi ahlakın kökeni de öyle. İşte tam da bu yüzden -doğru tanımlamak kayıt ve şartıyla- dinden imandan bağımsız bir ahlak sistemi ve felsefesi olamaz. Çünkü ahlak ile din-iman aynı soya mensup ikiz kardeştirler, ikisi de metafiziktirler. Değilse, bir davranışı ahlaki yapan, davranışın kendisi değildir. Sahibine onu yaptıran tasavvurdur. Yani Kant'ın "maksim" dediği şey...

AHLAKIN KÖKENİ ÜZERİNE (II)

Soruyu tekrar hatırlatalım: Dinden imandan bağımsız bir ahlak sistemi neden mümkün değildir?

Mümkün olmamasının en açık delili, böyle bir "ahlak sisteminin" mevcut olmadığıdır. Peki, bununla biz din u imanla ilişiği olmayanların ahlaki davranış ortaya koyamayacaklarını mı kast ettik?

Hiç öyle şey olur mu? Bu da tıpkı, yeryüzünde dinden imandan bağımsız bir "ahlak sistemi"nin mevcut olmadığı gerçeğini görmemek kadar abes olur. Etrafımızda dinle imanla ilişkisi olmayan nice insanlar vardır ki, onlardan bir nice güzel ve ahlaklı davranışlar sâdır olmaktadır. Bunu nasıl inkar eder, görmezden geliriz?

Peki, o halde bunu nasıl açıklayacağız?

Ona gelmeden, ahlakın metafizik kökeni üzerinde birkaç kelam etmek boynumuza vacip oldu. Çünkü geçen yazımızdan verilmiş bir sözümüz var.

"Bir davranışın ahlakilik kriteri, o davranışın kendisi olamaz" demiştik. Hemen misal verelim: Varlıklı biri, kimsesiz bir kız çocuğunun bakımını üstlendiğinde, siz bunu ahlaki bir davranış olarak nitelersiniz. Fakat özünde bu davranış ahlaksız bir davranış da olabilir; eğer o kimse çirkin emellerine alet etmek niyetiyle bu işi yapmışsa Bu durumda, kimsesiz bir çocuğun bakımını üstlenmek gibi bir *"ortak iyi"*, özünde en çirkin bir *"ahlaksızlık"* olup çıkacaktır.

Bir başka örnek: Bir adam yolda giderken ağlayan bir çocuğun başını okşasa, bu o çocuk tarafından sevgi ve şefkat olarak algılanabilir. Bunlar en yüce erdemlerdir. Fakat o ahlaksız adamın gayesi elindeki pisliği çocuğun başına silmekse, davranışın kendisinin "ortak iyi" düzleminde algılanması, bu davranışın özünde ahlaksız bir davranış olduğu gerçeğini değiştirmez.

Ekstrem örnekler vermem konunun daha iyi anlaşılması

için. Siz, buna kara parayla okul, cami yaptırarak bir taşla bir kaç kuş vuran birini de örnek verebilirsiniz. Okul yaptırmanın "ortak iyi" olması, bu davranışı ahlaklı bir davranış kılmaya yeter mi?

Evet, görüldüğü gibi ahlaki davranış bir sonuçtur ve sonuçlar illetlerinden bağımsız "değerlendirilemezler". Bu noktada *"Ameller niyetlere göre değer kazanır"* diyen Hz. Peygamber'i hatırlamanın tam zamanı.

Aslında tüm İslam ahlakçılarının ortak yargısı, ahlaki davranışın kökeninin metafizik olduğudur. Farâbi ve İbn Miskeveyh'in uğraştığı ahlakın kökeni konusunu Kant onlardan yüzyıllar sonra ele alır ve onlarla aynı gözede buluşur. Kant *Ahlak metafiziğinin Temellendirilmesi*'nde der ki: *"Demek ki bir Ahlak metafiziği, onsuz edilemeyecek kadar gereklidir... Ahlakın kendisi, bir rehberden ve doğru yargıda bulunmak için en üstün normdan yoksun olduğu sürece, her türlü yozlaşmaya açık olduğu için gereklidir."*

Peki, normu kim koyacak?

Toplum mu? Bizim toplumda yapılan kamuoyu yoklamalarının sonuçlarını gördükçe, bu teklife "Allah korusun" diyesim geliyor.

Ahlaki davranışın ölçütü toplumun/başkalarının beğenisi olamaz. Toplumsal baskı gücüyle yapılan davranış da ahlakilik niteliğini elde edemez. Kişi baskıdan kurtulunca, o davranışın devam garantisi de yoktur.

Akıl mı? Akıl, kavramların ve terimlerin sınırlarını belirleyen tasavvur üzerine inşa edilir. Birinin tasavvurunu kim oluşturmuşsa, aklını da o oluşturmuştur. Bu da ahlakta göreceliğe yol açar. Ahlaki davranışın en büyük düşmanı *görececi ahlaktır*. "Bana göre, sana göre" başladığı anda, erkeğin ahlaksızlığı "elinin kiri, yu gitsin", kadının ahlaksızlığı "namussuz, vur gitsin" diye nitelendirilmeye başlanacaktır. Evin kızı yaparsa "kaza", hizmetçi yaparsa "sakarlık" olarak değerlendirilecektir.

Bu durumda dünyada hakiki bir erdem ve ahlaklı davranışın bulunabileceğinden hepimizin kuşkuya kapılması işten değil.

Evet, ahlaki davranış kökeninden bağımsız değerlendirilemez. O köken ise, dinin ve imanın alanı olan metafizik alandır. Bizzat ve kendiliğinden *iyi, doğru, hak, güzel* olduğuna inanılmadan, insanda ahlaki davranış melekesi oluşmaz. Bunun anlamı insanda bir *"vicdan yaratmak"*tır. Din dışında hiçbir kurum insanda bir vicdan yaratamaz.

Yükümlülük (teklif), ahlaki davranışın olmazsa olmazıdır. Çünkü yükümlülük olmadan sorumluluk olmaz, sorumluluk olmadan adalet yerini bulmaz. Adil olmayan ise ahlaki olmaz. Yükümlülüğün kaynağı ya beşeridir, ya ilahidir. Beşeri olanı, ya toplumsal baskı gücü, ya da hukuksal cezalandırılma korkusu temsil eder.

Bu temeller üzerinde yükselen bir davranışın "ahlaki" olarak nitelendirilemeyeceği müsellem bir hakikattir. Geriye ilahi cazibe (iman) kalmıştır ki, bu da yaradılıştan gelen altyapı olan *"fıtrat"* ve üstyapı olan dinin yarattığı *"vicdan"* sayesinde gerçekleşir.

İslam aklı koparan değil bağlayan akıldır (akıl=bağ). Bu aklı Yunan-Batı aklından ayıran en bariz özellik bilgiden ahlaka değil, ahlaktan bilgiye doğru bir seyir izlemesidir. Cahiliye şiirinde -isim olarak- "akıl" formu kullanıldığı halde, Kur'an'ın bunu hiç kullanmayıp aklı fiil olarak kullanması ve kalbe nisbet ederek "akleden kalp" ten söz etmesi, İslam'da aklın aktif, değişken, fonksiyonel ve eylemsel bir meleke olduğunun göstergesidir.

Hz. Peygamber "Faydasız ilimden Allah'a sığınırım" diye dua ederken, ahlakı bilginin kıstası olarak görüyordu. Akla ahlaki bir istikamet açısı vermenin en garantili yöntemi, "önyargı" olan "küfür"den kurtulup "ön-bilgi" olan "iman" ile donanmaktır. Bu üstyapıdır.

Din (ve onun muhatabından istediği iman/güven) gibi bir

üstyapıya sahip olmadığı halde ahlaki davranış sahibi olanlar pek çoktur. Bu, din ve imanın altyapısı olan "fıtrat"ın eseridir. Bu altyapı her insanda ontolojik olarak mevcuttur. Kur'an da, Peygamber de bunu vurgular.

Fakat bu, dinin düzenlediği bir iman olmadan *"ahlak sistemine"* dönüşemez.

AHLAKIN KÖKENİ ÜZERİNE (III)

"Doğa kavramı 'tanrı'nın karşıt kavramı olarak algılanınca, "doğal" sözcüğü "günahkar" anlamına gelmek zorundaydı. Bütün bu uydurmalar dünyası, köklerini, doğal olana (=gerçekliğe) karşı nefrette buluyordu..."

Nietzsche'nin feryadı bu; *Deccal*'da (*Der Antichrist*), delirmeden hemen önce gök kubbeye saldığı bir feryat...

O, Pavlus Hıristiyanlığı'nın -Hz. İsa'ya rağmen- geliştirdiği hilkat ve fıtrat karşıtı söylemi böyle yerden yere vuruyor ve manifestosunun birinci maddesini şöyle kuruyordu: *"Doğaya aykırılık günahtır".*

Ve soruyordu: *"öfkeyi, öcü, kıskançlığı, alayı, kurnazlığı, şiddeti tanımayan bir 'tanrı' neye yarar ki? Daha zafer kazanmanın ve yıkımın gerektirdiği çabalamanın baştan çıkarıcı zorluğunu bile tanımayan 'tanrı'... Kişi böyle bir 'tanrı'yı anlamazdı bile..."*

Keşke Nietzsche İslam'ı tanısaydı. Gerçi o *"Hıristiyanlık bizi müslüman kültürün mirasından etti"* diye yakınır ve Haçlıların savaş (o "yüksek korsanlık" diyor) açtığı İslam'ı *"Soylu güdülerden kaynaklanıyordu ve yaşama evet diyordu"* diye över. Sonuçta, hiç tanımadığı belli.

Önce kavramları aslına uygun tanımlayalım: İslam, insanlığın değişmez değerlerine vahyin verdiği addır. Bir mensubiyet değil, *Allah-insan-evren* arasındaki ilişkiyi, tasavvurdan başlayıp topluma kadar hayatın bütün alanlarında kuran bütüncül bir "ahlak sistemi"nin adıdır. Kur'an İslam'ın zirve vahyi, Hz. Peygamber, İslam'ın peygamberler silsilesinin "mührü"dür.

Kur'an Hz. Peygamber'i hem tanıtır, hem inşa eder. Kur'an'ın tanıttığı Hz. Peygamber'e ilişkin ilk ve en önemli nitelik *"ahlak"*tır: *"Şüphesiz sen yüce bir ahlaka sahipsin."* (68.4) Bu, onun sonradan edindiği bir şey değil, vahiyden önceki halidir. Fakat aynı Kur'an, aynı döneme ilişkin olarak Hz.

Peygamber için şu bilgiyi de verir: *"Sen bundan önce kitap nedir, iman nedir bilmezdin"* (42.52)

Yani *"kitap nedir, iman nedir"* bilmediği halde, *"yüce bir ahlaka" sahip olmak...*

Görüyorsunuz, vahiy kafaların karıştığı kritik bir konuyu açık yüreklilikle ele alıyor. Ama, vahyin ne dediğini tam öğrenebilmek için, ahlakın üç ayağını da yerine koymamız gerek.

İlk ayak, fıtrat; yani yaratılıştan gelen "ilahi format". Sözcüğün kökeni de "yaratılış"la ilgili. Bu insanın yaratılıştan gelen "ahlaki altyapısı"dır. Kur'an sözlüğünde, "ahlak" anlamına gelen *"hulk"*, "yaratılış" anlamına gelen *"hılk"* ve "yaratılmış" anlamına gelen *"halk"*, hep aynı kökene aittir.

Hz. Peygamber bu gerçeği şöyle vurgular: "Her insan islam fıtratı üzere doğar." Hadisin devamında, sapmanın daha sonradan, dış faktörler eliyle olduğu ifade edilir. Bu şu demektir: insan özü ve doğası itibarıyla iyiye yatkındır, esas ve dâimî olan budur. Bozulma ve kötülük sonradandır, ârızîdir.

Yine Hz. Peygamber'in insan doğasını okuyuşuyla ilgili ilginç bir hadis yer alır kaynaklarda: Kendisine *"İyilik nedir?"* diye soran birine, *"Onu yaptığında içini ferahlatan, içinde huzur hissettiğin şeydir"* der. Aynı adamın *"Kötülük nedir?"* sorusuna verilen cevap da şöyle: *"İnsanlar o konuda sana fetva verse de işlediğinde içinin bir yerlerini yıkıp viraneye çeviren şeydir."* (İbn Hanbel, 4/227)

Ama iki sorun var: Birincisi, altyapı olan fıtratı yıkılmadan, bozulmadan, çözülmeden koruyabilmek. İkincisi "yaratılış" (hilk) ve "yaratıklar" (halk) ile "ahlak"ı (hulk) birbiriyle barışık bir sistem halinde bir arada tutmak.

Yani, altyapıya uygun bir üstyapı kurmak...

Bunu kim en iyi becerebilir?

İşte din ve iman bu noktada devreye girer ve bu sorunun cevabını verir: *"Allah!"*

"Neden Allah?" sorusuna vahyin verdiği cevap hazırdır: "O yarattığını bilmez mi hiç?" (67.14) Vahyin amacı, hayatı, insan doğasıyla uyumlu bir ahlak zemininde inşa etmektir.

İşte tam bu noktada, ikinci ayak olan "iman"ın ahlaki tanımına ulaşıyoruz: "güven"... Evet, iman, insanın Allah'a güvenmesidir; O'nun yarattığını en iyi bildiğine, insanın iyiliğini istediğine, insanı sevdiğine, onun için en iyi-doğru-güzel olanı yaptığına güven duymak... Bu güven, insanın Allah'a teslimiyetini (islam) getirir.

Üçüncü ayak olan din, bu güvenin ardından gündeme gelir. İman olmadan din olmaz. Din, kişisel imanı düzenleyen bir müessesedir. Eğer bu müessese yanlış ellere geçerse, kişisel iman (=güven) istismar edilir, hatta bir "afyon"a dönüştürülüp insanlar "uyuşturulur".

O halde önce "doğru din", sonra "doğru dindar"..

"Doğru din", insanın *"ontolojik altyapı"*sıyla *"epistemik üstyapı"*sını çatıştırmayan, aksine çakıştıran bir ahlak sistemidir. İnsanın ontolojik altyapısının mühendisliği kime aitse, herhalde insanın terbiye ve eğitime dayalı üstyapısının mühendisliği de aynı kapıya ait olmalıdır ki, bu ikisi arasında bir çatışma ve uyuşmazlık yaşanmasın. Kur'an altyapıyla üstyapı arasındaki bu ilişkiyi o kadar güzel açıklar ki, bana usulca aradan çekilmek düşer:

"Böylece sen, batıl olan her şeyden uzaklaşarak yüzünü kararlı bir biçimde doğru dine çevir ve Allah'ın insan doğasına nakşettiği fıtrata uygun davran; ki Allah'ın yarattığında bir yabancılaşma ve başkalaşmaya meydan verilmesin: bu doğru bir dinin (en yüksek) amacıdır; ama insanların çoğu bunu dahi bilmez." (30.30)

AHLAKIN KÖKENİ ÜZERİNE (IV)

Gazzalî, ahlakı *"İyilik yapmanın, insanda yerleşik, mutlak, kayıtsız bir özellik (meleke) haline gelmesidir"* şeklinde tanımlar. Ahlak imana dayalı olduğunda, *"kayıtlı ahlak"* olmaktan kurtulup *"kayıtsız/mutlak ahlak"* haline gelir.

Kayıtlı ahlak, bir İngiliz'in İngiltere'de bir İngiliz'e karşı "ahlaksızlık" saydığı şeyi, eski sömürgesi olan Hindistan'da bir Hintliye karşı "ahlaksızlık" saymamasıdır.

"Bizden" saydığım birine karşı yapılınca "ahlaksızlık" saydığım bir davranış biçimini, "ötekine" yapınca ahlaksızlık saymamamdır.

İman, "emin olma" halidir. Yani davranış modlarınız ve kodlarınızı içselleştirme, onları güvenceye alma, göreceli olmaktan çıkarma halidir.

İman, değerler üzerinde kararlılık ve sebattır. İyiyi her yer ve zamanda, herkes için iyi bilme; kötüyü her yer ve zamanda, herkes için kötü bilme kararlılığıdır. Kimi kaynaklarda Peygambere atfedilen şu dua, işte bu tür bir "kayıtsız/mutlak ahlak"a ulaşmak için bir "iyi isteme"dir:

"Ya Rab! Bize gerçeğin gerçek olduğunu göster ve ona tabi kıl, sahtenin sahte olduğunu göster ve ondan yüz çevirt!"

İman gibi bir karar ve sebat olmazsa, insanlar ahlaki davranışta görelilik gibi vahim bir ahlaksızlıktan nasıl kurtulabilirler ki?

Ahlaki davranış bir meyvedir, her meyve bir ağaçta yetişir ve her ağacın kökünün beslendiği bir "yer" vardır. İşte o yer iman olmak zorundadır; değilse o davranış, kökü insanın yüreğinde olan bir ağacın meyvesi değil, "tedarik edilmiş, satın alınmış" bir meyve olur.

Bir ahlaki davranış ki, eğer onun kökü insanın iç dünyasından beslenmiyorsa, o "ahlaki" olma niteliğini elde edememiş demektir. Satın alınabilen bir şey, satılabilir de... Sattığınız ise, artık sizin değildir. Oysa ki ahlak *"fiyatı olan"* değil *"değer(l)i olan"* bir şeydir.

İncil'den Kur'an'a, Hz. Adem'de Hz. Muhammed'e, Aristo'dan Kant'a, Farabi'den Gazzalî'ye kadar herkes, ahlakın bir "kökeni", dolayısıyla bir "metafiziği" olması üzerinde ittifak etmiştir. Her ne ki kökeni "metafizik"tir, o "iman"ın konusu olmaya adaydır.

Dinin işlevi, insanı özüne döndürmek, onu fıtratıyla bilişik, tanışık ve barışık kılmaktır. Din, altyapıyla uyumlu bir üstyapıdır. Tabiri caizse, insan doğasına yerleştirilmiş olan potansiyelin kullanım kılavuzudur.

Evrensel din olan ve insanlığın değişmez değerlerinin öbür adı olan İslam bu noktada gündeme girer. Kendisine "teslim" olanın önce kavramlar dünyası olan *tasavvurunu*, sonra önermeler dünyası olan *aklını*, sonra davranış melekeleri dünyası olan *şahsiyetini* inşa eder. Yani insanda bir "iç dünya" kurar. Vahyin esas amacı budur: Yeryüzünde varoluş amacına uygun bir hayatın inşa sorumluluğunu üstlenmiş olan insanı inşa etmek.

Vahyin inşa ettiği aklın üç özelliği vardır: Birincisi bağ koparan değil bağ kuran akıldır ki, Allah-insan-tabiat arasındaki varoluşsal irtibatı kurar. İkincisi mümeyyiz akıldır ki süpürüp atan ya da alan değil ayıklayan akıldır. Üçüncüsü güvenli ve özgür bir akıldır ki, kula ve eşyaya kul etmez.

İşte tam bu noktada "ahlak sistemi" gündeme gelir. Çünkü insanın davranışları sadece kendisini ilgilendirmemektedir. Hatta sadece iki kişiyi de ilgilendirmemektedir. Yakın çevreden uzak çevreye kadar bütün bir toplumu ilgilendirmektedir. Dahası, ahlaki davranış sadece insanı değil doğayı da ilgilendirmektedir.

İslam ahlak sistemi, (İbn Bâcce ve Farabi'nin kavramlarını ödünç alırsak) üç başlık altında ele alınır: 1) İnsanın iç dünyasının düzenlenmesi (*tedbiru'l-mutevahhid*), 2) ailenin düzenlenmesi (*tedbiru'l-menzil*), 3) Sitenin/toplumun düzenlenmesi (*tedbiru'l-medine*). Farabi'nin *Ârâu Ehli'l-Medineti'l-Fazıla*'sı bu sonuncu bağlama ilişkindir.

Bir ahlaki davranış, ancak bütüncül bir ahlak sisteminde

amacını gerçekleştirebilir. Değilse, "önünü yıkarken arkasını berbat etmek" diye tabir edilen çelişki ortaya çıkar. Basit bir örneği var: insanların güzel koku kullanması hoş, fakat bunu yapan akıl eğer kayıtsız/mutlak bir ahlak sistemine dayanmıyorsa, kullandığı kloro-floro karbonla ozon tabakasını delerek milyonlarca insanın hayatını riske atma ahlaksızlığını işlemeye devam edecektir (Bu gazların % 80'ini üreten ABD hâlâ ilgili BM anlaşmasının altına imza atmadı).

Aynı ABD'nin Afganistan'da buğday dağıtmasını "ahlaki bir davranış" olarak mı, yoksa avını besleyen canavarı çağrıştıran bir "ahlaksızlık" olarak mı görmeli?

Sahi bir Stinger füzesi, kaç bin ton buğday ederdi? Ya da Bosna katliamı sırasında ABD'li bakanın söylediği "ABD, çıkarları gerektiriyorsa müdahale eder" sözünü nasıl değerlendirmeli? Mukayyet ahlaka Hitler'den 28 Şubatçılara kadar, bir dizi bireysel örnek aklıma geliyor.

Geçelim...

Dinden imandan bağımsız, seküler bir "ahlak sistemi" olmayacak bir şeydir. Nitekim olmadığı da görüldü. Batı'ya ait bu projenin iflasını itiraf eden Brezinski, NPQ editörü Nathan Gardels'in "laik liberalizmin materyalist niteliğine" ilişkin sorusunu şöyle cevaplıyordu:

"Batı'nın çoğundaki çığırından çıkmış laiklik, kendi içinde kültürel bir "kendini mahvetme" tohumu da taşımaktadır... Bu kendini kayıran, hedonistik (zevkperest), tüketime endeksli toplum, dünyaya bir ahlaki çağrı sunamaz... Elbette ki bu manevi değerleri biz icat edemeyiz. Bunlar geleneksel olarak üç büyük dinin, Hıristiyanlık, Yahudilik ve İslamiyet'in içinde var olan değerler... Yanlış-doğru kavramı sindirilmeli, içgüdüsel duygular arasına girmelidir; mutlak doğru ve mutlak yanlış diye bir şeyin var olduğu, her şeyin göreli olamayacağı kabul edilmelidir."

Son sözü Tolstoy söylesin: *"İtiraf et, kurtul."*

DİNİ KİM ÖĞRETECEK?

Kartel medyası kural tanımazlığını ve hiçbir ahlaki standarda sahip olmadığını, vahşeti istismar eden yaklaşımıyla bir kez daha gösterdi. O dibi karanlık terörün kurbanlarının sırtından İslam düşmanlığı pazarlamayı tercih ederken, İçişleri Bakanı bir yaraya parmak basıyor ve dinin doğru öğrenilmesi ve öğretilmesi için herkesi yardımcı olmaya çağırıyordu.

İçişleri Bakanı'nın bu çağrısının temellerinde yatan "otoriter" ve "tek tipçi" yaklaşımı bir an için görmezden gelirsek, çağrı doğru bir teşhise dayanıyordu. O teşhis bu ülkede din eğitim ve öğretiminin problemli bir alan olduğu, dahası dinin yanlış öğretildiği idi.

Peki, dini yanlış öğreten kimdi? Bu soruyu doğru cevaplamak için Türkiye'de dînî eğitim ve öğretim tekelinin kimin elinde olduğuna bakmak yeter. Bu tekel elbette devletin elindeydi.

Devlet, din eğitimi ve öğretimi alanında daha baştan Tevhid-i Tedrisat yasasıyla tüm sivil alternatifleri yok etmişti. Bir yöntem olarak "tevhid-i tedrisat"ın, din-dünya gibi kartezyen yaklaşımları reddeden İslam'ın temel felsefesine daha uygun olması bir yana, o dönemde faaliyette olan sivil dînî kurumların acınılası halleri de bilinmekteydi.

Fakat dînî öğretimin merkezi olan medreseler ve ahlaki eğitimin merkezi olan tekkeler kapatılırken, yüzyılların birikim ve tecrübesi de bir gecede sıfırlanıyordu. Tepeden batılılaştırma politikasını benimseyen yönetici seçkinler bu kurumları rehabilite etmeyi akıllarına dahi getirmediler. İçi boşalmış bu geleneksel kurumların mevcut halleriyle doldurduğu bir boşluğun olduğu dahi görülmedi.

Devlet, bu kurumların geride bıraktığı boşluğu önceleri Diyanet aracılığıyla doldurmaya çaba sarfetti. Tabii ki bu arada, dînî alanı da kendi belirlediği koordinatlar içerisinde şekillendirmeye kalktı. Halkın talebi ve ihtiyacı bastırılamaz hale gelince İmam-Hatip Okullarını açtı. Böylece tüm dînî eğitim devletin kontrolü altına girmişti ve din eğitim ve öğretiminde devlet tekeli kurulmuş oldu.

Ne ki, devlet dini kontrol altına almak için kurduğu Diyanet'e dahi güvenmediğini 28 Şubat süreciyle bir kez daha ortaya koydu. Devletin dini kontrol aracı olarak kullandığı Diyanet'in, henüz bir teşkilat yasası dahi yok. Türkiye Cumhuriyeti yasalarına göre Diyanet'e hakaretin devletin diğer kurumlarına hakaret gibi görülmeyip suç telakki edilmediği mahkeme kararlarıyla tescil edilmiş bulunuyor.

Diyanet'in öz malı olan T. D. V.'nin şu anda incelemeye alınan vakıflar arasında olduğunu biliyor musunuz? Bu vakfın yurt dışına doktora için gönderdiği öğrenci kontenjanına müdahale ediliyor, haksızca kısıtlamalara gidiliyor.

Diyanet kitabevlerinde satılan kitaplara dışardan talimatla yasaklar konuluyor, diyanetin kendi kitapları bile bu uygulamadan nasibini alıyorsa, varın gerisini siz düşünün.

İç tehdit değerlendirmesinde İslam'ı birinci tehdit olarak tanımlayan konseptin sahibi 28 Şubat, devlete bağlı okullar arasında bulunan İmam-Hatipler'e ve Kur'an Kursları'na karşı savaş açarak, dînî eğitim veren yasal kurumları da devre dışı bıraktı.

Şimdi, bütün bu gerçekler ortadayken biri çıkıp da dinin yanlış öğretildiğini söylüyorsa, burada kimi suçlamalı.

Diyanet ve İmam-Hatipler de sanık sandalyesine oturtulunca, artık "dinin yanlış öğretilmesinden" değil, "dinin hiç öğretilmemesinden" söz etmek gerekecek.

Oysa ki din fıtri/varoluşsal bir ihtiyaçtır. Bu ihtiyacının farkına varan her birey, kendi tercihi istikametinde, kendisi ve terbiyesiyle yükümlü olduğu kişiler için dînî eğitim ve öğrenim almaya hak sahibidir. Örgütlenme ve kurumlaşma da bu hakka dahildir. Bir sistem insanın varoluşsal ihtiyaçlarından bir ya da birkaçını inkar üzerine kurulmuşsa, bu sistemin *hukukiliğinden* önce *insaniliğini* sorgulamak gerekir.

Bu ülkede insanların ençok cahili oldukları alanın hangisi olduğunu öğrenmek istiyorsanız, elinde kalem her Allah'ın günü insanlara akıl veren aydın makulesini din ile ilgili her hangi bir konuda konuşturunuz. O zaman anlayacaksınız din alanında yaşanan cehaletin vahametini.

Hoş, istisnaları olmakla birlikte, insanlara dinlerini öğretmekle görevli olan, -bunu çok iddialı kabul etsek bile- en azından dini eğitim almış din hizmetlilerinin, imamların, vaizlerin durumu da yukarıdakilerden pek farklı değil. Bu zümrelerin din tasavvurlarından tutun da, dini insanlara aktarış biçimlerine kadar her alanda ciddi bir kalitesizlik yaşandığı bir gerçek.

"Ya akademisyen ilahiyatçılar?" dediğinizi duyar gibiyim?

Sözün burasında dolmuşların arkasındaki yazıyı hatırladım: "O Şimdi Asker."

Bir avuç gayretli ve sorumluk sahibi ilahiyatçı akademisyenin dışında kalan çoğunluk tam bir kapalı havza toplumuna dönüşmüş durumda. Batıda "scantism" denilen onmaz hastalığa tutulan hocalarımızın en büyük kusuru sohbet geleneğinden nasiplerini almamış olmaları.

SOHBET GELENEĞİMİZ VE DÎNÎ HİTÂBET

"Dini kim öğretecek?" diye sormuş ve cevabında ilahiyatçılara ve ilahiyatçı akademisyenlere düşen ağır sorumluluğa dikkat çekmiştim. İlahiyatçı hocalarımızın en büyük zaaflarından birinin de sözlü geleneğe sırt çevirmek olduğunu dile getirmiştim.

Gerçekten merak ediyorum: İlahiyatçı akademisyenler sözün gücüne inanıyorlar mı? İnanmıyorlarsa, neden? Onları güçlü, etkin ve etken kılacak olan 'sermâye'nin söz olduğunu nasıl bilmezler? Sözün gücüne inanmıyorlarsa, dilsiz bir 'ilimciliğin' getirisinin ne olacağını düşünüyorlar?

Yok eğer sözün gücüne inanmıyorlarsa, sahabenin sohbetle yetiştiği gerçeğini nasıl izah edecekler? İlmi, toplumsal bir katma değere nasıl dönüştürmeyi düşünüyorlar? Meydanı üç-beş medyatik isme bırakmanın, Hakk'la ve halkla aralarını daha fazla açtığını farketmiyorlar mı? Yoksa ilahiyatçı ulemamız da, 'halksız bir devlet' düşleyen ümeramız gibi 'halksız bir din' mi düşlüyorlar? Son günlerde birileri tarafından namluya sürülen zavallı örneklerde görüldüğü gibi, dini hitabetin kaybettiği irtifa ve düştüğü acıklı durumda, sözkonusu hocalarımızın da katkısı yok mudur?

Bu serzenişlerim nedensiz değil. Sebebini siz okuyucularımla paylaşmak isterim: Diyanet İşleri Başkanlığı gerçekten çok hayırlı bir teşebbüste bulunur ve ilahiyatçı akademisyenleri sözlü geleneği ihya etmeye çağırır. Selatin camilerde Cuma günleri halka hitap etmelerini, bildiklerini toplumla paylaşmalarını teklif eder. Acıklı olan nedir biliyor musunuz? Koca İstanbul İlahiyat'tan sadece bir kişi dışında bu güzel ve yararlı teklife "evet" diyen çıkmaz.

Bilen bilir, devletin dine Türkiye kadar müdahale etmediği tüm İslam topraklarında 'dînî hitabet' hizmeti bu yöntemle verilmektedir. Endonezya'dan Pakistan'a, Yemen'den Mısır'a kadar bütün bir İslam coğrafyasında hatipler o mahallin, alanında en uzman ve ihtisas sahibi kişileridir. Bizzat ben, öğrenciliğim sırasında, kendisinden İslam Hukuk Metodolojisi dersleri aldığım çok iyi bir İslam Hukukçusu ve uluslararası üne sahip bir avukat olan M. Selim el-Avva'nın Cuma hutbelerini çok dinlemişimdir. Bir edebiyat profesörü olan Abdussabur Şahin Amr b. As Camii'nde Cuma hutbesi irad ederken aynı zamanda parlamenterdi. Rahmetli Ruhi Özcan Hoca'nın sözlü geleneği ihya eden tavrının, onu ilahiyatçı akademisyenler içinde müstesna kılan en belirgin vasfı olduğunu kim inkar edebilir?

Dînî hitabet, akademik formasyondan ayrı olarak bambaşka bir formasyon ister, bunu iyi bilirim. Yazıya benzemez. Spontan olduğu için risklidir. Fakat, bu riskine karşılık insan-insana, yüz yüze, diz dize, göz göze, öz öze olduğu için etkilidir. Etkisini anında müşahede etmek mümkündür. Ve unutmayınız İstanbul cemaati, Türkiye'deki cami cemaatinin öğrenim seviyesi en yüksek olanıdır. İlahiyat hocaları, ilahiyat öğrencilerinin ortalama seviyesinden daha yüksek seviyede bir cemaati karşılarında bulacaklarından çekinmiyorlarsa eğer, bu gerçeğin farkında değiller demektir. Kaliteli cemaat artık Cuma konuşmalarına iltifat etmiyor ve kendisine alternatifler arıyorsa, bunun nedeni dînî hitâbetin seviyesinde ve hatiplerde aranmalıdır.

Dînî hitabet, din tasavvurundan bağımsız değildir. Din tasavvuru, aynı zamanda hayat tasavvurudur; çünkü din (İslam) hayattır. Din insan hayatını inşa ederken, bu işi ondaki imanı duygu, düşünce ve eyleme dönüştürerek gerçekleştirir. İşte bu nedenle, hatibin hitabını, imanından ve amelinden bağımsız değerlendiremeyiz.

Dînî hitabet, mutlaka bir din diline dayanır. "Din dilini" ben, F. Ferre gibi yalnızca "Tanrı'nın varlığını isbat yöntemi" ya da "Tanrı hakkında konuşmak" olarak anlamıyorum. "Din dili" derken, "yaşayan imanın dilini", müminlerin hayatı ve varlığı kavrayış ve algılayış tarzlarını, mukadderatlarına ilişkin ahlaki boyuta sahip varoluşsal kanaatlerini, özetle hayat-memat tasavvurlarını kastediyorum.

Günümüz hatiplerinin ciddi bir din dili problemleri var. Daha doğrusu bir din diline sahip oldukları çok su götürür. Bütüncül bir hayat tasavvuruna sahip olmayan, 'şimdi ve burada'sından yeteri kadar haberdar olmayan, insanı, eşyayı, dünyayı, tarihi ve olayları da bir Kur'an bilip okumayan, tefsir ve te'vil etmeyen birinin günümüz insanına din adına söyleyeceği şeyleri kim merak eder, kim ciddiye alır?

Sözlü geleneği önemsememin nedeni bunlar değil. Ben sözlü geleneği, asıl ilim ve fikir sahibini fildişi kulelere çekilip 'ahkam kesme' tehlikesinden kurtarıp, ürettiği değerleri 'kamuya arz' etme yöntemi olduğu için önemsiyorum. Bu, 'yalnızlaşarak yabancılaşma'yı önleyecektir. Kendi toplumuna karşı yabancılaşma, kişinin kendisine karşı yabancılaşmasından daha az tehlikeli değildir.

Sözlü geleneği önemsememin bir başka nedeni de, ilim ve fikir erbabının 'kerameti kendinden menkul' duruma düşmemesi, 'kendini alemlere rahmet sanmak' gibi bir zehaba kapılmaması için, en etkin yolun kamu huzuruna çıkmak olduğuna inanmamdır. Böylece kişi, kametiyle kıymetinin bir olup olmadığını test edebilir. Bu ikisi arasındaki farkı farkeder. 'Halep'te beş arşın atlama' iddiası isbat zeminine kavuşur ve hepsinden önemlisi millet herkesin gölgesi ile boyu arasında fark olup olmadığını gözleriyle görür.

Değilse mi? Değilse, tıpkı Çinlilerin dediği gibi olur:

"Eğer bir yerde küçük insanların büyük gölgeleri oluşuyorsa, orada güneş batıyor demektir."

Peygamberler işte bunun için 'sohbet eriydiler' ve o yüzden 'sahabileri' vardı.

'Sahabesizlikten' şikayet edenler, önce sohbete ne ettiler, onu söylesinler!

İKRA' HERMENÖTİĞİ

Yanlış anlamak, anlamamanın en tehlikeli türevidir. Onun için, doğru anlamanın olmadığı bir yerde, aslına bakarsanız, "anlamaktan" da söz edemeyiz.

Bir hakikati yanlış anladınızsa, -farklı bir söyleyişle- anlamadınızsa, onu hayata nasıl uyguladığınızın ne önemi var? Yanlış anladığınız bir şeyi doğru yapabilir misiniz? Muhal farz yaptınız diyelim, doğru netice elde edebilir misiniz? Bu, yanlış öncülleri kullanarak doğru önerme yapmayı istemek gibi bir şey. Bunun âmiyane karşılığı "salatalıktan yağ çıkarmaya kalkmak"tır.

Anlama problemi, iradenin ezeli problemidir. Şeytan'ı "umutsuz vak'a" (İblis'in karşılığı) haline getiren, Allah'ı yanlış anlamasıydı. Şu şeytanî kıyas, işte bu yanlış anlamanın, daha doğrusu anlayamamanın bir ürünüdür:

"Ben ondan üstünüm; çünkü beni ateşten yarattın, onu ise balçıktan."

Bu kıyasa dayanan İblis, Allah'ı ve O'nun iradesini anlamada imanı bir "ön bilgi" olarak kullanmayınca, doğal olarak içgüdü ve ayartıcı özbenlik gibi "ön yargı"ların pençesine düştü.. Haset, kibir gibi saptırıcı unsurlar, sözkonusu ön yargıların doğal bir uzantısı olarak ortaya çıkacaktır.

Aslında Kur'an'da defalarca aktarılan İblis kıssası, anlama probleminin iradenin en büyük problemi olduğunun, yanlış anlamanın sahibini yüce konumdan alıp nasıl zavallı bir konuma düşürdüğünün sembolik bir dille ifade edilmesinden başka bir şey değildir.

Tüm ilahi vahiyler gibi, İslam vahyinin sertacı olan Kur'an da, daha ilk ayetlerinde insanın en ezeli problemi olan anlama problemine dikkat çekti:

"Oku, yaratan Rabbinin adıyla!

"Oku!" emrini, "çağır, davet et!" anlamına indirgemenin

ciddiyetini tartışmayı, zamanına (ve dahi ehline) havale ediyor, geçiyoruz.

Buradaki "oku" emri, okumanın tüm anlamlarını içeriyordu. İndirilen ilk beş ayet ve muhtemelen ilk inen beş ayetin hemen ardından indirilen Kalem Suresi'nin ilk ayetleri şu sözcükler etrafında dönüyordu: *"Oku, Rabb, yaratan, insan, alak, ikram eden, öğretti, kalem, bilgi, satır..."* Bu sözcükler, ilk inen ayetlerin kavramsal alanını açık ve net ortaya koymaktadır: Bilgi ve varlık.

Bu ikisinden söz edilen her yerde anlama, anlamlandırma ve yorumlamadan söz ediliyor demektir. Bu anlamda "oku" emrinin "algıla, anla, kavra, anlamlandır ve yorumla"yı içerdiği aşikar. Okuma işinin yanlış yapılmaması için bir "bakış açısı", bir "koordinat" veriliyor: *"Yaratan Rabbinin adıyla."*

Daveti emreden ilk ayetler olan Müddessir suresinin ilk ayetleri ininceye kadar gelen bütün ayetlerin önceliği vahyin dolaylı muhatapları olan üçüncü şahıslar değil, bizzat vahyin birinci muhatabı olan Hz. Peygamber'dir. Ona bir hayat tasavvuru, bir "bakış açısı" ve "esas duruş" kazandırmaktır bu süreçte vahyin amacı. "Fetret-i vahiy" adı verilen 'kesinti' de, işte bu hazırlık için kaçınılmaz olan en kısa süredir. Bu süre zarfında, vahyin iniş üssü olan kalb-i peygamberî hazırlanmış, Hz. Peygamber'in yukarda sayılanları sindirmesi ve içselleştirmesi sağlanmıştır.

"Oku" emri sıradan bir emir değil, bir hayat tasavvuru inşası için ilk basamaktır. Varlığı, yaratılışı, hakikati, insanı, benliği, varlık hiyerarşisi içerisindeki kombine, paralel ve çapraz ilişkileri anlamak ve anlamlandırmayı içerir. Tabi ki, doğru anlamak için de "koordinat" verilmiştir.

Bu koordinatlardan yola çıkarak varlığı anlama ve anlamlandırma işine girişmeye "ikra hermenötiği" adını verebiliriz. İkra hermenötiği, her şeyi bir metin, bir gösterge gibi görmek ve onu anlama adına onu nesneleştirmeden onunla diyaloğa girmektir.

İnsanoğlu yanlış okuyarak doğru anlayamaz. Doğru anlamak, doğru okumaya bağlı. Yanlış okumanın tarihteki en tipik örneklerinden biri Harici yanlış okumasıydı. *"Hüküm yalnızca Allah'a aittir"* ayetini kendilerine şiar edinen Hariciler tüm cinayetlerini bu "yanlış anlama" üzerine bina ettiler. Hz. Ali, onların yaptığı yanlışı şöyle özetliyordu: *"...el-Kavlu'l-hak, yuradu biha batıl: Yanlış yorumlanan hak söz."*

Harici yanlışının temelinde, paradoksal bir biçimde anlama öznesi olan "gösterge" (=ayet)'nin nesneleştirilmesi yatıyordu. Hariciler ayeti önce nesneleştirmişler, sonra da istedikleri gibi konuşturmuşlardı. Yine Hz. Ali, Kur'an'ı nesneleşirerek keyfince konuşturanları red sadedinde şöyle demişti: *"Kur'an konuşmuyor, konuşturuluyor."* Eğer Kur'an'ı nesneleştirmek yerine onu anlamanın öznesi kılıp onunla "diyaloğa" girselerdi, yanlış anladıklarını fark edeceklerdi.

Gazzali, bu ümmetin sorununun anlama sorunu olduğunu, eserinin adını *İhyau Ulumi'd-Din* (=Din İlimlerinin İhyası) koyarak ifade etmişti. Bu kitap okunduğunda, Gazzali'nin "anlama" problemini hedef aldığı açıkça görülecektir.

İbn Teymiyye de sorunun adını doğru koyduğu için, anlamanın öznesi olan nasslar ve onların geliş yolları üzerinde yoğunlaştı. Aynı şeyi, ilim tarihimizin yıldızlarından Şah Veliyyullah Dehlevi ve daha birçokları için de söyleyebiliriz.

Ancak ne olduysa, İslam topraklarının kolonyalist batının istilasına uğradığı dönemde oldu ve bu dönemde biraz da tepkinin ürünü olarak ortaya çıkan yönelişler sorunun "anlama sorunu" değil "yöntem sorunu" olduğu tespitinde bulundular.

Cemaleddin Afgani ile başlatılan İslami diriliş hareketlerinin tamamı bu sorun üzerinde yoğunlaştı. "Nasıl?" sorusu öne geçmişti. Tabii ki bunda, medeniyet olarak hezimete uğramış olmanın payı büyüktü. Mesele usûl meselesi olarak ortaya kondu. Bu, bir parça düşmanını taklit etmek anlamına geliyordu.

Kimileri, batı aydınlanmasını haklı olarak Descartes'in *Yöntem Üzerine Konuşmalar* (*Discours de la Methode*) kitabıyla başlatırlar. Baskın vasfı çıkar ve bencillik olan batı modernitesi için "nasıl"a kilitlenmek pek de şaşırtıcı değildi. Beş yüz yıl batı bu "pragmatik nasıl"ın peşinde koştu ve istediğini elde etti. Batı düşüncesinin dikotomik tabiatı gereği Feyerabend'in *Yönteme Hayır* demesi için yüzyıllar geçmesi gerekiyordu. Niestszche'nin yol göstermesi ve Heidegger'in yoğunlaşması ile Batı düşüncesi sorunun *"yöntem sorunu"*ndan daha çok *"anlama sorunu"* olduğunu yeniden keşfetti.

Bizim dünyamız, uzun bir fetretin ardından batının da hatırlatmasıyla temel soruna yeniden döndü. İkbal, doğru soruyu sorup doğru cevap alanların başında geliyordu. Hepsi farklı tonlarda ve hatta farklı amaçlarla da olsa İslam topraklarından çıkan Fazlur Rahman, Hasan Hanefi, Muhammed Abid Cabiri ve hatta Nasr Hamid ebu Zeyd, "anlama sorunu" üzerine eğilmiş gözüküyorlar.

Bizde hâlâ sorun "yöntem sorunu" sanılıyor. Öyle olmadığı, ondan daha temelde "anlama sorunu" olduğu, bu sorun halledilmeden hiçbir sorunun halledilemeyeceği, yanlış anlaşılan bir şeyin doğru uygulanmasının mümkün olmadığı yavaş yavaş farkediliyor.

Bu, az sevinilecek bir şey midir?

NESNELEŞTİRMEDEN OKUMAK

Önce, harika bir nesneleştirmeden okuma örneği; görgü şahitlerinin dilinden aktarılan bu olayı *Ebu Davud*'dan nakledelim:

"Biz Allah Rasulü ile beraberdik. Ansızın yağmura tutulduk. Rasulullah elbisesini yağmur damlalarının altına tuttu. Dedik ki: Ey Allah'ın Rasulü, niçin böyle yapıyorsun? Şöyle cevapladı: Kuşkusuz onun Rabbi ile sözleşmesi benden daha yenidir."

İşte geçen yazımızda "ikra hermenötiği" adını verdiğimiz okuma yöntemi bu. Her oluşu, bir gerçeği gösteren gösterge, anlamlı bir metin, hakikate yapılmış bir atıf gibi okumak, anlamak, anlamlandırmak ve yorumlamak...

Hz. Peygamber'in burada yaptığı da böyle bir okuyuş. Bu okuyuşun en özgün tarafı "Yaratan Rabb'inin adına oku!" çerçevesine sadık kalarak, makro ve mikro arasındaki kozmik ilişkiyi göz ardı etmeden okumak...

Benim asıl dikkat çekmek istediğim, Peygamber'in yağmuru bir "nesne" gibi değil bir "özne" gibi algılayarak okuması.

Bu, işte bu!

Nesneleştirmeden okumak. Yağmura pasif, edilgen, tanımlamaya teşne, işkenceye âmâde bir nesne gibi değil, anlaşılmayı, keşfedilmeyi, şerhedilmeyi, tefsir ve te'vil edilmeyi bekleyen bir "özne metin" gibi muamele etmek.

Bu aslında bir hayat tasavvuru, varlığı algılama tarzıdır. Onun için de, bu örnek olayda "yağmur" ölçeğinde kendini dışa vuran bu tasavvur, elbette genelde tüm tabiata ve daha genelde başta insan olmak üzere tüm varlığa bakış açısını ele vermektedir.

Hz. Peygamber'in ara ara sanki şuurlu bir varlıkla görüşmeye gidermiş gibi gör(üş)meye gittiği Uhud Dağı için söylediği şu söz de, bu 'tevhîdî' hayat tasavvurunun bir başka örneği:

"Uhud bir dağdır, (fakat) biz onu severiz, o da bizi sever."

Dağla ünsiyet kurmak nasıl bir şeydir? Dağı sevmek ve dağca sevilmek nasıl bir şeydir? Bunu böyle kabûl eden bir varlık felsefesi, bir hayat tasavvuru, insana nasıl bakar ve okur? Bu tasavvura sahip birinin insan ve eşya karşısındaki duruşu ne soylu bir duruştur!

Aslında Yunus'un *"Sordum sarı çiçeğe"* diye başlayan diyalojik okuması da, bu Nebevî okumanın bir devamı değil midir?

Ancak nesneleştirmeden okuyabilenler, okumayı bir diyaloğa dönüştürebilirler; 'okuyan özneyle okunan özne arasında' bir diyaloğa. Eğer böyle okurlarsa, soru sorarlar ve cevap alırlar.

Eşyayı dahi nesneleştirmeden okuyan, onunla diyaloğa giren Hz. Peygamber, Kur'an'ı da bu çerçevede okuyor, anlıyor, anlamlandırıyor ve yorumluyordu. Nesneleştirmeden ve diyaloğa girerek... Soru sorarak ve cevap alarak...

Kur'an ilimleri içerisinde özge bir yeri olan Esbab-ı Nüzul (iniş nedenleri) disiplinine Peygamber neslinin verdiği anlam, bu diyalojik bakış açısı gözardı edilerek anlaşılamaz. Değilse, ilk nesil müfessirlerinin bir ayete iniş nedeni olarak, ayetten yaklaşık 1200 yıl önce gerçekleşmiş Asurlular'ın İsrailoğulları'nın iki devletinden biri olan İsrailiyye'yi işgal ve soykırımını göstermeleri nasıl açıklanabilir?

Hz. Peygamber'in insanı okurken gösterdiği titizlik ve hassasiyet elbet, yağmuru ve dağı okurken gösterdiği titizlik ve hassasiyetin çok çok fevkindedir. Onun için kendisine can düşmanı olmuş birilerini dinlerken dahi "iki ayaklı kulak" kesiliyor, öyle ki kendilerini dinlediği muhalifleri ona bu tavrından dolayı "kulak" lakabını takıyorlardı. (Tevbe 61)

İslam tarihinde, özden sapma, nesneleştirerek okumadan bağımsız açıklanamaz. Geçen yazımızda Harici okumasından söz etmiştik. Bugün de problemimiz aynı: Kur'an'a adeta işkence ederek, ona kendi istediklerimizi söyletmek. Dine adeta işkence ederek ona duymak istediklerimizi söyletmek.

Bu felsefeyi kabaca şöyle ifade edebiliriz: İşkence et keşfet; yani, "nesneleştir ve çöz, indirge ve tanımla". Tabi ki bunun bir devamı olarak "manipüle et, kullan, imajını boz, kurgula" aşamaları kendiliğinden gelecektir.

Gerek geleneksel gerek modern olsun, günümüzdeki İslami düşünce ve pratiğin hemen hepsine tebelleş olan en büyük sorunlardan biri, işte bu "değerleri nesneleştirme" sorunudur.

Eğer Kur'an'ı nesneleştirerek anlamaya kalkarsanız, onu hiçbir zaman doğru anlamayacaksınız demektir. Çünkü, onun ne söylediğine kulak vermek yerine, sizin duymak istediklerinizi ona söyletme tarzını tercih edeceksiniz.

Eğer dini nesneleştirirseniz, dine işkence ederek onu sizin beklentileriniz istikametinde konuşturmayı tercih edeceksiniz.

Eğer insanı nesneleştirirseniz, insanı, insanınızı hiçbir zaman doğru okuyamayacak, doğru anlamayacaksınız. Nesneleştirdiğiniz insanı artık partinize, ülkünüze, mevhum dâvanıza, derginize, çizginize, ideolojinize, cemaatinize, devletinize feda etmek, yem etmek sorun değildir. Çünkü nesneleştirmenin en belirgin sonucu kullanıma ve istismara açmaktır.

İşte bu nedenle "nesneleştirmeden okumak", doğru okumanın ve doğru anlamanın en garantili yöntemidir. Böyle bir okuma, okuyanla okunan arasındaki ilişkiyi tek yanlı, manipülatif, kurgusal olmaktan çıkarıp özne-özne ilişkisine dayalı çift boyutlu, diyalojik ve ünsiyet derecesine yükseltmektir. Bu tür bir okuma, okuma eylemine kutsal bir boyut katacaktır. Aşkın bir boyut kazanan okuma, zaman ve mekanla kayıtlı bir eylem olmaktan çıkacaktır. Çünkü Kur'an'ın ilk çağrısına uyarak "ikra hermenötiği"ni bir hayat tasavvuruna dönüştürüp, "Yaratan Rabb adına" okuyan ölümlü ceset değil, ölümsüz ruhtur. İşte, öteye ilişkin şu sözü söylerken, sanırım Hz. Peygamber bunu kastetmiş olsa gerektir:

"Kur'an okuyan kimseye şöyle denir: Oku ve yücel! Tıpkı dünyada okuduğun gibi oku! Makamın, okuduğun/anladığın son ayetin olduğu yerdedir." (Tirmizi, F. Kur. 3080)

Bu tamam: Bir değeri nesneleştirmek, onu istismara ve tüketime açmaktır. İnsan, vahiy, ve hayat ölçeğinde düşündüğümüzde, bu değerlerin nesneleştirilmesinin nasıl bir istismara yol açtığını hep birlikte yaşıyor, görüyoruz.

Nesneleştirilmiş bir insan *telef*, nesneleştirilmiş bir vahiy *tahrif*, nesneleştirilmiş bir hayat *tahrip* edilmeye açık hale gelmiştir. Bundan kaçınmak, ancak bütüncül bir hayat tasavvuruyla mümkündür.

Her şey tasavvurda/tasavvurla başlar. Tasavvur, insanın algılayabildiği soyut ve somut her bir şeyin insan zihnindeki karşılığıdır. Hayat tasavvuru ise, insanın hayatına yön veren 'istikamet açısı'dır. İşte bu nedenle hayatı inşâ, tasavvuru inşâdan geçer. İmhâ olmuş bir tasavvurla yeni bir hayat inşa edilemez. Tahrif olmuş bir tasavvur vahiy gibi mutlak hakikate atıf olan değerleri bile tahrif eder.

Tasavvur hem dilin, hem de fiilin ana rahmidir. İnsan dilinin, 'eşya'nın tasavvura yansıyan gölgelerini kodlamaya yarayan bir göstergeler sistemidir. İnsanın tüm yapıp etmeleri de tasavvurundan bağımsız gerçekleşmez. Bir insanın tasavvurunu, ancak kavramlara yüklediği anlamlardan çıkarabilirsiniz. Davranışlarını oluşturan temel koordinatları, sadece bu yöntemle çözebilirsiniz.

Tasavvurun eylemi ne derece belirleyici olduğunun örneklerini hepimiz her gün yaşıyoruz. Şu politik arenaya bakınız. Aslında normalde bir şeye pozitif tavır alması beklenen biri, onun tam zıddı olan negatif tavır alınca, onun eylemini korku, kaygı ya da çıkar ilişkilerinin belirlediğine kanaat getiriyorsunuz.

Bir şeyin "üzerine yürümek"le, bir şeyden "kaçmak" arasında, o şeyin insan zihnindeki tasavvuru birinci derecede etkilidir. Korku, işte bunun için insanın değer sistemini dumura uğratır.

Tahrip olan hayatı yeniden inşa edebilmek, telef olan insanı yeniden kazanabilmek, mutlak hakikatin göstergeleri olan vahyi ve varlığı zihinde tahrif etmemek için, hakikatin insan zihnine bağımlı olmaması şarttır. Değilse, mutlak hakikatten söz etmenin anlamı olmayacaktır. İnsan zihni, hakikate anlamını veren değil, daha çok okuyan, anlamaya çalışan ve yorumlayan yanıyla öne çıkmalıdır. O zaman insan haddini bilmiş olur.

Bir şeyi okumaktan söz edebilmek için, onun mesaj taşıdığından 'emin olmamız' gerek. İşte mü'min de ona denir: Varlığın amaçsız olmadığından *emin olan*, eşyanın mesaj taşıyan birer "ayet" olduğuna *iman eden*, başta özvarlığının amacını keşfedip, dış dünyanın bu keşifte yol gösterici işaret taşları olarak emanet edildiğini kavrayan, varlıkla ve varlığın sahibiyle emniyet/güven ilişkisi içinde bulunan insan...

Böyle bir insanın hayat tasavvurunun merkezinde iman bulunacak, bu insan hayatı imanla okuyacaktır.

Tasavvur dilin ana rahmidir, demiştik. Evet, insanın hayat tasavvuru kavramlara verdiği anlamda billurlaşır. Farklı bir ifadeyle insan hayat tasavvurunu ya kavramlarla ya da davranışlarla açığa vurur.

Hayatı imanla okuyan biri, iman sözleşmesinin doğal bir uzantısı olarak, Allah'ın eşyaya verdiği 'anlamı' arar ve kendisi de eşyaya o anlamı verir. Bunun tersi "yanlış okuma", "yanlış anlamadır" ki, bu yanlış tasavvur ve yanlış eylem demektir.

Tasavvur dil ilişkisini şu zıt anlamlı sözcüklere yüklediğiniz anlamları test ederek daha iyi anlayabilirsiniz: Kâr-zarar, başarı-başarısızlık, kazanç-kayıp, hayat-ölüm, izzet-zillet, iyi-kötü, gerçek-yalan, ebedi-geçici...

İsterseniz, Kur'an'ın bir neslin hayat tasavvurunu nasıl inşa ettiğine; hayat tasavvuru inşa olan bir neslin insanlığın geleceğini nasıl omuzladığına ve yüzyıllar boyu aydınlatacak bir iman ve aşk enerjisine nasıl dönüştürdüğüne bir örnek verelim:

Amiroğulları şefi Ebu Bera'nın isteği üzerine Hz. Peygamber bu kabileyi eğitmek üzere öz elleriyle yetiştirdiği çok sayıda öğretmeni gönderdi. Yolda Meune Kuyusu yanında dinlenmekte olan bu kafile, pusuya düşürülerek katledildi. Öğretmenlerden sadece develerin başında nöbet tutan iki kişi hayatta kalmıştı: Haris ve Amr. Haris olan biteni anlayınca yalın kılıç hainlerin arasına daldı ve şehid edildi. Geriye sadece Amr kalmıştı. Hainlerin liderlerinden Cebbar isimli biri Amr'dan ısrarla cenazeleri tek tek teşhis etmesini istiyor, "Burada cesedi olmayanı bana tesbit et!" diyordu. Sonunda cesedi bulunamayan tesbit edildi: Hz. Ebubekir'in azatlısı ve hicretin kahramanlarından Âmir b. Füheyre. Onu ısrarla merak eden Cebbar bunun sebebini şöyle aktarıyordu: *"Onu ben hançerledim, hem de sırtından. Ben tam hançerimi sırtından sokup göğsünden çıkardığımda beni hâlâ hayrette bırakan şu sözü söyledi: "İşte şimdi kazandım!"*

Cebbar şaşırmasın da kim şaşırsın?

Öldüren o, ölen diğeri; bu durumda kazananın kendisi olması gerekmez mi?

Bu nasıl bir hayat tasavvuru ki, "katil" değil de "maktul" başarılı oluyor. İhanet edip öldüren değil de ihanete uğrayıp ölen *"İşte şimdi kazandım/başardım!"* diyebiliyor?

Sizce kim kazanmıştır? Sizin hayat tasavvurunuza ve bu tasavvurdan yola çıkarak tanımladığınız "başarı-başarısızlık, kazanç-kayıp, ihyâ-imhâ" tanımlarına göre kazançlı olan kim?

Kendimize karşı dürüst olalım: katil putperest Cebbar gibi mi düşünüyoruz, yoksa maktul mü'min Âmir gibi mi?

Burada, olayı 'farklı' kılan, kullanılan kavramların farklılığı değil, o kavramlara yüklenen anlamların farklılığı. Aynı anlam farklılığını işkence altında inleyen Yasir ailesine Hz. Peygamber'in verdiği "kurtuluş müjdesi"nde de bulunuyoruz. Burada da "kurtuluş"a farklı bir anlam yükleniyor.

Aslında bu ve buna benzer tavırları anlamak, anlamlandırabilmek ve yorumlamak için tek başına akıl yetmiyor. Şu günlerde bazılarının yaptığı kurban tartışmasında da sorunun hayat tasavvuru sorunu olduğu nasıl da anlaşılıyor. Hz. İbrahim ve İsmail örneğini nasıl bir tasavvurla anlamalı?

Kurban akılla değil aşkla izah edilir. Hayatında, sahip olduğunu sandığı şeylerin kulu-kölesi olan ve bundan dolayı da hiçbir şeyini feda edemeyip 'harcananlar', gerçekten sahip olan ve sahip olduklarını 'adayanları' nasıl anlasınlar?

Öyle ya; karabaşın gözünde "kurban" dediğin et ve kemik, "Kurban Bayramı" dediğin de et ve kemik bayramı değil midir?

Hayat tasavvurunuz çok önemli, çook.

İNSANIN ANLAM ARAYIŞI

Merhum Muhammed Gazâli, kendisiyle yapılan silsile söyleşilerin bir yerinde, görünce düşüncelerimi teyit ettiği için beni şevklendiren şu tesbitleri yapıyordu:

"Kanaatimce, çekmekte olduğumuz sıkıntı metotla ilgili bir problem değildir. Zira yöntemimiz de vardır, bilgi kaynağımız da. Bunlar korunmuştur ve tarihsel olarak sınanmıştır. Bence sorun doğru anlayış yönteminden ve bizi Kur'an'ı anlamaya götürecek araçlardan yoksun olmamızdan kaynaklanmaktadır."

Şu sözleri de, en az bunlar kadar doğru ve yerinde tesbitler:

"Semantik açıdan okuma ve anlamayla, işitme ve idrak etme arasında hiçbir fark göremiyorum. Nasıl oldu da İslâm ümmeti Kur'an'ı okumayla anlamayı birbirinden ayırdı? Bunu bir türlü anlayamıyorum."

Evet, Kur'anî anlamda "Oku!" emri, aynı zamanda "anla, kavra ve anlat" demektir. Birine "Oku!" dedikten sonra ayrıca bir de "Anla!" demeye gerek var mı? Ağzını açan anlaşılmayı istemez mi?

Yitik medeniyetin biz öksüz çocukları, medeniyetimizden önce "anlamı" yitirdik. "Anlam" sözcüğünü kasten kullandım; çünkü yitirilen, bilgi objesinin anlattığı "mâna" değildi, bilgi süjesinin anladığı "mefhum" idi, anlamı "mefhum"un karşılığı olarak kullandım.

Yanlış anlayan, bilgi objesinin kasdettiği mânaya hiçbir zarar vermez. O mâna olduğu yerde durmaktadır; çünkü eşyanın mânası eşyanın hakikatiyle ilgilidir, onun yansımasıdır. Eşyanın hakikati ise yaratılış amacına merbuttur. Eşyayı yerinden eden, eşyanın hakikatini değiştirmiş olmaz, sadece zulmetmiş ve tahrife yeltenmiş olur. Bu da tahrif edilene değil, tahrif edene zarar verir.

Daha önce bu sütunda "Lafız mâna maksat" başlıklı bir

makale kaleme almıştık. Orada demiştik ki: "Lafız ve mâna eksenli klasik anlama metotlarını ve bu metotlarla elde edilmiş sonuçları *makasıdu'l-Kur'an* süzgecinden geçirerek sağlamasını yapmak gerekir."

Bu yazı yayınlandıktan sonra, bazı dostlar ve öğrenciler şu soruyu sordular: "Bu teklif lafza kuşku ile bakıldığının bir göstergesi değil midir?" Evet, doğru. Eğer bilgi objeniz vahiy gibi hayati ve aşkın bir bilgi kaynağıysa, tek başına lafza güvenmek tek şahitle yetinmek kadar risklidir.

Bu riski, Arap dilini ilk derleyen ve onu tabii bir olgu olmaktan çıkarıp üzerinde çalışılabilir bir ilim nesnesi haline getiren Halil b. Ahmed hakkında Cabiri'nin şu tesbitleri daha bir anlaşılır kılmaktadır:

"Halil b. Ahmed, zihinsel mümkünlükten hareket etmiş, alfabedeki harfler arasında salt matematiksel bir ilişki kurmuş ve terkip edilebilir lafızları belli bir sayıyla sınırlamıştır. Bu ilke, tabii olarak dili, yaşayan vakıayla alışveriş neticesinde doğan bir birikim değil zihnin ürettiği bir olgu haline getirmiştir."

Asıl problem bundan sonra başlamıştır. Halil b. Ahmed'in koyduğu temeller üzerinde dili derlemeye başlayan dilcilerin ravilerde aradıkları en önemli şart, kendisinden dil/kelime alınacak kimsenin "derice sert (bedevi), dilce fasih" olması şartıdır. Bu şart, miladi 8. yüzyıl bedevilerini, alimlerin hocası haline getirmiştir. Yine Cabiri'yi konuşturalım:

"Böylelikle bedevi, alimlerin boyun eğdikleri ve iradesinin gereğini yaptıkları bir kanun haline geldi. Bedevi bu 'mübarek' bedeviliği sayesinde, cahil bir Arap'tan alimlerin hocası, ihtilaf ve tartışmalarda görüşüne baş vurulan merci haline geldi... Tarihte anlatılanlara göre konuşmayı profesyonel mesleği haline getiren bazı bedeviler sahip oldukları malı pazarlamaya başladılar. Hatta bazıları Basra, Kufe gibi şehirlere yerleşerek oralarda laf satıcılığına giriştiler... Sonuç olarak sözlüklerin ve nahivcilerin ortaya koydukları Arapça, Kur'an dilinden daha dar kapsamlı, daha az esnek, dolayı-

sıyla uygarlık bakımından ondan daha gerideydi. Kur'an ise daima daha geniş ve daha verimliydi... Bu durum tabii ki bizzat Arapların Kur'an'ı anlama gayretlerine yansıyacaktı. Nitekim Kur'an'da yer alan bir çok kelimenin anlamını bedevilerden derlenen dilde bulma imkanı olmadığı için, bunlar sürekli ihtilaf konusu olmaya devam etmiştir."

İşte tam da bu yüzden, Kur'an'ın anlaşılması sözkonusu olduğunda, 'lafız' ve ondan elde edilen 'mâna'nın yanına/karşısına 'maksat'tan bir hakem koymanın şart olduğunda ısrarlıyız. Bu, sadece Kur'an'ın anlaşılması için değil, anlam krizine tutulmuş İslam ümmetinin bu krizi aşabilmesi için de lâzım şarttır.

Bu ümmet, insanın ve varlığın anlamına giden yolun adresini elinde tutma ayrıcalığını hâlâ muhafaza etmektedir. Fakat, bu ayrıcalığının farkında değildir. Altında gömülü defineden habersiz, açlıktan ölen bir nasipsizin rolünü oynamaktayız hepimiz.

Bir "küreselleşme" edebiyatıdır aldı başını gidiyor. Batı modernizmi öncülüğünde gelişen küreselleşme sürecinde, hiçbir kalıcı insani değerin küreselleştiğini söylemek mümkün değildir: Özgürlük, adalet, mutluluk, refah, erdem, ahlak...

Hangisi küreselleşmeden nasibini almıştır bunların? Hiç biri. Aksine küreselleşme bu değerleri daha da geriletmiştir, denilebilir. Bunun anlamı, Batı öncülüğünde sürdürülen küreselleşmenin hedeflerinin insanın anlam arayışıyla taban tabana zıt olmasıdır. Bu şu anlama gelir: Batı küreselleşme hedefine yaklaştıkça insan anlamından uzaklaşacak.

İnsanın anlamdan uzaklaşması Allah'tan uzaklaşmasıyla eş anlamlıdır: Çünkü anlamsızlık en dehşet Allahsızlık'tır ve illa ki "Allah" demek "anlam" demektir.

SORULAR CEVAP SORUNLAR ÇÖZÜM İSTER

Kimi zaman öyle yanlış sorular gelir ki, doğru cevap vermek mümkün değildir. Ama, soru faslında en çok üzerinde durulması gereken nokta hiç kuşkusuz "sorunların sorulara çevrilmesi" yanlışıdır.

Sorular cevaplanarak halledilir, sorunlarsa hayatın içinde çözümlenir. Bunun içindir ki "soru"nun *cevabından*, "sorun"un ise *çözümünden* söz edilebilir. Bu karışıklık, halen kendisiyle düşündüğümüz eskimez dilimize ait "mesele" sözcüğünün, hem "soru"ya hem de "soruna" karşılık olmasından kaynaklanıyor. Çünkü "sual" hem "sormak", hem de "istemek" anlamına gelir. Bugünkü köşemi ehl-i vukuf bir okuyucumuzun arkadaşları adına sorduğu soruların cevaplarına ayırıyorum:

Klasik ictihatların artık cevap vermediği konularda ictihat müessesesi nasıl çalıştırılabilir ve yaklaşım ne olmalıdır?

İctihat zaten dinin sabiteleri değil değişkenleri üzerinde olur. Ve her ictihat meşruiyetini dinin sabitelerinden alır. Bunun için de:

1. Yeni bir 'tefakkuh usulünün' temellerini atmak: tecdit ve tashih edilmiş bir "müslüman aklına", düşünme yöntemine ihtiyaç vardır. Bu yöntem, şu ana sütunlar üzerinde yükselmelidir:

a) Nassları maksatları açısından yeni bir okumaya tabi tutmak. Bu okuma nefy ve isbat yöntemiyle yapılmalı; yanlış anlamanın kendisinden kaynaklandığı yanlış okumayı nefyetmeli, yerine doğru okumayı isbat etmelidir: bu da lafız ve mâna eksenli klasik okuma yerine bunlara hakem olarak "maksat" eksenini koymakla mümkündür.

b) Atomcu (cevher-i fert) ve sebep-sonuç yasalarını dışlayıcı (imkan) temeller üzerine oturan klasik kelamı, tevhidci bir eksende ve sünnetullah (ilahi yasalar) temelinde yeniden inşa etmek.

c) Epistemolojide Kur'ani yaklaşımı esas almak. İslami disiplinlerin, bilgi sistemlerine, biraz da taassuptan kaynaklanan tekçi yaklaşımlarını bir kenara bırakıp Kur'an'ın "çok boyutlu bilgi kaynağı" yaklaşımını temel alarak Kuşeyri'nin ayrımıyla beyanî, burhanî ve irfanî bilgi sistemlerini tıpkı anlamlı bir cümle için isim, fiil ve harfin işlevi gibi birbirine rakip değil lazım-melzum olarak görmek. Zaruriyyat, haciyyat ve tahsiniyyat hiyerarşisinde olduğu gibi, bu bilgi sistemlerini de makro sistemi oluşturan hiyerarşik enstrümanlar olarak düşünmek.

2. İslam aklının yenilenmesinin doğal bir sonucu olarak yeni bir fıkıh usulü oluşturmak: Bu usulün İslami hayatı yeniden inşa sürecine azami katkıda bulunması için şu unsurlara dikkat etmek:

a) Bundan böyle bağlayıcı içtihadlar için tek tek fertler yerine bir sivil ictihad kurumunun oluşmasına zemin hazırlamak.

b) İctihadı "cüz'ün cüz'e kıyası yoluyla ya da tek tek delillerin okunması yoluyla değil, o konudaki bütün delillerin 'istikra'sı üzerine bina etmek.

c) İctihada ehil ulemanın sesini mezhep, meşrep taassubuna kapılarak boğmamak. Yapılan ictihadı geleneksel ictihadlarla ne kadar zıt düşerse düşsün bir ictihad olarak değerlendirip, "ictihad ictihadı nakzetmez" kuralı çerçevesinde değerlendirmek.

"Yeni bir fıkıh usulü" derken neyi kastettiğimi Şatıbi'nin *el-Muvafakat*'ı iyi açıklar. Yeni ictihada örnek olarak da, usuldeki kimi boşluk ve muğlaklığına rağmen, Musa Carullah'ın *"Uzun Günlerde Ruze"* ictihadını örnek gösterebiliriz.

Kur'an'ın tanımladığı fonksiyonel ve aksiyoner bir aklı nasıl algılamalı ve edinmeliyiz?

Bu, Kur'an eksenli doğru bir sualdir. Fonksiyonel ve aksiyoner akıl Kur'an vahyinin tanımladığı bir akıldır: *"Lehum kulubun la-yefgahune biha"* (kendisiyle düşünmedikleri yürekleri var), *"la-ya'kılun"* (akletmezler) ibarelerinde olduğu gibi, "isim" türü statik, sabit, zamansız ve mekansız, şimdisiz ve buradasız bir "akıl" değil, varlığı faal olmasına bağlı, adeta faal olmayınca yok sayılan ilahi bir atıyye olan akıl.

O halde, bu sonuncusu bir "soru" değil bir "mes'ele"dir. Çözümü de, Hz. Peygamber'in örnekliğinin her müminin şimdi ve buradasında ahlaken üretilmesiyle mümkündür.

ABANT'IN ARKA PLANI

Din-demokrasi ilişkisinin, konusu *Demokratik Hukuk Devleti* olan 3. Abant Platformu'nda yapılan tartışmaların dominant öğesi olmasını kimse garipsememeli. Çünkü:

1) Birileri yüzünü buruştursa da, bu ülkede İslam, tüm yapılanlara rağmen hâlâ hayatın en belirleyici unsurudur. Sosyal, siyasal, ekonomik; hayatın hangi alanıyla ilgileniyor olursanız olun, onun İslam'a göre nerede durduğunu göz ardı ederek 'anlam' tayinine kalkışamazsınız.

2) Bir şeyin İslam'a göre konumunu tanımlamak için, hem İslam'ı hem de ona göre tanımlayacağınız şeyin mahiyetini iyi bilmelisiniz.

Bendenizin de içinde bulunduğu *Tarih-Felsefe-Toplum Komisyonu*, *Siyaset-Hukuk Komisyonu*'na göre felsefi ve entelektüel tartışmaya daha yatkın bir yapıdaydı; aradığım da zaten buydu. Komisyonda İslam-Demokrasi ilişkisi masaya yatırılınca 'Militan Demokrasi'yi savunan Kılıçbay, İslam'la demokrasinin bir arada olamayacağını, laikliğin demokrasinin olmazsa olmaz şartı olduğunu söyleyiverdi. İslam'ı, demokrasiyi, Laikliği kendi keyfinize göre tanımlayıp "olursa olmaz"larla "olmazsa olmaz"lara mahkum ettiniz mi iş tamam; ne ala memleket. Vural Savaş'ın da böyle düşündüğünü Refah İddianamesi'ne yazdıklarından hatırlıyoruz.

Bu düşünce, yalnızca bir 'epistemik çorba' değil, aynı zamanda 'imkansız' ve 'tehlikeli' idi. Tam da, demokrasiyi "şirk", demokrat insanları "müşrik" olarak tanımlayan İslâmî entegrist yaklaşımın karşı kutbunu oluşturuyordu. Bu ikisi arasında mantık aynı, çıkış noktası aynı, düşünme biçimi aynı, sonuçları bile aynıydı: İslam demokrasiyle bağdaşmaz.

Birinciler bunu "demokrasiyi koruma" adına yaparken ikinciler bunu "İslam'ı koruma" adına yapıyorlardı. İster istemez söz almak zorunda kaldım ve hiç bir entelektüelin yapmaması gereken vahim mantık yanlışına dikkat çekerek dedim ki:

1) Mantık ilmi açısından yanlıştır: Elmalarla armutlar birbirine kıyaslanmaktadır. "Din totaldır, demokrat olamaz" önermesi yanlış öncüller üzerine bina edilmiştir. Bu kıyasın 'orta terimi' ortak değildir. Dolayısıyla bu analoji eskilerin tabiriyle 'kıyas maalfarık'tır, batıldır.

2) Epistemik açıdan yanlıştır: İslam ve demokrasi iki ayrı bilgi sistemine mensupturlar: İslam bir dindir ve menşei ilahidir, demokrasi ise bir siyasal yöntemdir ve menşei beşeridir; dolayısıyla profan (kutsal dışı) ve özünde 'seküler' (dünyevi)'dir. Çünkü ne komple bir ahlak öğretisi vardır, ne de ahiret öğretisi. Bu yaklaşım demokrasinin geçerli tanımları açısından da kabul edilemez: Çünkü, bu mantığa göre demokrasi kendi hedef ve iddialarına karşı konuşlandırılmakta, bir tür 'kafeinsiz kahve', 'yumurtasız omlet' konumuna indirgenerek içi boşaltılmaktadır.

3) Sosyolojik açıdan 'vicdansız'dır: Bunun anlamı, kahir ekseriyeti müslüman olan bu ülkenin insanına "Sen dinini değiştir de gel" demektir; bu millet topyekün tanassur edemeyeceğine göre "Müslümansan dikta ve totalitarizm senin kaderindir" demektir. Özetle bu ülkedeki değerlerine yabancılaşmış yönetici elitlerin müslüman halk üzerindeki baskı ve zulümlerini meşrulaştırmaya hizmet etmektedir bu görüş.

4) Kültürel açıdan 'imkansız'dır: Kemalist-laikçi/demokratlara (!) göre bu ülkeyi İslam'dan koparmanın gerekçesi demokrat yapmaktır; fakat bir ülkenin topyekün irtidat etmesini beklemek de akla ziyan bir tersliktir, imkansızdır. Bunca yıldır bu ülkede bu denenmekte, fakat millet imanından bir türlü koparılamamaktadır. Bu olsa olsa 19. yüzyıl pozitivizmine saplanıp kalmış aydınların "manipülatif" ve "kurgusal" jakobenizminin hülyasıdır. Bu hülya bu memleketin başına ne musibetler getirmiştir, hep birlikte yaşayıp görüyoruz.

Elbette benim en büyük itirazım, İslam'la demokrasiyi birbirinin aynı ya da karşıtı/hasmı gibi göstermeye idi. Genel

Kurul'a gelen komisyon bildirisinde bütün bu tartışmalar, sekreteryanın elinde şöyle maddeleşmişti: "Demokrasi ile İslam arasında bir uyumsuzluk yoktur. Demokrasinin temel hak ve hürriyetler ile hukukun üstünlüğü gibi asli değerleri, İslam açısından da vazgeçilmez unsurlardır."

Genel Kurul'da bu madde tartışılmaya başlanınca Başkan M. Aydın, Hayreddin Karaman Hocanın bu maddenin tamamen kalkması teklifini tartışmaya açtı. Hayret, farklı gerekçelerle laikçi/demokratlar (!) da aynı şeyi istiyorlardı.

Bendeniz aksini düşündüğümü, geniş bir kitlenin buradan bu konuda sadra şifa bir açıklama gelmesi beklentisi içinde olduğunu ve bu konunun ülkenin temel sorunlarından birini teşkil ettiğini söyledim. Karaman Hoca'nın endişesini anlıyordum: İslam'la demokrasinin aynılaştırılması...

Bu, İslam'la demokrasinin zıtlaştırılması ve hasım hale getirilmesinin tersiydi. Yukarıdaki epistemik farklılığı da dile getirerek maddenin şu şekilde geçmesini teklif ettim: "Demokrasi İslam'ın hasmı ya da alternatifi değildir. Demokrasinin hedefleri, İslam'ın da toplumsal hedefleri arasında yer almaktadır."

Tabi ki tartışma uzadı. Platform'un en çok tartışılan konusu buydu. Bir netice çıkmayınca Aydın Hoca maddeyi tekliflerimiz ışığında yeniden yazılmak üzere müzakereden çekti. Günün olanca yorgunluğu ve programın iki saat sarkarak aç mideleri zorladığı bir son dakika golü olarak madde "İslam demokratik hukuk devletinin önünde bir engel değildir" şekliyle oylamaya sunuldu ve geçti.

İşte bir maddenin serüveni ve Abant'ın arka planı.

İSLAM DÜŞÜNCESİ'NİN TARİHSEL KRİZLERİ

Önce, çizilen sınırları hatırlayalım:

1. İslam demokrasiyle kıyaslanamaz. İkisi mahiyetleri itibarıyla farklıdır: Biri ilahi ve kutsal, diğeri seküler ve profandır.

2. Bu kıyaslama sonucunda yaptığınız önerme ister "Demokrasi İslam'da vardır, hatta İslam'ın ta kendisidir" şeklinde, isterse "İslam totaldir, İslam varsa demokrasi olmaz" şeklinde olsun, yanlıştır. İkisi de birbirine zıt olmasına rağmen aynı batıl kıyas üzerine inşa edilmişlerdir.

Burada ortaya çıkan çift kutuplu bariz hata şudur: ya zıtlaştırmak ve çatıştırmak, ya da aynılaştırmak ve yerine ikame etmek.

Önce, zıtlaştırmanın mantıksızlığı üzerinde duralım:

Hz. Peygamber ve Raşit Halifeler dönemindeki islami siyasetin, Kur'an'ın öngördüğü üç ayak olan tevhid, adalet ve şûra sistemi üzerine oturduğu açık. Konjonktürden kaynaklanan uygulamadaki kimi sıkıntılar, islami siyasetin bu temellerini gözardı etmemizi gerektirmiyor. Şunu kesin bir biçimde söyleyebiliriz ki: Hicri 30 yılına kadarki *nebevi siyaset* dönemi, saltanat değıldi ve bilinçli bir biçimde saltanata karşı alternatifti. Bunun delillerini bu köşede ve *İmamlar ve Sultanlar* isimli eserimizde ayrıntılarıyla işlemiştik.

Emeviler eliyle nebevi siyaset'in sultani siyasete dönüştürülmesi, Hz. Peygamber'in başlattığı süreçte bir kırılmadır ve siyasal bir tasfiye hareketidir. Emeviler'in Sasani ve Bizans yönetim modellerini uygulama işini, Abbasi halifesi Ebu Cafer Mansur, akıldanesi İbnu'l-Mukaffa'ın entelektüel maharetiyle 'İslami siyaset teorisi'ne dönüştürür.

Arkası gelir: Güvenlik sorununu adalet ve meşveretin önüne yerleştiren Gazzali ve Maverdi gibi alimlerce saltanat "İslamileştirilmiş" olur. İşte bu, fiili bir krizdir ve ondan sonra bu ümmet, kendi dışındaki bir uygarlık tarafından darmadağın edilinceye kadar siyasal anlamda bir "öze dönüş" projesini gerçekleştiremeyecektir.

Şimdi şu tesbitin tam sırası: Şûrayı imanın yedi şartından biri olarak sunan Kur'an'a (Şûrâ 36-38) rağmen saltanat, güvenliği adaletten daha öncelikli gören alimlerin çabasıyla İslam'la özdeşleştirilmesine ses çıkarmayıp, şûra prensibine en yakın yabancı siyaset sistemi olan demokrasi için "İslam'ın hasmı değildir" demeye karşı çıkmak tutarsızlıktır.

Gelelim "aynılaştırma ve örtüştürme"ye. Biz, bunun İslam düşüncesinde krize neden olacağını savunuyoruz. Bu konuda tarihsel iki örnek önümüzde durmaktadır.

Kuşeyri'nin o ünlü epistemik tasnifine göre "İslami" diye adlandırılabilecek bilgi sistemleri üçtür: Beyan, Burhan ve İrfan. Bu tasnifi esas alarak içini dolduran Cabiri'nin de isabetle teşhis ettiği gibi, Beyan bilgi sistemi İslam havzasında neş'et etmiş orijinal tek sistemdir ve bilginin nakille (nass) olacağı temeline dayanır ve aracı dildir. Burhan bilgi sistemi, bilginin akılla (logos) elde edileceğini söyleyen sistemdir ve aracı mantıktır. İrfan ise, bilginin sezgiyle (gnos) alınacağını söyleyen sistemdir ve aracı 'mürşit'tir.

Köken olarak, Burhan Yunan Felsefesine, İrfan da Eski Mısır'a ait tevhidci özellikler arzeden Hermetik Felsefeye dayanır. Kur'an bilgi sistemleri açısından tekilci değil aksine çoğulcudur. Bize göre, bütün bu bilgi sistemleri birbirleriyle zıtlaştırılmadan ya da aynılaştırılmadan, doğru bir hiyerarşiyle insan düşüncesinin istifadesine sunulabilir.

Bizce Burhan, Beyan ve İrfan; bir cümleyi oluşturan üç eleman olan "isim, fiil, harf" gibidir. Burhan, akıl aracılığıyla "isim" gibi zaman ve mekan üstü değişmez değerler olan "zaruriyyat" (temel değerler)'ın tesbitinde, Beyan, kendisine kaide olacak ismin üzerinde yükselerek "fiil" gibi, zaman ve mekanın gözetildiği "haciyyat" (ihtiyaçlar)'ın tesbitinde, İrfan ise, diğer iki sistemin sınırları içerisinde kalmak şartıyla "tahsiniyyat ve tekmiliyyat" (güzelleştirici ve tamamlayıcılar)'ın tesbitinde istihdam edilebilir.

Benim yaptığım sadece bilgi sistemlerini Şatıbi'nin özgün usulündeki üçlü kategoriyle eşleştirmekten ibarettir.

Ama böyle olmadı tarihimizde. Ya Bürhan, Beyan üzerinde, ya da Beyan Bürhan üzerinde temellendirilmeye, hatta absorbe edilmeye çalışıldı. Eş'ari, Bakıllâni, Cüveyni, Gazzâli ve Râzi çizgisi bu krizin gittikçe derinleşen çizgisidir. Bu çizginin Kelam'la Felsefe'yi sistemlerin iç bütünlüğüne bakmaksızın eklemlemeye çalışmaları düşünce krizine yol açmıştı. Bendeniz bu krizi sekiz yıl önce İman'ı yazarken farketmiş ve bu entelektüel krizin ümmet üzerindeki siyasal ve sosyal sonuçlarını ifade edecek kelime bulamamıştım. Cabiri bana yardımcı oldu.

Öte yandan İrfan ile beyan arasında böyle bir temellendirme girişimi oldu. İbn Sina, İhvan-ı Safa, İbn Arabi çizgisi ve İsmaili filozofların iki sistemi birbirine kalbetme çabaları da krize yol açtı. Bu çabayı anlamak için İbn Sînâ'nın *Tefsiru Sureti'l-İhlas ve'l-Muavvizeteyn*'ini dikkatlice okumak dahi yeter.

Buna karşın, bu sistemleri birbirinin aynı ya da zıddı değil birbirinin mütemmimi olarak gören *(bkz. Faslu'l-Makal)* İbn Rüşd, onun fıkıh usulündeki nazîri Şatıbi, tarihteki nazîri İbn Haldun, hadisteki nazîri İbn Teymiyye ve benzerlerinin çizgisi akim kaldı.

Evet, başa dönelim: İşte yukarıdaki nedenlerle, İslam'la Bürhan bilgi sisteminin istismarcısı Batı'nın bir ürünü olan demokrasi birbiriyle aynılaştırılamaz.

"İSLAMCILIK NEREDEN NEREYE?"

"İslamcılık nereden nereye?" Gerçek Hayat'ın bu haftaki dosya konusunun adı bu. Bu soru iki önyargı üzerine inşa edilmiş. Birincisinin tanımı belli, standart bir "İslamcılık" tarifi, ikincisi "den-ile"yle kurulan tüm cümlelerde olduğu gibi kendi içerisinde bütünsel, başı-sonu belli bir süreç takip ettiği önyargısı.

İslamcılığın tarifini geçelim. Hem bir köşe yazısı için hacmi zorlayacağından, hem de daha önce kendi tanımımızı çeşitli vesilelerle yaptığımız için.

Ama geçemeyeceğimiz bir husus var: İslamcılığın sadece bir iki kuşağın hayatıyla sınırlı, başı-sonu belli, mahdut bir hareket olduğu tezi.

Aynı anda birbirinden farklı, hatta birbirine muhalif "İslamcılıkların" olduğu gerçeğini görmezden gelemeyiz.

Belki İslamcılığın en banal, en şapşal versiyonuydu, ama 28 Şubat sürecini "Bu süreç İslam adına gerçekleştirildi" diyen kerameti kendinden menkul "İslamcı yazarlar" (!) ve onların söylemini paylaşan az da olsa şakirtleri "İslamcı" sayacak mıydık? Sayacaksak, böyle bir İslamcılık sadece yatayına birbirine eklemlenmiş birçok halkadan değil, dikeyine de birbiri içine geçmiş halkalardan oluşan çok değişken bir yapıyı temsil ediyor olurdu.

Görüldüğü gibi, bazı cevapları vermek bazı soruları sormak kadar kolay olmuyor. Bu zorluk, soruşturmaya katılanların söyleyip yazdıklarından da kolayca anlaşılıyor.

Soruşturmaya katılanların söylediklerini üç başlık altında tasnif edebiliriz. 1. Kıyasıya eleştiri, 2. Mazeret beyanı, 3. Sonuçlarından yararlanılması gereken bir sınav.

Eleştiriler, kimi zaman haklı olarak, İslamcılığın üzerinde boy verdiği dînî, akidevî, sosyal ve tarihsel zemini de kapsıyor. Fakat bazı eleştiriler, nedense eleştireni de kapsayan "tevbe sadedinde bir öz eleştiri" olmaktan çok, eli sopalı baba havası taşıyor. Yanlış anlaşılmasın, İslamcılık elbette eleştirilecek. Üstelik ona yönelik en sağlıklı eleştiriler 'içeriden eleştirilerdir.' Fakat bu yapılırken adalet, itidal ve insafı elden bırakmamak şart. Dahası eleştiren öznenin kendisini dışarda tutan bir üslup takınması belki İslamcılık adı verilen 'şey'in en çok eleştirilmesi gereken ahlaki zaafıdır.

Post modernizm, bir zamanlar, biraz da ironik bir biçimde "modernizmin postunu yere seren modernizm" olarak nitelendirilmişti. Post İslamcılık da, "İslamcılığın postunu yere sermek isteyen İslamcılık" olarak nitelendirilebilir. Ama nihayetinde eleştirenlerin de İslamcı bünyeye ait olduğu gerçeğini akıldan çıkarmadan.

İslamcılık, İslam'ı ona meydan okuyan Modern Batı Uygarlığı karşısında ona alternatif bir medeniyet olarak gören ve bu medeniyetin bir özne olarak hayatı yeniden inşa etme potansiyelini kinetize etmek isteyen kuşakların çok da homojen olmayan üsluplarının toplamıdır.

İslamcılığın bir "yöntem sorunu" hep olmuştur, fakat, onun hiçbir zaman meşruiyet sorunu olmamıştır. Bu nedenle İslamcılığı bu ülkenin ruh köküne yabancı -yersiz- bir ideoloji olan Türk Solu'yla karşılaştırmak, şapı şekere karıştırmaktır.

İslam bu toprakların değişmez gerçeğidir. Bu gerçek, her yeni ortam ve şarta uyumlu İslamcılıkları üretmekten geri durmayacaktır. Buradan yola çıkarak rahatlıkla söyleyebiliriz ki "İslamcılık bitmez; fakat 2000'lerin İslamcılığının, 80'lerin ve 90'ların İslamcılığından hayli farklı ve gelişmiş olacağı da aşikardır."

Yürüyenlerin ayağı tökezler, duranların ve yatanların değil. O halde her düştüğünüz yeri öpün ve bir çığlık atın:

Allahu Ekber!

ORADAN ÖYLE Mİ GÖRÜNÜYOR?

Başörtüsü problemi yıllardır kanayan bir yara. Bu yarayı açanlar, yaranın kangrene dönüşmesini keyifle seyrediyorlar.

Türkiye'de bir başörtüsü problemi ihdas etmek, bu ülkenin geleceğini dinamitlemekti. Kendisini bu ülkenin asli sahibi olarak gören malum odaklar, bu açık gerçeği göremedi ya da bile bile bu toprakların geleceğiyle oynadı.

Birincisi cehalet, ikincisi ihanetti.

Başörtüsüne karşı estirilen terör, sadece insan hakları ve inanç özgürlüğünü ihlal değil, aynı zamanda korkunç bir strateji hatasıydı. Bu ülkenin güvenlik refleksini sabote etmek ve bu ülkede yaşayanları 'millet' kılan değerleri yıpratmak için bundan daha iyi bir yol bulunamazdı.

Bütün bu olanlardan sonra, kim kalkıp da müslümanları Türkiye'deki mutlak iktidarlarını sarsacağından korktukları Avrupa Birliği'ne karşı başlatılan kampanyaya üye olmaya çağrabilir? Üstelik o birileri, müslümanların tüm kutsallarına karşı "topyekün savaş" naralarıyla saldırıya geçenlerin ta kendileriyse...

Bu kandırmacanın adını "Kuva-yı Milliye" koymak, zaten şaibeli olan bu kavramı daha da şaibeli hale getirmekten başka bir işe yaramaz. Bu topraklarda yaklaşık 150 yıldır milletin yoluna döşenen resmi tuzakların semantik aldatmaca ve kandırmacalarla kamufle edildiği nasıl görmezden gelinir?

Bunu yapanlar, herkesi kör alemi sersem mi sanıyorlar?

Düşünebiliyor musunuz; bir yandan inancınıza karşı amansız ve acımasız bir savaşın cengaverliğine soyunacaklar, öte yandan sizi "mayın eşeği" yerine koyup cepheye sürmek için çantada keklik bilecekler...

Sahi, müslümanlar onların baktığı yerden bu kadar saf, bu kadar aptal mı görünüyor?

Yeminli din karşıtlarının, adını -sözümona- "Kuva-yı Milliye" koydukları saflarda savaşacak kadar hamakat şahikası bir müslüman çevrenin varlığına inanasım gelmiyor. Yine de temkinli konuşmak lazım. Ne de olsa burası Türkiye ve hıristiyanların teslisi gibi Türkiyeli müslümanların da 'din u devlet' tesniyesi var. İslam adına birileri, hâlâ devletin 'teknik bir kurum' değil 'kutsal bir mit' olduğu tezini ısrarla işlemeyi sürdürüyor.

Roma'nın hikayesi geliyor aklıma.

Roma "güç"tü, Roma ihtişamdı. Zaten bu yüzden Roma hiç adil olmadı ve adaleti tesis gibi bir amacı da olmadı. O, güce iman etmişti. Yalnızca gücü kutsuyor ve "onur" sayıyordu.

Bu putperest uygarlığın gücü tükenince, dünkü dostları düşmanları oldu. Dünkü gücü zaafı oldu. Dünkü avantajları dezavantajları haline geldi.

Gücü her şey zanneden Roma yıkılırken, bir zamanlar aç aslanların ağzına attığı hıristiyanlardan yardım istedi. Demek ki, Roma da kendi dindarlarına "ahmaklar", "safalak zavallılar" olarak bakıyordu.

Kimbilir, belki de bu, bir tür "megalomani" idi. "Güç herşeydir, adalet hiçbir şey" sloganını ideolojisinin temeline yerleştiren sistemlere tebelleş olan psiko-patolojik bir durum...

Tabiî ki ilk hıristiyanlar Roma'nın zannettiği kadar saf ve enayi olmadıklarını gösterdiler. Gücü onur kabul eden zalim Roma'nın imdadına yetişmediler. Sonunda Batı Roma büyük gürültülerle tozu dumana katarak göçtü. Doğu Roma ise, ayakta kalabilmek için hıristiyanmış gibi görünme yolunu seçti ve putperest yüreğinin üzerine kilisenin haçını taktı.

Özetle, dün küçümseyip arenalarda gladyatör yemi olarak kullandıkları insanlar, artık Roma'dan boşalan yerin tek varisiydiler.

Şimdi birileri kalkıp başörtüsü zulmünden bir şekilde etkilenen milyonlarca, evet -abartısız- milyonlarca insanın gönlünü çelmek için, onların inancıyla dalga geçercesine, "kanun taslağı" hazırlığına girişiyor.

Neymiş efendim, başörtüsü İmam Hatipler'de ve İlahiyatlar'da serbest bırakılsınmış...

Hani bu adamlar "ruhban sınıfı"na karşılardı?

Üç çeyrek yüzyıldır bu nutukları, resmi ideolojinin bir söylemi olarak dinlemiştik.

Şimdi bu teklif, resmen ve alenen "ruhban sınıfı" ihdas etmek anlamına gelmiyor mu? İmam-Hatip ve İlahiyatlı öğrenciler dinlerinin icabına göre yaşasınlar ama "din kadınları sınıfı"na (!) girmeyen kadınlar sürüm sürüm sürünsünler, öyle mi?

Bu teklifi hazırlayanlar İmam-Hatipli ve İlahiyatlı müslüman kızları "rahibe" sınıfına mı sokuyorlar? Bununla "Dinin emirleri sadece din adamlarını bağlar" mı demek istiyorlar? Yoksa bu, "Avrupalılar karşısında zor durumda bırakmayacak kadar din özgürlüğü bize yeter, gerisi fazla" anlamına mı geliyor?

Bu sadece resmi ideoloji eliyle dini tanzim ve tarif etmek değildir. Bu aynı zamanda resmi ideoloji eliyle dini hıristiyanlaştırma projesidir.

Olaya ahlaki açıdan bakılınca teklife "ahlaksız teklif" adını vermemek mümkün değil. Ölümü gösterip hastalığa razı etmek gibi gayr-ı ahlaki bir tavırla yüzyüze müslümanlar.

Yasal olmayan, kanunsuz bir yasağın bir kısmını geri çekerek geri kalanını yasalaştırmak, hangi insaf, hangi ahlak, hangi vicdan ile bağdaşır?

ASABİYETİN EN TEHLİKELİSİ

"Millet" ve "milliyetçilik", bir avuç yabancılaşmış seçkin tarafından zorla kotarılan Türk modernleşme projesine koltuk değnekliği yapan ulusçuların tahrif ederek kullandıkları İslâmî kavramlardı.

Kur'ani bir kavram olan millet, "bir inanç sistemine bağlı olan topluluğa verilen isim" idi. Bu mensubiyetin tek ölçütü vardı, o da din. Kur'an şairi Akif bir mısraında "Hani milliyetin İslam idi kavmiyetin ne?" derken, "milliyet" kavramını çarpıtılmamış anlamıyla kullanıyordu.

Hz. Peygamber'in diliyle lanetlenen "asabiyetin" ve bugün adına 'milliyetçilik' denilen türevinin, ilkel bir materyalizm olduğuna inanırım. Bu kapsama sadece ırkçılık ve onu çağrıştıran şeyler değil, aynı zamanda cinsiyetçilik gibi, elde etmek için insanın kendi dahlinin olmadığı her şey girer.

İnsanın kendi dahlinin olmadığı, seçimi kendisine bırakılmayan şeylerle övünmesi hamakattir, gülünçtür. İnsan illе de övünecekse, seçimi kendisine bırakılmış, kendi tercih ve çabası sonucunda elde ettiği şeylerle övünmelidir.

"Allah katında en üstün ve şerefli olanınız, en çok erdemli ve sorumlu davrananınızdır" diyen Kur'an, Allah'a teslim olup kendisini "müslüman" olarak isimlendiren herkesten, ölçme ve değerlendirme yaparken, bu ilahi ölçütü kullanmasını ister. Bu aynı zamanda en evrensel ve en hakkaniyetli yaklaşımdır.

Bildiğim kadarıyla çarpıtılmış anlamda ilk 'milliyetçi' Şeytan idi. Hammaddesini gerekçe göstererek 'üstünlük' iddiasında bulundu: *"Ben ondan üstünüm; çünkü beni ateşten, onu balçıktan yarattın."* Şeytan'ın ilkel bir ırkçılık olarak tezahür eden bu materyalist tasavvuru, onu Allah karşısında isyana sürükledi.

O gün bu gündür, adını ister 'ırkçılık', ister 'ulusçuluk', ister 'milliyetçilik', ister kavmiyetçilik' koyun, bütün bunlar, neticede Kur'an ve sünnet tarafından reddedilip lanetlenmiş 'asabiyetin' birer türevidir. Bütün bu hastalıklı tavırların en tehlikelisi, hiç kuşkusuz din kisvesine bürünmüş asabiyettir.

En masum ve şaibesiz kavramlar dahi merdut asabiyete alet edildiğinde, Hz. Peygamber'in şiddetli itirazıyla karşılaşmıştır. Hepimizin bildiği gibi "Ensar" ve "Muhacir", İslam'ın ilk yıllarındaki destansı dayanışma örneğini simgeleyen iki mübarek kavramdı. Bu kavramların konuluşu itibarıyla asabiyetle en ufak ilişkisi yoktu.

Fakat, biri Ensara diğeri Muhacirlere mensup iki genç su kavgasına tutuşunca "Yetişin ey Ensar!", "Yetişin ey Muhacirler!" diye imdat dilemişlerdi. Bu çığlıkları duyan Hz. Peygamber, bu masum kavramların asabiyet vurgusuyla kullanılmasını şiddetle reddederek, olayı "cahiliyye günlerine geri dönüş" olarak niteleyecektir.

Yahudileşen İsrailoğulları, kendilerine yüklenen 'vahyi taşıma sorumluluğu'nu, 'ilahi bir ayrıcalığa' dönüştürdüler ve ırkçılıklarına kutsallık kisvesi geçirdiler. "Seçilmiş millet" olmayı, insanlığın geri kalan kesimlerine karşı ağır bir yükümlülük altına girmiş olmaktan daha çok, bir "üstünlük ve iftihar" unsuru olarak istismar ettiler.

Sorumluluğunu üstlenmemek için tuğyan üstüne tuğyan işledikleri ilahi emanete sahip olmayı, bir "hak" olarak gördüler.

Ümmet-i Musa'nın geçtiği bu "yahudileşme süreci"nden, Ümmet-i Muhammed de geçti. Maalesef, Hz. Peygamber'in büyük bir önseziyle önceden haber verdiği gibi, onların yolunu adım adım, karış karış izledi.

Yani "yahudileşti"...

Aslında lanetlenen "yahudiler" değil, "yahudileşme" idi. Yahudileşen, Allah'ın lanet ve gazabına uğrardı. Kur'an'ın söylediği de buydu. Ümmet-i Muhammed de, tıpkı sonradan yahudileşen müslüman Ümmet-i Musa gibi, sorumluluk ve yükümlülüğünü aştığı halde hak iddia etti.

Kendi tercihiyle ve el emeğiyle değil, "atalarından kalanla" övünme yolunu seçti. İnancının yasakladığı her tür merdut asabiyetin sırtına dini kılıflar geçirerek onları kutsadı. Yahudiler, kendilerini soykırıma uğratan Firavun'un ilahlarına tapacak kadar aşağılık bir taklit hastalığına tutulmuşlardı. Kur'an'da onların bu hali "Aşağılık maymunlar olun!" şeklinde gündeme gelir.

Bu ümmet de onlar gibi yaptı. İslam topraklarından devşirilen bir kesim, bu milleti, ırzına geçen zorbaya aşık olan aptal kız sendromuna soktu. Bu sendrom efendi-uşak ilişkisinin en pespaye biçimi olarak tezahür etti. Öyle ki, efendisinin bevlini şifa niyetine içen ahmak uşak rolünü gönüllü üstlenenler, bu milleti de kendi efendilerinin bevlini içmeye 'ikna' etmek için, havuç ve sopa siyasetini bir asra yakın bir zamandır uygulayageldiler.

Bâri müslümanlar bundan ibret alsalardı ya?

Ne gezer! Müslümanları hîn-i hacette kullanılmaya elverişli bir koltuk deyneği olarak görenler, tasavvurunu vahyin inşa etmemiş olduğu akıldanelere çok şey borçlu olduklarını biliyorlar.

İttihatçılar "vatan-millet" diye diye vatan-millet satmanın, vatanın da milletin de anasını ağlatmanın askeri ve siyasal alandaki temsilcileriydiler. Fakat, İttihatçıların yaptıklarını entelektüel ve hatta dini alanda yapanlar da hiç eksik olmadı. Onlar şimdi de varlar ve "vatan-millet" gazı vererek "satış" yapmanın doyumsuz hazzını bir kez daha yaşamak istiyorlar...

Tabi ki yersek...

FETRET

İslam Medeniyeti'nin ihtişamlı yerine, Batı Uygarlığı talip olduktan sonra ne oldu?

Bu soruyu siyasal tarihe taşıyarak soralım: Osmanlı sonrası, bu topraklarda olan-bitenin doğru adını nasıl koymalı?

Mesela, Osmanlı'nın yerini ne doldurdu?

Yeni rejim mi?

Elbette hayır. Hayır, çünkü ne yeni rejimi kuran kadroların böyle bir iddia ve talebi vardı, ne de vakıa bunu doğruluyor. Rejimin resmi tezi de zaten "Osmanlı'nın yerini doldurmak" değil. Bırakınız bunu, eğer ortada "yeni" denilmeyi hakedecek bir oluşum varsa dahi, bunun redd-i miras üzerine kurulduğunu söyleyebiliriz. Neticede, Osmanlı'nın yerini kimse doldurmadı. O yer boş duruyor.

Belki bundan da önce şu soruyu sormamız gerekiyor: Osmanlı'ya ne oldu?

Tasfiye mi edildi, yatağına çekilmeye mecbur mu edildi, 'durduruldu' mu, yoksa *"yandı bitti kül oldu"* da, küllerinden başka birileri mi doğdu?

"Yandı bitti kül oldu" seçeneğine "evet" dersek, şu soru önem kazanıyor: Peki, Osmanlı'nın yerine adına "devlet" denilmeye layık, ismiyle müsemma olan bir yapı kuruldu mu?

Bu soruya "hayır" desek bir türlü, "evet" desek bin türlü...

Evet'se, "Hani o, nerede?" diyenlere ne cevap vermeli? Vesayeti hatırlatanlara, Mondros'u, Lozan'ı, Hilafet pazarlıklarını, Nato'yu, Marshal Planı'nı, AET, AT ve en son AB'ı hatırlatanlara, dahası işin gelip ABD'den Türkiye için "genel vali" düzeyinde atamalar ve ithal başbakan adaylarına dayandığını söyleyenlere ne demeli?

Tamam, bu iş oldukça karışık ve çok bilinmeyenli bir denklem. Biz de, vitrine bakıp sorumuza "Evet" diyenler gibi, "mış gibi"yi kabul edip var sayalım. Fakat bu kez, var kabul ettiğiniz rejimin ne olduğu sorusu zihinleri tırmalayacaktır.

Cumhuriyet...

Gerçekten de fazilet rejimi, fakat adını "Cumhuriyet" koymak yeter mi? Eski tartışmadır: İsim müsemmanın aynı mıdır, gayrı mıdır? Yani, bir şeyin adını bir başka şeye koyarsanız, o şey o olmuş olur mu?

"Evet" demeyiniz, yoksa birileri şu sorularla sizi mahcup eder:

Birince Meclis nasıl bir gecede sukut etmişti? İkinci Meclis'in ikinci gurubuna yapılanların ve Ali Şükrü Bey cinayetinin, Deli Halit Paşa cinayetinin, Topal Osman vakasının aslı neydi? TCF'na ve SF'ya ne olmuştu? Menemen'de olanlarda "cumhur"un dahli neydi?

"Cumhur"un yönetime katılımı nasıl ve ne şekilde olmuştu? Sözgelimi ilk 15 yılda yapılanlar cumhura sorulsaydı, ne cevap verirdi?

Cumhuriyet için yapılan sorgulamanın aynısı "Demokrasi" için yapıldığında da sonuç değişmiyor. Benim cevap veremeyeceğim bir çok soru var:

Cumhurun başbakanının asılması ve bunun da hesabını soran bir "Devlet"in çıkmamış olmasını nasıl açıklarsınız? Milletin seçtiği bir başbakanın eline 23 Nisan müsamere çocuklarının eline tutuşturulan kağıt gibi, 28 Şubat'ta tutuşturulup "imzalayacaksın!" denilmesini, hangi demokratik teamüle uyduracaksınız?

Makrodan başlayıp mikroya doğru yürüyün. Hepsinde de sorularınız cevapsız kalacaktır.

Neden?

Söylemesi ayıp, "korkudan".

Peki, eğer Osmanlı sonrası gerçek anlamda bir "üst kurum"un varlığından söz edilemezse, o halde sizi korkutan güç kimin gücü?

Bostandaki Hoca fıkrası geldi aklıma: *"İşte onu, ben de merak ediyorum!.."*

Şaka bir yana, bütün bu soruların ve bunlarla birlikte daha sormaya bile cesaret edemeyeceğiniz bir çok sorunun en kestirme cevabı tek bir sözcükte gizlidir:

Fetret...

Hem size bir şey söyleyeyim mi: Eğer imkanınız olsa da bu soruların hepsine cevap bulabilseydiniz, varıp önünde duracağınız sözcük yine *"fetret"* olacaktı.

Eğer, tarihimizin bu en sancılı dönemini *"uzun süren bir fetret"* olarak adlandırırsanız, Yahudi sorununun yüzyılın başında neden Batı'nın kucağından İslam'ın kucağına oturtulduğunu daha kolay anlarsınız. Tabi ki, İsrail diye bir "devletin" gerçekte olmadığını, "mış gibi" olduğunu, fetret'in müsebbibi olan Batı ve ABD'nin bölgedeki varlığına giydirilmiş bir kılıf olduğunu da.

Adını doğru koyarsanız, "Bu fetret sırasında suni yöntemlerle üretilen zümreleri ne yapacağız?" gibi abes bir soruya cevap (/soruna çözüm) arama sıkıntısına girmezsiniz.

Adını fetret koyarsanız, *"Onlar var değil, asıl biz yokuz"* dersiniz ve "Biz"i var kılmanın sancısıyla doğru olanı, doğru yerden başlayarak, doğru adamlarla doğru yaparsınız.

Taktik değil stratejik düşünürsünüz. Ağrı ve ateşle değil, ağrı ve ateşi doğuran mikropla, virüsle, bakteriyle mücadele edersiniz. Röpor taşını doğru yere koymadan, araziyi doğru ölçüp herkesin hakkını herkese vereceğini iddia eden zavallıların ya ahmak, ya da gerçeği bile bile örten birer işbirlikçi olduğunu anlarsınız.

Büyük taş yanlış yerde...

O yerine konuluncaya kadar "fetret" sürecektir. Fetret bittiğinde, her fetrette ortaya çıkan ve gerçekte ömrü fetretle sınırlı olan gölgeler de bitecektir.

FETRET DÖNEMİNDE DÜŞÜNCE ÜRETMEK

İçinden geçtiğimiz şu uzun fetret döneminde, müslümanlar tarafından üretilen düşüncenin en belirgin özelliği "kaotik" olmasıdır. Çünkü kaos, fetretlerin en belirgin niteliğidir.

Fakat kaos "beşeri olan"la ilişkilidir. Bu nedenledir ki hayatın her hangi bir alanında kaos gördüğünüzde, orasının insan müdahalesine maruz kaldığını düşünebilirsiniz. Dolayısıyla şöyle bir önerme yapmamızda hiçbir sakınca yoktur: Kaosun faili insandır.

İlahi olanda, kaos değil kozmos, yabancılaşma değil yerini bilme, çatışma değil uyum, ayrışma değil 'bir'leşme, dengesizlik değil denge hakimdir. Bu nedenledir ki, beşeri olan, ilahi olana ne kadar yaklaşabilir, ona kendisini ne kadar inşa ettirebilirse, o oranda kaostan, yabancılaşmadan, çatışmadan, ayrışmadan, dengesizlikten uzaklaşıp kozmosa, yerini bilmeye, uyuma, 'bir'leşmeye, dengeye yaklaşır.

İnsan tarafından üretilen düşüncenin (tabiî ki onun sonucu olan "eylemin" de) bu kavram zıtlarından hangisinin hizmetinde olduğu, onun düşüncesinin hangi kaynaklardan beslendiğiyle ilgilidir. Kaostan beslenen düşüncenin, kozmosa hizmet etmesi düşünülemez. O, *"fetret dönemi düşüncesi"*dir ve tüm tipik özellikleriyle *"düşüncede fetret"*i temsil eder.

Bu tür düşünceyi üreten insanın "müslüman" olması, ürettiği düşüncenin de "müslüman" olmasını gerektirmez. "Müslüman düşünce", ancak vahiy tarafından inşa edilmiş bir tasavvur ve aklın ürünü olabilir.

Aklın çivisini kim çakmışsa, koordinatlarını kim belirlemişse, ürettiği düşünce de onun işine yarar ve onun hesabına kaydedilmelidir. İşte hayatımızı üzerine bina ettiğimiz büyük-küçük, iyi-kötü, kâr-zarar, başarı-başarısızlık, hayat-ölüm, güzel-çirkin, hak-batıl, kalıcı-geçici, değerli-değersiz, yüce-alçak gibi kavram çiftlerinin içinin doldurulduğu yer olan "tasavvur", hüküm vermek için muhakeme eden akla çakılan çivinin ta kendisidir.

İslam kelamı, *"elfâz-ı küfür"*den söz eder. Yani *"küfür sözler"*. Fakat bu disiplinin söz etmediği, ama istikrai bir okuma sonucunda vahyin üzerinde çok durduğu insan ürünü iki küfür türü daha görüyoruz: *Efkâr-ı küfür* ve *ef'âl-i küfür*. Yani, *"küfür fikirler"* ve *"küfür eylemler"*. Fıkıhçılar, "elfaz-ı küfür" dışındaki bu iki kategoriyle ilgilenmemişlerdir. Bu bir yandan iyi de olmuştur; çünkü aksi durumda bu iki kategori de tıpkı "elfâz-ı küfür" bahsinde olduğu gibi klişeleştirmeci ve kodlamacı bir yaklaşımla ele alınacaktı.

Aslında bunlar birbirine bağlı entegre bir üretim sürecidir. Yanlış kavramlarla inşa edilen bir tasavvur elbette aklı yanlış yönlendirecektir. Bunun sonucunda üretilen düşüncenin (efkâr) doğru olması beklenemez. Bu insan, düşüncesini dile getirdiğinde (elfâz) elbette yanlış konuşacaktır. Düşünüp dile getirdiklerini uygulamaya koyduğunda da (ef'âl) aynı şey geçerlidir; yanlış yapacaktır...

"Küfür" sapmanın dip noktasıdır. Deyim yerindeyse, hakikatin baş aşağı çevrilmesi halidir. Hastalıklı tekfirci düşünceye geçit vermemek için hemen söylemeliyim ki, sapma açısı yoktur, açıları vardır. Ve müslümanların ürettiği İslami olmayan düşünceler, kesinlikle "tekfırci" çağrışımların dışında ele alınıp tahlil edilmelidir.

İçinden geçtiğimiz şu uzun ve netameli fetret döneminde müslümanların "müslümanca düşünce" üretme konusundaki zaaflarını anlamak için, onların hayat karşısındaki konumlarını iyi tahlil etmek gerekir.

1. Hayatın altında kalanlar.
2. Hayata bigane ve lakayt kalanlar.
3. Hayatın binicisi olanlar.

Hayatın altında kalanlar: Hayatın bineği olmayı kabullenenlerdir. Onlar hayatı değil, hayat onları yönlendirir. Hayatın öznesi değil nesnesidirler. Müdahil olmazlar, maruz kalırlar. Hayatı kim biçimlendirirse onları da o biçimlendirir.

Dolayısıyla "ulu'l-elbab"dan (=öz akıl/tasavvur sahipleri) değildirler, "ekseru'n-nâs"a (=yığınlara, kalabalıklara) mensupturlar.

Hayata bigane ve lakayt kalanlar: Onlar "etliye sütlüye" bulaşmazlar. Bunlar içinden düşünce üretenler, "suya sabuna dokunmadan" düşünce üretmenin bir yolunu bulmuşlardır. Hayatın içinden konuşuyormuş gibi yaparlar, fakat her seferinde tam kalenin önünde topu "taca" atarak "düdük sahibinin" hassasiyetlerinin farkında olduklarını belli ederler.

Bu kategoride üretilen düşünceler ister istemez "kekeme" olmak zorundadır. "Ehassu'l-havass"a hitap etme saplantısının temelinde, biraz da -belki hepten- "sıkıntıya gelememe", "zülfüyâre dokunmama", "çalıyı dolaşma" tavrı belirleyicidir. Hayatın altına girmekten kaçınmalarının temelinde "risk almama" titizliği yatar.

Hayatın binicisi olanlar: Bunlar, hayatı yeniden inşa etmekle mükellef olduklarının bilinciyle sorumluluk alırlar. Tabiî ki risk de alırlar. Ödemeleri gerekiyorsa bedel de öderler. Zaten tasavvur ve akıllarını vahiy inşa etmişse, buna mecbur ve mahkumdurlar. Çünkü vahyin inşa ettiği, çivisini vahyin çaktığı bir akıl, sahibini peygamberler kervanının bıraktığı izin peşine takılmaya mecbur eder. Bu da tasavvuru, aklı, şahsiyeti ve hayatı, bir zincirin iç içe geçmiş halkaları bilmekten geçer.

Hayat atı ne kadar huysuz, ne denli yılkı olursa olsun, vahyin inşa ettiği müslüman aklına sahip biri, bu atın suvarisi olmayı göze almak zorundadır. Kaostan beslenen fetret dönemlerinin 'konjonktürel' yalanlarını ciddiye almadan. Alırsa ne mi olur? O "düşünce" de "konjonktürel" olur.

Rızık kazanırken *"Bugün yiyelim de, yarına Allah kerim"* diyebilirsiniz. Fakat düşünce üretirken *"Bugün bunu üretelim de, yarına Allah kerim"* diyemezsiniz.

RAPTEDİLMEMİŞ OLANLARLA RABITA KURULAMAZ

İslam tefekküründe, *"düşünen insan"* ile *"insanın düşüncesi"* arasında varoluşsal bir kopuş yoktur. İnsanın tasavvuruyla aklı, aklıyla şahsiyeti, şahsiyetiyle eylemi arasında var olan rabıtanın bir benzeri, düşünenle düşünülen arasında da mevcuttur.

Fakat, varoluşsal olmasa da, bunlar arasında bir kopma ve kırılma her zaman mümkündür. Küfür ve şirk, bu anlamda insanın altyapısı olan "fıtrat"la üstyapısı olan "hayat" arasındaki radikal kopuşun değişik biçimlerine verilen adlardır.

Günahlar da, ancak sapma açıları oluşturan kayma ve savrulmalar sonucunda oluşan durumlardır. İlahi format olan fıtratına sadık kalarak kimse günah işleyemez. Bu nedenledir ki her günah, bilerek ya da bilmeyerek, küçük ya da büyük, fıtrata yönelik bir sapma açısını, bir sadakatsizliği, en azından bir ihmali ve vurdumduymazlığı temsil eder.

İşte vahiy, bu savrulmaları, kırılmaları ve nihayet radikal kopuşları önlemek için insanın inşa olunabilen yanını (konstrüktif), insanın bahşedilmiş formatı olan sabit yanına (kognitif) çivileyen bir rabıtadır.

Çivisi olmayan insanların, çivisi çıkmış bir dünyada, hele de çivisi çıkarılmakla kalmayıp her şeyin tersinden çivilendiği bir ülkede, müslümanca bir düşünce, akıl, şahsiyet ve eylem üretmeleri mümkün mü?

Bunu ancak çivisi olanlar becerebilecektir. Bunda kimsenin bir tereddüdü olamaz. Çünkü bu dehşet savrulma karşısında kendini ve yerini koruyabilenler, ancak tasavvuru, aklı, şahsiyeti ve hayatı sağlam çivilerle olması gereken yerlere raptedilenler olacaktır.

Raptedilmemiş olanlarla rabıta kurulamaz.

Ve rabıta kurulmadan, irtibat gerçekleşmez.

Değil mi ama? Rabtedilmemiş olan, bir "yeri" olmayan,

konjonktüre göre yerlerden yer, söylemlerden söylem, kavramlardan kavram, (hadi onu da siz ekleyin: "Eylemlerden eylem") beğenen biriyle, nasıl rabıta kuracaksınız?

Adresi olmayanın, ya da verdiği adreste durmayanın, bir şeye "davet" edip etmemesinin, bir "teklifle" gelip gelmemesinin o kadar da önemi var mı? "Davet" ve "teklif" edenin davet ve teklifinin ciddiye alınmasının ilk şartı, onun "durduğu bir yer"in olmasıdır.

Bir yerde durmak, bir yere ait olmak, yani bir "yeri" olmak evleviyyetle gerek şart ama yeter şart değil. O yerin kendi yeri olması, yani "doğru yer" olması gereklidir. "Yarattığını bilen *("ela ya'lemu men halak: O yarattığını bilmez mi?")* yarattığının olması gereken yeri de en iyi bilendir" diyenler çivisini kime çaktıracaklarını da bilirler.

Özetle, rabıta kurmak için rabtedilmiş olmak şarttır. Peki, içinden geçtiğimiz ve "varmış gibi" duran birçok şeyin gerçekte bir "soğuk şakadan", bir "yanılsamadan" ibaret olduğu şu uzun fetret döneminde bazı insanların, iddialarına rağmen, düşünceleri, duyguları, kişilikleri ve nihayet bizzat kendileriyle irtibat kurulamamasının nedeni daha iyi anlaşılmıyor mu?

Ve neden 'en okkalısı' gibi görünen düşünceler dahi "teğet düşünceler" olmaktan öteye gidemiyor? Neden "hakikate"; doğrudan ve açıkça sadece "hakikate" işaret etme kaygısı taşınmıyor da bazen "idare", bazen "maslahat" ve her zaman "idare-i maslahat" ediliyor? Neden "ispat" yöntemi değil de "nefy" yöntemiyle götürülüyor işler? Neden "evetleme" yoluyla değil "değilleme" yoluyla "îmâ", "işaret" ve "İhsas" ediliyor?

Hiçbir düşünce, hiçbir akıl, hiçbir şahsiyet ve hiçbir eylem kaynağını aşamaz da ondan.

Çıkış noktasında "gerçeğe teğet" olan bir düşünce, varış noktasında "gerçeğin kalbine" işaret edemez. Düşmandan yola çıkarak dostu tanımaya kalkmak, dostu dolaylı tanımaktan

-yani bizzat tanımamaktan- öte geçemez. "İdare-i maslahat" edilen bir yerde "mahza maslahat" gözetilemez.

Bu da, vahyin ifadesiyle "ümmi" olma niteliğini kazanamamış bir tasavvurla düşünce ve eylem üretmekten kaynaklanır. Ümmî olmanın etimolojik anlamı, "anne'ye mensup olmak"tır. "Anne" kavramı sadece "doğurganlığın" ve "üretkenliğin" öznesine işaret etmez, aynı zamanda üretmenin olmazsa olmaz şartı olan bir "yere" ve "rabıtaya" da işaret eder.

Düşünce alanında bu anlamda "ümmi", yani "anneye mensup" olmayanların ürettikleri düşünceler, başkalarına ait olan sperm ve yumurtaların yabancı bir batna yerleştirilmesiyle elde edilen tüp bebek hükmündedir. Böyle bir düşünce üretiminin, sağlığı ya da sığlığından önce "meşruiyeti" sorgulanmalıdır.

Bütün bunlar göz önüne alındığında, en azından bu ülkede İslam adına "düşünce üretenlerin müslümanlığı" değil ama, "ürettikleri düşüncenin müslümanlığı" ya da "ne kadar müslüman olup olmadığı", ciddi bir sorgulamaya tâbi tutulmalıdır.

Geçen yazımızda, içinden geçtiğimiz "fetret dönemi düşüncesinin" tipik özelliğinin "düşüncede fetreti" temsil ettiğini söylemiştik. Hiç kuşkusuz bunun nedeni, kendine ait düşünce damarlarından beslenememekti. Düşüncede "anneye mensup olma" problemi yaşayanların cezası, anne sütünden mahrum olarak 'büyümek' olacaktı. Suni mamalarla sağlanan gelişmenin ise hormonlu ve problemli olacağı bir gerçek.

Şimdi, "anne"ye dönmenin tam zamanı. Bir musibet olarak başa çıkınca mecburen savuşturulan fetretler, her ne kadar bir yanıyla kırılma ve kopuşu temsil etseler de, bir yanıyla da "yeniden bağlanma" ve ana damarı "arayışı" temsil ederler. Bir başka ifadeyle söylersek "fetretler fıtratları ortaya çıkarabilirler".

FETRETLER FITRATLARA FIRSATLAR SUNAR MI?

Bu toprakların asli sahibi ve ana gövdesi olan müslümanları "ötekileştiren" malum zümrelerin başından beri en iyi becerdikleri şey, "kırma" ve "koparma"dır. Son yüzelli yıldır müslümanların yaşadığı tüm kırılma ve kopuşların başrol oyuncuları onlardır. Çünkü, sahne önüyle ve arkasıyla onların tasallutu altındadır.

Kırmak ve koparmak için "güç", "iktidar" ve "para"yı cebren ve hileyle ele geçiren malum zümreler, içinden geçtiğimiz uzun fetretin hem bânîsidirler, hem de hâmîsi.

İyi tamam da, bu zümreler fetreti niçin himaye etme ihtiyacı duyarlar?

Varlıklarını fetretlere borçludurlar da ondan. Sözkonusu zümreler, işte bu nedenle, bu toprakların asli unsurunun inancından, medeniyetinden, kültüründen, dilinden, hayat tarzından; özetle bütün bunların temelinde yatan İslam'dan "uzaklaşmakla" kalmayıp, "uzaklaştırmayı" da varoluş amacı olarak görmektedirler.

Onlar bu ülkeyi yazdıkları senaryoyu sahneleyecek bir tiyatro gibi algılarlar. Bu ülkenin asli unsuruna ise, kendilerini izlemeye mecbur bir 'seyirci sürüsü' muamelesi yaparlar. Yapılıp edilenlerin bir "tiyatro", bir "oyun", bir "kurgu" ya da bir "dramaturji"den ibaret olduğunu anlamamamız için, tüm "ikna" metotlarını kullanmaktan da çekinmezler.

Bu ikna metotları arasında hem "havuç" hem de "sopa" vardır. Aslında "ikna odaları" yalnızca tesettürlü kızlar için okulların girişine kurulanlardan müteşekkil değildir. Bütün bir ülke, malum zamanlardan beri her karışıyla bir "ikna odası", malumlar tüm ceberrut tavırlarıyla birer "iknacı"dırlar. Tabi ki millet de "ikna edilmişler", "ikna edilmeye aday olanlar" ve "iknası mümkün olmayanlar" olarak üçe taksim edilip fişlenmiş -malumların ifadesiyle- "kuyruklar"dır.

Dekor, kostüm, ışık ve ses efektleri...

Her şey ama her şey, salonlara sürü gibi doldurulup kapıların üzerlerine kilitlendiği bu sessiz yığınların oyunu "gerçek sanması" üzerine kuruludur.

Bunun için kimi zaman oyunculardan bazıları seyirci aralarına oturarak, seyircinin de oyuna katıldığı izlenimi vermeye çalışır. Bazıları da, seyircilerden kalkan kimi parmak sahiplerini uzun süren bir torna-tesviye işleminden geçirdikten sonra sahneye alarak, "katılım sorununu" çözdüğünü sanır.

Fakat, sahneye çıkanlardan kimileri, bütün bunların bir "oyun" ve kendisinin de bu oyunda kullanılıp atılacak bir "figüran" olduğunu anlarsa, malumların keyfi bir kaçar bir kaçar ki, sormayın. Bu basiretli figüran, bir de cesaretli çıkarak "oyunu bozmaya" yeltenirse, işte o zaman perde kapanır ve oyunun farkına varan densiz figüranın "işi bitirilir".

Siz buna *"tarihin en ciddi şakası"* da diyebilirsiniz.

Evet, bu uzun fetret döneminde ciddiye almamız istenen ne varsa, sizi temin ederim ki, hepsi de -en hafif deyimiyle- bir şaka. Bu yüzden de başarısızlıklar, ciddiye almamaktan değil, bazen aşırı ciddiye almaktan kaynaklanıyor. Yeldeğirmenlerine karşı savaşan Donkişot gibi, boşa enerji tüketiliyor. Yıkmaya şartlananlar, ortada yıkılması gereken -çarpık da olsa- bir "yapı" olduğu zehabına kapılanlardır. Aslında ortada bir "yapı" yok. Zaten "yıktırmam" diye yırtınan malumların bir amacı da bu: Sanki ortada -kötü de olsa- bir yapı varmış izlenimi vermek.

İşte fetret bu. Ve bazen fetretler fıtratların ortaya çıkmasına neden olurlar. Kırılmalar, yeni kaynaklar ortaya çıkarırlar. Uzun süredir biriken enerji, kırılmaların oluşturduğu fay hatlarını kullanarak yüzeye çıkarlar. Yer kabuğu tüm şifalı sularını, tüm kaplıcalarını bu kırılmalara borçludur. İnsanoğluna, bazen bir "deprem" felaketi olarak yansıyan olayın, böylesine olumlu bir yanı da bulunmaktadır.

Heyelanlar da öyle değil midirler? Aslında, bir yanıyla "kayma", "yıkım" ve "göçme"nin nedeni olan heyelanlar, bir başka yanıyla "yorgun toprakla dinç toprağın yer değiştirmesi" sonucunu getirmezler mi? En azından insanlara "servis yolu" yapmayı öğretirler.

Fıtrat, kaynağı vahyin kaynağıyla aynı olan insanın ontolojik altyapısıdır. Yani, ilahi bir formattır. Bu ilahi format, aynı kaynaktan beslenen bir üst yapıya kavuşursa beşer "insanlaşır". Çünkü insan, ancak bu durumda "kişilik kırılması", "kimlik parçalanması" sorunu yaşamaz. Eğer üstyapı fıtrat altyapısına uymazsa, bu "insanın kendisine yabancılaşmasını", dolayısıyla eşyaya, çevreye ve Allah'a yabancılaşmasını getirir.

Altyapı olan fıtratla aynı kaynaktan beslenmeyen her üstyapı girişimi, sadece yabancılaşma ve kişilik kırılması sorununu ortaya çıkarmakla kalmaz, aynı zamanda ilahi format olan fıtratı da tahrif ve tahrip eder. Tıpkı kendisine ait olmayan farklı dişteki bir somunu bir civataya zorla geçirmek gibidir. Bu işlem, civatanın da yalama olması sonucunu doğurabilir.

Yani yanlış üstyapı, doğru altyapıyı da bozabilir.

Fakat, "tarihin en ciddi şakası"nın "kara mizah" formatında icra edildiği bu topraklarda, insanların vicdanlarına geçirilmiş bir somunun olmadığını düşünüyorum.

Eğer olsaydı, Satanistlerin, Misyonerlerin, Moonların, Şiri Mataji'lerin dolduracağı bir boşluk oluşur muydu? Olsa olsa, fıtratların üzeri örtülmüş ya da örtülmeye çalışılmıştır.

Fetret, "fıtratı" tekrar ortaya çıkarmak için, "fırsata" dönüştürülebilir mi?

Neden olmasın?

MUSA PEYGAMBERİ GÖRDÜM

"Hayber, hayber ya Yehud!
Cundu Muhammed sevfe ye'ûd!"
Döndüler, Güney'in Çocukları.
Berikiler, geldikleri gibi gittiler.
Duyuyor musun ey Güney'in Gelini!

Tekbir seslerini duyuyor musun ey onyedisinde, hayatının baharında terk-i diyar eden Filistinli kız Sena Haydali?

İşte şimdi şad oldu ruhun; Güney'in sokaklarında dolaşan ruhun.

Benim gördüklerimi ve görmediklerimi gören ruhun!

Mercuyun'da, Fatıma Kapısı'na bir kurşunluk mesafede, Allah'ın peygamberi Musa'yı gördüm.

Terkedilmiş bir tankın üzerindeydi.

Bir yandan ayağının altındaki Siyon Yıldızı'nı tekmeliyor, bir yandan da tekbir getiriyordu: *"Allahuekber!"*

Ben ağlıyordum, o gülümsüyordu.

Beni gördü, yanıma geldi ve sordu: "Niçin ağlıyorsun?"

"Sevinçten" dedim ve ekledim:

"Hüzün mevsimi o kadar uzun sürdü ki, çok ağladık, sevinince nasıl tepki vereceğimizi bilemez olduk."

Elini çıkardı koynundan, yine bir nurdu. İlk kez akıl ettim bakmayı; diğer elinde de asası vardı:

Nur eliyle gözümü sildi: Gözüm aydınlandı, gözyaşım aydınlandı.

İlk defa içi gülen gözlerine bakma cesaretini gösterdim. Omzundaki heybe çekti dikkatimi.

"Onda ne var?" diye sordum.

"Firavun'un katlettiği sihirbazların yürekleri" dedi.

"Ne yapacaksın?" dedim.

"Güney'in çocuklarının göğsüne madalya diye takacağım" dedi.

"Güneyin çocukları?" dedim, bilmezden gelerek.

"Çocuklarım!" dedi.

"Ya israiloğulları?" dedim

"Onlar Yahudileştiler, şimdi Firavun'un rolünü oynuyorlar: Müslüman İsrailoğulları'nın tarihi rolünü ise Güneyin Çocukları üstlendi" dedi; *"üstelik İsrailoğulları'ndan daha şanslılar."*

"Aksine, Musa'ları eksik" diyecek oldum.

Sözümü kesti: *"Hayır"* dedi, *"Herbiri bir Musa onların; çünkü onlar Muhammed'in ordusu!"*

Hızır'ı sordum; *"Nerede?"* dedim.

Güney Lübnan'ın yağız, doğurgan, anaç gelinlerini gösterdi; 22 yıl sonra yuvalarına kavuşmayı zılgıt çekerek kutlayan gelinlerini: *"İşte!"* dedi, *"Bunların hepsi Hızır"*

"Ben erkek sanırdım" dedim.

Birden celallendi, korktum, fakat belli etmemeye çalışarak kulak verdim:

"-Îmânın cinsiyeti olmaz, daha öğrenemedin mi?"

Ben, *"Eyvallah Efendim!"* diyebildim.

Ayrılmadan eline sarılıp *"Bize dua eder misin?"* diyecektim. Sanki içimi okudu; bana öyle geldi: Kulaklarımda çınlayan şu sözü soramadığım tüm sorulara cevap olarak verdi sanki:

"-Rüya görmeye devam edin; bir gün nasıl olsa gerçekleşir!"

Ben hâlâ ağlıyordum.

O gülümsüyordu.

RÜYAM, RÜYAMIZ; RÜYANIZ...

Haber vermek yerine ihbar eden 'hürriyet' katili gazeteler, muhabirlik yerine muhbirlik yapan ve köşe yazılarını elindeki makasla 'bir kuşa çevirerek' taammüden cinayet işleyen 'gazeteciler' anlayamaz bizim rüyamızı.

Ellerinden gelse, rüyalarımızı gıyabında idama mahkum edip, ipini de kendi elleriyle çekecekler. Düşlerimize ipotek koyup, hayallerimize bile kod adı "bilmem ne" olan ajan-gazetecileriyle sokulacaklar.

Fakat bu mümkün mü? Bu ülkenin insanı, onlara rağmen en zor zamanlarda rüya görmeyi sürdürdü. Rüyasını İlahi vahyin zihin aynasına yansıyan 'şavkı' bildi. Onun için gördüğü her düşü hayra yordu.

Rüyalarımız, katı ve soğuk 'gerçeklere' karşı, ebedi hakikate açılan lâtîf koridorlardır. Bizi, taş gibi katı gerçeğin iç karartan ve yürek katılaştıran cismânî ikliminden alıp ışın gibi nüfuz edici hakikatin ruhânî ve nurânî/lâtîf iklimine götürürler. Bu anlamda insanı koruyup kollayan bir yanı olduğu gibi, daha önemlisi insanı motive eden, onu dik tutan ve esas duruşunu bozdurmayan bir yanı da vardır.

Fethi anlayamayan kafa, işte bu kafadır. Çünkü fetih, 850 yıl sürmüş uzun bir rüyanın gerçeğe dönüşmesiydi. Bu da gösteriyor ki; imanın ulaştığı gerçeği anlamakla mü'minin gördüğü düşü anlamak birbirine bağlı şeylerdir.

Bir düşü gerçekleştirmek için 850 yıl beklenir mi? Tam sekiz buçuk asır o düşte ısrar edilir mi?

Bu soru can alıcı bir sorudur ve cevabı *"Eğer düşünüz his ve heyecana değil de bilgi ve imana dayanıyorsa, evet"*tir. Çünkü imanın ömrü insanın ömrüyle, dahası nesillerin, devletlerin, ulusların, ırkların ömrüyle sınırlı değildir. Bunlar doğar, yaşar ve ömrü dolunca da ölürler. Ölümsüz değerler, Ölümsüz Olan'a dayanan değerlerdir ve onlar varlığını mensuplarına, taraftarlarına, taraftarlarının kurduğu iktidarlara, kurumlara, kuruluşlara borçlu değildirler. İlk insandan son insana kadar, bir tebessüm, bir göz yaşı, bir yürek sızısı, bir sevda kadar kalıcıdır.

Bunu böyle bilmeyen, İbrahim'in mücadelesini "Donkişotluk" olarak algılar, Yusuf'un rüyasını "halüsinasyon" zanneder, Musa'nın asasını "çoban değneği" olarak görür.

Bu tür Muhammed'i (en iyi dileklerimiz ve desteğimiz onunladır) nasıl anlasın? Biri putperestlerin Şi'b-i Ebi Talip boykotu, diğeri iman mücadelesinin ölüm-kalım günü olan Hendek Savaşı'nda olmak üzere, iki kez inananlarına şu mealde müjde vermişti Peygamber: *"Bizans ve Pers saraylarını ayaklarınızın altında görüyorum!"*

Nasıl olur, nasıl olabilir? Tarihe bakın, göreceksiniz.

Ünlü tarihçi İbnu'l-Esir, *el-Kamil fi't-Tarih* adlı büyük eserinde bizzat şahit olduğu Moğol istilasını şöyle anlatır:

"İslam'ın ve müslümanların üzerine kıyametin koptuğunu söylemek kolay mı? Ah! N'olaydı, keşke anam beni doğurmamış olaydı: ya da, keşke bütün bu felaketlere şahit olmadan önce ölüp gitseydim. Eğer size bir gün, Allah'ın Adem'i yarattığı günden beri dünyanın böylesine bir afet görmediği söylenirse, buna hiç kuşku duymadan inanın, çünkü hakikat kesinlikle budur. Tarihin en korkunç felaketleri arasında, İsrailoğulları'nın Nabukadnazar tarafından katli ve Kudüs'ün yerle bir edilmesi genellikle bir numara gösterilir. Fakat o olay, bu yaşanılanlar yanında hiç kalır. Hayır, kıyamete kadar herhalde böylesine büyük bir felaket bir daha görülmeyecektir!"

İbnu'l-Esir'in, şahit olduğu olaylar karşısında düştüğü bu dehşet boşuna değildir. Cengiz'in orduları çekirge sürüleri gibi önlerine çıkan herşeyi; insanları, kadınları, çocukları, hayvanları, mamur kentleri, mimari eserleri, kütüphaneleri yakıp, yıkıp, yok ederek ilerliyorlardı. Mesela, Erzurum'u kuşatan Baycu Noyan süt çocuklarına varana dek tüm erkekleri kılıçtan geçirmiş, Bağdat'ın dünyaca ünlü kütüphanesi ateşe verilmişti.

İşte bu vahşi sürüler, işgal için geldikleri İslam tarafından teslim alınmışlar, kısa zamanda müslüman olmuşlardı. Timur, bu ataların torunuydu. Babür Hint-Moğol Devleti'nin kurucusu Babürşah da, Timur'un torunu olur. Taç Mahal gibi bir şaheseri insanlığa kazandıran müslüman Babürlüler'le, Bağdat Kütüphanesi'ni yakan ataları arasındaki fark, işte 'fetih' farkıdır; İslam'ın, fethettiği yürekleri ne hâle getirdiğinin farkı.

Dahası var: Âlemgir, Babür'ün torunlarından, 50 yıllık hükümdarlığı adalet, imar ve ilim faaliyetleriyle dolu dolu geçmiş biri. Otuz yaşında tahta çıkıyor, okyanustan Basra Körfezi'ne kadar birleştirdiği ülkede muhteşem bir ilim ve imar faaliyetine girişiyor. Hükümdar olduktan sonra Kur'an'ı hıfzediyor. Aynı zamanda çağının en ünlü alimi. Şu *Feteva-yı Hindiyye* diye bildiğiniz ansiklopedi çapındaki o ühlü hukuk/fıkıh kitabı var ya, işte onun asıl adı *Fetevâ-yı Âlemgîriyye.* Sadece hâmîsi değil, aynı zamanda o fetvalara ilmiyle katkıda bulunmuş biri Sultan Âlemgir.

Sizi bilmem ama, ben rüya görmeye devam edeceğim.

ATLANTA'DA "HAYATIN YENİDEN İNŞASI"NI KONUŞMAK

İslam, ABD için tek kelimeyle ifade edilecek olursa "kaygı" demek. Kıta Avrupası'nın bilinçaltındaki refleksif düşmanlık, ABD'de yerini "endişe"ye terketmiş görünüyor. Avrupalılar'ın kolektif bilinçaltına yerleşmiş olan "Haçlı ruhu"ndan söz etmek, Amerika için fazla önyargılılık olur. Fakat, öz vatanlarının kendilerine Müşrik Mekke kesildiği müslümanlar için bir "Habeşistan sığınağı", bir "Necaşi korunağı" olduğunu söylemek de, -en azından şimdilik- erken görünüyor.

Amerikan karar vericileri, İslam'a pratik ve pragmatik çıkarlar ve reel politik kaygılarla yanaşıyorlar. Fakat hemen tüm propaganda araçlarını ellerinde bulunduran Yahudiler'in imaj bozucu çabalarının da etkisiyle, Amerikan halkı, İslam hakkında bilgiye değil önyargıya dayalı bir kuruntuya sahip.

ABD dış politika kadroları arasındaki bir yoklama çalışmasında, muhtemel sekiz ciddi tehdit sıralamasında, "İslam tehlikesi" üçüncü sırada değerlendirilebilmiştir. 1990'lı yıllarda tüm Amerika çapında yapılmış olan 5 adet kamuoyu yoklamasında, görüşü alınanların büyük kısmı, müslümanları "dînî taassup sahibi olmaya meyilli" olarak değerlendirirken, İslam'ı da "özü itibarıyla demokrasiye taban tabana zıt bir din" olarak ifade ediyorlar.

Bu verileri, *Amerika ve Siyasal İslam* adlı eserinden aktardığım Ortadoğu kökenli ABD'li akademisyen Fawaz A. Gerges, Amerikalılar'ın bu endişesinin kökleri çok çok derinlerde bulunan "din ve siyaset"in birleştirilmesine duydukları çekingenlikte gizli olduğu tesbitini yapıyor. Aynı isim, Graham Fuller'ın şu sözünü de bu tesbitine tanık gösteriyor:

"Bizler, dînî siyaset düşüncesini anlamaya kültürel açıdan müsait değiliz."

İşte bu bir cümlelik itiraf üzerine söylenecek o kadar çak söz var ki!.. Hangi birini söylemeli, bilemiyorum. Bir fenomeni anlamaya müsait bir kafa yapısına sahip olamamak... Hemen söyleyeyim; bu itirafı yapmak başlı başına bir erdemdir ve "öteki"ne saygının olmazsa olmaz ilk şartıdır. Ve bir teessüf: Bu ülkenin Batılılaşmış yönetici sınıfları, İslam'ı anlama konusunda Graham Fuller'den daha şanssız ve fersah fersah geridedirler... Çünkü onlar bu itirafı yapacak kadar dürüst değiller...

Philadelphia'da İslami örgün eğitim kurumlarının 'ebeliğini' yapan öğretim görevlisi Dr. Erol bey, Amerika'daki İslam'ın yükseliş trendine, son İSNA (Islamic Society of North America: Kuzey Amerika İslam Cemiyeti) kongresini örnek veriyor. ABD'deki en büyük İslami yapılanmalardan biri olan İSNA son kongresini ABD'nin tüm eyaletlerinden gelen 30.000 delegesinin katılımıyla yapmış. Kongreye başkan yardımcısından Kongre üyelerine kadar en yüksek düzeyde resmi katılım olduğu gibi, "Artık Başkan'ın kongreye kutlama mesajı göndermesi sıradan sayılıyor" notunu da eklemeyi unutmuyor.

Rakibini üç-beş yüz oy farkıyla geride bırakan yeni ABD başkanının seçiminde müslümanların kilit rol oynadığı sadece müslümanların değil, resmi çevrelerin de ortak tesbiti. İlk kez bu seçimde geleneksel tercihi Demokratlar olan zenci müslüman kuruluşları da dahil tüm ABD müslümanları bir araya gelip ortak bir seçim stratejisi üzerinde konuşmuşlar. 8 milyona yaklaşan nüfuslarıyla ABD müslümanları Yahudi nüfusu geride bırakmışlar. Fakat etkileri nüfuslarıyla ters orantılı ve daha alınacak çok yol var.

Demokrat başkan adayı Al Gore, etrafını saran Yahudi danışmanlarının da etkisiyle müslümanlardan gelen hiçbir randevu talebine cevap dahi vermezken, Cumhuriyetçi aday Bush, seçim gezileri sırasında sekiz camiyi bizzat ziyaret ederek müslümanların taleplerini ve sorunlarını yerinde gözlemliyor.

Ortadoğu kökenli bir ABD'li olan şimdiki Enerji Bakanı'nın bir tür müslüman kontenjanı olduğu görüşünde hemen herkes müttefik. Kendisine getirilen eğitim ve sosyal haklarla ilgili tüm meselelerde bakanın çok ciddi çabalar sarf ettiği ve başarılı da olduğu örnekleriyle anlatılıyor. Aynı bakanın Ermeni meselesindeki Türkiye'nin resmi politikasına ters yaklaşımını sorduğumda, muhataplarımın olaya duygusal pencereden bakmadıklarını da anlıyorum. Bakanın senatör seçildiği yer Ermeni seçmenin çoğunlukta olduğu bir bölge, "Bu anlaşılabilir bir şey" diyorlar ve ekliyorlar: *"ABD'li müslümanların geleceği ABD yönetiminin resmi dış politikasına kurban edilmemeli."*

Ne dersiniz? İyi bir başlangıç, değil mi?

Bu arada ABD müslümanları arasındaki sevindirici gelişmelerden biri de, cemaatler arası yakınlaşma. Duyumlarımıza göre Elijah Muhammed'in manevi mirasına konan *The Nation of Islam*'ın cerbezeli lideri Farrakhan'ın, Elijah'nın muharref çizgisinden ayrılıp selim bir çizgide istikrarlı bir teşkilat oluşturan oğlu Vârisuddin Muhammed'e birlikte çalışmayı teklif etmiş. Bu değişimin gözle görünür bir de örneği var: Şimdiye dek "sürekli seferi" hükmünde oldukları gerekçesiyle Ramazan orucunu yılın en kısa gündüzlü ayında sabit olarak tutan The Nation of Islam mensupları, bu yıldan itibaren tüm müslümanlar gibi Kameri Takvim'e tâbi olmuşlar.

PAPAZIN DERDİ

WASHİNGTON - İslam'ın ABD'deki yayılma trendi, İslam'ın yayılış tarihi konusundaki en çaplı eserlerden birinin yazarı olan T.W.Arnold'un şu tesbitini hatırlattı:

"İslam'ın en büyük insan kazanımlarını, siyasal gücünün en zayıf olduğu zaman ve mekanlarda gerçekleştirmiş olduğuna inananlardanım."

Yalnız Oryantalist değil, aynı zamanda İngiliz sömürüsü altındaki Hindistan'da fiilen görev yapmış biri olarak Arnold'un bu tesbitinin altında bir şeylerin yattığını düşünebilirsiniz. Ama o, bu tesbitin gerekçesini açıklama sadedinde şöyle der:

"İslam İspanya'daki varlığının en son gününe kadar mühtedi kazanmayı sürdürmüştür."

Arnold'un dile getirdiği bu gerçek, insanı hayrette bırakan tarihi bir veridir. Endülüs müslümanları, İspanyollar eliyle hıristiyan olmakla öldürülmek arasında bir seçime zorlandıkları günlerde dahi, yerli halk arasında İslam'a girişler devam etmekteydi.

Günümüzde İslam yayılışını hâlâ sürdürmektedir. İslam, Afrika, Avrupa ve Amerika'da en hızlı yayılan dindir. Bunun biz müslümanlardan kaynaklanmadığını düşünüyorum. İnsanların, müslümanların hal-i pür melaline bakarak İslam'a koştuklarını söylemek, elbette insanı gülümsetir. Fakat bu, İslam'ın cazibesinin kendi özünden kaynaklandığının da en çarpıcı göstergesi.

Hakikat cazibesini özünden alır.

ABD'de İslam'ın yayılışı, bu gerçeği bir kez daha doğruluyor.

Zencilerin müslüman olmaları sosyo-ekonomik ve sosyo-psikolojik faktörlerle açıklanabilir. Fakat Körfez Savaşı'na katılan ABD askerlerinden binlercesinin müslüman olmasını bununla açıklayamazsınız.

Dr. Ebu Amine Bilal Philips'in verdiği rakam 'en az' kaydıyla 3000. Bu rakamın giderek arttığı, hatta bu sayının şimdilerde 10.000'i bulduğu ABD'deki çeşitli kaynaklar tarafından dile getiriliyor.

İslam'ın ABD'deki bu hızlı yayılışı birilerini telaşlandırmıyor da değil. Akademik kariyerini ABD'de tamamlayıp yine ABD'de iş kurmuş olan bir dost, bu yakınlarda gerçekleşen medyatik bir olaydan söz etti.

Ülkenin popüler kanallarından birinde, durduk yerde bir papaz İslam karşıtı bir program başlatmış. İslam hakkında, malum Türk medyasının da diline doladığı yaveleri temcit pilavı gibi ısıtıp ısıtıp gündeme taşıyan Papaz'ın derdi sonradan anlaşılmış: Meğer papaz efendinin oğlu müslüman olmamış mı?

Oğul sadece müslüman olmakla kalmamış, hıristiyan din adamlarının çevresine de el atarak onlar arasında İslam'ın hızla yayılmasına ön ayak olmuş. Bu gelişme, şimdilerde papazların çevreleriyle sınırlı kalmayıp bizzat papazları da içine almış bulunuyor. (ABD'li papazların nasıl müslüman olduklarının ilginç hikayelerini öğrenmek için www.islamtoday.com adresine başvurabilirsiniz.)

Tabii ki ABD'de İslam'a olan bu ilgi her zaman birilerinin asabiyet ve nefretini körüklemiyor. Bazen de İslam'la ilgili doğru bilgilenme yollarını açıyor. Özellikle entelektüel kesim arasındaki ilgi dikkat çekici. ABD'de en çok satan kitaplar arasında Mevlana Celaleddin Rumi'nin *Mesnevi*'sinin bulunduğu, artık herkes tarafından biliniyor. Ben bilinmeyen bir anekdot aktarmak istiyorum.

Islam: Empire of Faith (İslam: İnanç İmparatorluğu)

Bu, ABD'nin en bilimsel kanallarından biri olan PBS tarafından yayınlanan bir programın başlığı. Bu kanal reklam almayan, tüm yayınları ciddi şirketlerin ve NGO'ların sponse ettiği eğitim amaçlı programlardan oluşan bir kanal. Öğretim görevlisi dost "Çocuklarımın benden izin almadan izleyebileceği tek kanal" demişti.

Leonard Lionnet'ın yazıp Ben Kingsley'nin sunduğu İslam İmparatorluğu programında hiçbir komplekse kapılmaksızın İslam *"insanlık tarihinin en büyük başarılarından biri"* spotuyla sunuluyor. Ardından bir itiraf: *"Batıda korku ve yanlış anlaşılmadan dolayı çok fazla bilinmeyen bir din."*

Ve arkasından büyük itiraf geliyor:

"Onlar Rönesans'ın tohumlarını Leonardo Da Vinci'nin doğumundan 600 yıl önce ekenlerdi!"

"Hastaları iyileştirmeyi, hesap için kullanmak üzere numaraları biz onlardan öğrendik!"

"Dünyadaki tüm kültürler İslam tarafından şekillendirildi!"

ABD'de İslam'ı böyle komplekssiz ele alan hıristiyan dinine mensup insanların oluşturduğu kanallar var.

Bir de Türkiye'yi ele alalım. Mesela ciddi kanal olma iddiasındaki eski-yeni solcuların güdümündeki kimi özel TV istasyonları...

Bu kanallarda siz İslam'la ilgili önyargısız ve manipülatif olmayan, ciddi ve bilgilendirici bir tek program izlediniz mi? Bırakalım onu, bu kanalların sözümona en ciddi sayılanlarında dahi, İslam'a karşı adı konulmamış bir yasak var gibi.

Sanki bu kanallarda, karalayıcı ve soğutucu olmadıkça, İslam'la ilgili hiç bir şeyin yer almayacağına ilişkin yazılı olmayan bir kural var.

Yukardaki örneğe bakınca, insan, söz dine gelince zır cahil olduğu ortaya çıkan 'büyük' Türk aydınlarının 'ateliğinden' dahi kuşkuya düşüyor.

EVET ANA "BİZİM KÂBİL"!..

Cemil Meriç, Tanzimat sonrası Batıcı aydının Batı karşısındaki aşağılık kompleksini tanımlarken *"Efendisinin bevlini ilaç niyetine içen aptal uşak"* nitelemesini kullanır. Bir başka yerde yine Batıcı aydının bu ülkedeki rolünü tanımlarken, daha ağır, ama bu 'tür' için 'cuk oturan' çarpıcı bir tesbit yapar: *"Irzına geçen zorbaya âşık olan aptal kız."*

ABD'deki sivil hedeflere yapılan saldırılar için "Kınıyorum, ama..." diyenleri eleştirenlere bakın bir; ABD'nin başlattığı 9. Haçlı seferinin neredeyse meccani zangoçluğunu yapacaklar. Tanrılarına sunacağı kurbanın etrafında neşeyle dans eden bir pagan gibiler. Batıcılarımızın 'uygarlık tanrısı'na bir değil bin Afganistan feda olsun, çok mu?

Bir zamanlar, İngiltere'de yapılmış bir anket sonucunu görmüştüm. İngiliz vatandaşına sorulan soru şu: Batmakta olan bir teknede Pablo Picasso'nun bir tablosu ve bir de insan var; ama siz sadece birini kurtarabilecek durumdasınız: hangisini kurtarırdınız?

Verilen cevaplar tam da modern insanın kendine yabancılaşmış tabiatını sergiler mahiyette; yüzde doksan küsuru boğulan insanı değil, tabloyu kurtaracağı cevabını vermiş.

Bir İngiliz yönetici, "Hindistan mı, Shakespeare mi?" tercihiyle baş başa bırakılınca, Koca bir Hindistan'ın bir Shakespeare etmeyeceğini söylememiş miydi?

Böyle düşünen bencil bir aklın eline gücü verirseniz, bir Shakespeare için Koca bir Hindistan'ı ateşe vermekten çekinir mi? Onun tasavvuru bu: değersiz değerliye feda olsun. Tam da Darwin'in "doğal ayıklanma" tezine uygun bir davranış. Bu mantık, ABD'nin Afganlıların üzerine yağdırdığı bombaları, bir tür "doğal ayıklama" yöntemi gibi algılamamızı istiyor. Nitekim, tüm sömürgecilik tarihi boyunca Batının davranışlarını yönlendiren de, bu müstekbir ve mütekebbir aklı değil miydi?

Elbet bu akıl hasta bir akıldır. Tarihte hangi uygarlık bu

akla dûçâr olmuşsa, kendi elleriyle kendi sonunu getirmiştir. Ve hemen sözün burasında söyleyeyim ki; ABD için bu, sonun başlangıcıdır. Filin canını yaktığı sineklerden biri filin burnundan beynine girip yemeye başladığı zaman, fil hem kendini mahveder, hem çevresini.

Gizli kimliği sonradan ortaya çıkan Damat İbrahim Paşa, kötü yönetimden ve ahlaki kokuşmadan kaynaklanan iç huzursuzlukları bastırmanın yolunu, İran üzerine sefer hazırlığına girişmekte bulmuştu (1727).

Şair Nedim, kafasının kıyak olduğu bir demde, ünlü *"Bu şehr-i'Stanbul ki bî-mislu bahadır/ Bir sengine yek pâre Acem mülkü fedadır"* dizelerini döktürürken, sadrazamdan alacağı bahşişi düşünüyordu. Milletin yokluktan yakacak kömür bulamadığını, bulanların gözlerine sürme diye çektiklerini söyleyen şair Tâib'i kim dinler?

Bütün bunlar ne padişahın saltanatını, ne sadrazamın kellesini kurtarmaya yetti. Dahası, Osmanlı için de sonun başlangıcı oldu.

Bu ülkeyi ABD'nin kuyruğuna takıp savaşa yestehleyen Batıcılar, rejim krizinin neden olduğu ahlaksızlık, yolsuzluk ve yoksulluk içinde kıvranan bu ülkedeki saltanatlarını sürdürmenin telaşına düşmüş olabilirler. Fakat ihanet içindeki her aydın Nedim'in akıbetini hatırlamalıdır. Bunlar Nedim kadar yerli de değiller: Bahşiş için kapısına dizildikleri güç yabancı bir güçtür. Onları ilk hayal kırıklığına uğratacak olan, yalan söyleyip gaza getirdikleri efendileri olacaktır. Çünkü hiçbir yalan, ebediyen ayakta kalamaz.

Bu günlerde, kimlerin kimin ekmeğini yediği birer birer ortaya çıkıyor. Anadolu insanının, aklı ekmeğine ayarlı tipler için kullandığı "kimin ekmeğini yerse onun kılıcını sallar" sözü, bir kez daha doğrulanıyor.

Sağda solda birer stratejist edasıyla dolaşan bu tipler, aslında çapsız ve derinliksiz birer 'teknisyen'. Hepsi de, İslam'ın İspanya'dan kazınma projesi olan "Reconquista"nın Anadolu için planlanmış versiyonunun devşirilmiş ürünü.

Tarih bilinci yok, coğrafya bilinci yok, kültür bilinci yok, medeniyet bilinci hiç yok...

Varsa yoksa "şimdi" ve "burada"...

"Mazi" anlamında bir dün yok, "istikbal" mahiyetinde bir yarın yok. Ebedi istikbal mi? Ona da imanı yok...

Gelen ağam, giden paşam. Yarın, sadece kendi yarınından müteşekkil beyimizin. Namazı olsa, ona "ihdine's-sırata'l-müstakim (=bizi dosdoğru yola ilet!) diye dua ederken, her gün tekrar ettiğin o 'biz' kimdir?" diye sorardım. "O 'biz'in içine ABD'nin bombaları altında can veren Afganlının da girdiğini biliyor musun?" derdim.

Ama o da yok...

Bilmem ki bu türe nasıl anlatmalı: Kâbil'in tepesine düşen bomba İstanbul'un yüreğine düşer... Kandahar yanarsa, dumanı Erzurum'da tüter... Mezar-ı Şerif bombalanırsa Konya ağlar...

Bir milletvekili dostum anlatmıştı. Körfez Savaşı sırasında, ABD ve İngiliz uçakları Bağdat'a bomba yağdırırken, dönemin bakanlarından biri şunları anlatıyor: "Benim 90 yaşına merdiven dayamış bir anam var. Televizyon sunucusunun "ABD Bağdat'a bomba yağdırdı" anonsunu duyunca, rengi attı, gözleri dolu dolu oldu, bana dönüp sordu:

- "Oğlum, bu Bağdat bizim Bağdat mı?"

....?

- "Oğlum, bizim Bağdat'ı mı bombalıyorlar?"

"Ne diyeceğimi bilemedim, üzülmesini de istemedim, ama yalan da söyleyemedim."

Anam, sana sesleniyorum; tüm analara sesleniyorum:

Haçlılar "bizim Kabil'i" bombalıyorlar...

ABARTIYORUZ

Süreç şöyle işliyor:

Bir şeyi önce ihmal ediyoruz. Derken, unutup gidiyoruz o şeyi. İhmalimizin acı sonuçları bir bir ortaya çıkınca, birden unuttuğumuzu keşfediyoruz.

Keşfeder etmez, cumhur cemaat dört elle sarılıyoruz. Sarılış ki ne sarılış. Varımızı yoğumuzu o şeye yatırıyoruz. Onu bir "mehdi" gibi görüyor, kurtuluşu ona hasrediyoruz.

Bir kurtarıcı gibi görmeye başladığımız o şeye boyundan büyük anlamlar yüklüyor, ona hak etmediği bir paye veriyoruz. Verdiğimiz vehim ürünü payenin karşılığını beklemeye başlıyoruz. Oysa ki o şey, kendisinden beklentimizi karşılayacak kapasitede değil.

Aşırı anlam yüklemenin sonucunda, bir takım şahsi yükümlülüklerimizi de o şeyin üzerine yıkıyoruz. Kendi yapmamız gerekenleri de ondan bekliyoruz.

Aşırı beklentimiz gerçekleşmiyor. Sonuçta aşırı anlam yüklediğimiz o şey kendisinden bekleneni veremediği gibi, kendi asli işlevini de yerine getiremeyecek kadar hantallaşıyor. Bir şekilde fiyaskoyla sonuçlanıyor.

İşte o zaman da düş kırıklıkları yaşıyoruz. Vehim eseri olan beklentilerimiz, dönüp umutlarımızı vuran bir bumerang oluyor. Kendi enerjimizi kendimiz soğurur duruma düşüyoruz. Aşırı anlam yüklediğimiz olgu, aşırı beklentimizi karşılayamaz olunca, aşırı tepkiler gösteriyoruz.

Yani, çuvallıyoruz.
Çünkü, başta yanlış anladık.
Eşyaya taşıyacağından fazlasını yükledik.

Bir şeye aşırı anlam yüklemek, aslında ona zihinsel bir rüşvet vermek demekti. Çünkü, ona yalnızca anlam yüklemekle kalmıyor, aynı zamanda taşımanız gereken yükü de yüklemiş oluyordunuz. Yani sorumluluklarınızı, gayr-ı ahlaki bir biçimde "yıkmış" oluyordunuz.

Örnek o kadar çok ki...

1980'lerde dergi patlaması olmuştu. Mahrum kesimler adeta dergiyi yeni(den) keşfetmişlerdi. 1985 yılında sadece İslami kesimde çıkan dergilerin sayısını merak edip saymıştık. Yerel olanları hariç tam 55 dergi.

İyi, hoş, güzel de, işin bu kadar kokusunu çıkarmak gerekmiyordu. Dergilerin, fikirler ve fikir okulları tarafından inşa edilen fikir kaleleri olduğunu unutmuştuk. Bir araç olduğunu göz ardı edip bir amaç haline getirmiştik. Şimdilerde yaşadığımız dergi yoksulluğunun nedenleri arasında, o dönemdeki dergi yoğunluğundan kaynaklanan "dergi yorgunluğu" yok muydu?

Önceleri örgün eğitimi göz göre göre ihmal etmiştik. Yabancılaşmış azınlığın tekeline geçen yönetici akla karşı alttakilerin protestosuydu bu. Nice sonra bu ihmalin faturasının çok yüksek olduğu yaşanan acılarla anlaşıldı.

Ve okulu yeniden keşfettik.

Her şeyimizi okula yatırdık. Okullaşmayı (eğitimi ve bilgiyi değil), var olmanın bir numaralı unsuru olarak gördük. Büyük paralarla şehrin en mutena semtlerinde okullar inşa etmeye başladık. Tüm imkanları seferber ederek, milyarlar gömdük. Çocuklarımızı bu okullara verecek, en sonunda "insan-ı kâmil" olarak alacaktık.

Bir tür tam otomatik ekmek fabrikası işlevi: Bir taraftan buğday verip öte taraftan ekmek almak gibi bir şey...

Kısa zamanda bin bir umutla yapılan bu yatırımlar, kendisine yönelen aşırı beklentiyi karşılayamaz oldu. Bunda tek kusur "mevzuatın müsait olmaması" değildi. En az onun kadar, aşırı anlam yükleyip kişisel ve ailevi sorumlulukların okulun sırtına yıkılmış olmasının da payı vardı.

Şimdilerde, içi boş dışı hoş bu kurumlar, çocuklarını yarışa sokulmuş at gibi gören ve kendileri de bu yarışın sırtından paye ve onur kazanmaya çalışan zengin velilerin arenası görünümünde...

Asıl sözü politikaya getirecektim.

Önce bu alan boş bırakıldı ya da stepnelerle yetinildi. Sonra olan oldu ve politika yeniden keşfedildi. Cumhur cemaat neyimiz var neyimiz yoksa bu alana yatırdık. "Buzdağının görünen kısmını politikaya, görünmeyen kısm-ı azamını insana yatırın" diyenlere de bozulduk. Hatta onları oyun bozanlar olarak lanse ettik ve "tu kaka" ilan ettik.

Politika sadece politikaydı. Hayatın alanlarından yalnızca bir alandı ve imkanları belliydi. Biz politikayı "varoluş" alanı olarak işaretledik ve imkanla mütenasip bir araç değil, "imanla" sarılınan bir amaç haline getirdik.

Politik önder, sadece ve sadece bir politik önderdi. Bizde ise sadece politik önder değil bir "kurtarıcı", bir "mehdi", bir "müceddit" idi ve bey'at edilmeliydi.

Ölümüne, garazsız ve ivazsız, sonsuza kadar...

Politikaya aşırı anlam yüklenmesi, bu ülkenin çok özel şartlarından kaynaklanıyordu elbette. Çünkü bu ülkede, halka rağmen bir sistem oluşturulmuş ve bu sistemin sürmesi için de tüm imkanlar merkezde toplanmıştı. Bu merkez, eldeki tüm imkanları, sistemin ayakta kalması karşılığında bir "lütuf" olarak vermek üzere bir havuz oluşturmuştu.

Politika, o havuza girip o lütuftan pay kapma yarışının adıydı.

Bu gerçeği fark edemeyip politikaya "kutsal mücadele", politikacıya da "kutsal rehber" olarak bakanlar, aşırı beklentilerinin kurbanı oldular. Sorumluluklarıyla birlikte umutlarını da transfer etmişlerdi. Sorumluluklarından kurtulamadılar, fakat umutları yıkıldı.

Şimdi söyleyin Allah aşkına: Abartmıyor muyuz?

SİYASETTE "İTAAT AHLAKI" ÜZERİNE

Son kongre sürecinde yaşananlar, bu ülkedeki geçmişi 30 yılı aşan İslami referanslı siyasal hareketin zaaflarını bir kez daha gün yüzüne çıkardı.

"Gün yüzüne çıkardı" diyorum, çünkü tüm kapalı havza kültürlerinde görülen içine kapanıklık, sözkonusu siyasal hareketin de 'âmentü' maddelerinden biriydi. Eskimez tabir, bu prensibi *"kol kırılır yen içinde kalır"* diye formüle etmişti. Fakat, kol kırılalı çok zaman olmuştu. Kırılan kol yen içinde kaldığı için, tedavi edilmemiş, belki sadece pansumanla geçiştirilmiş, bunun sonucunda da kangrene dönüşmüştü.

Sadece kol değildi kırılıp da yen içinde kalan. Sık sık ayak, bacak, bel, kaburga da kırılmış ve yine 'yen' içinde kalmıştı. Böyle bir bedenin akıbetini sormaya gerek var mı? Sonuç belli. Bu mantık, acı çekerek ve yaraları açarak tedavi olmaktansa, uyuşarak ve örterek ölmeyi tercih eden bir mantıktı. Bu yüzdendir ki, bu ülkedeki tüm siyasal yapılar içerisinde en çok taze kan alan bir yapı olmasına rağmen, aldığı bu taze kanları en çabuk bozan ve çürüten bir yapı olmaktan kurtulamadı.

Bu, neden böyleydi?

Bu sorunun cevabını ararken, İslami referanslarımızdan kuşkulanamazdık. Çünkü o referanslar, tarih boyunca kendisine sahih bir biçimde yaslanan ve kendisini tüketmek yerine üreten nice cılız yapıları zirvelere taşımıştı.

"Tüketmek" ya da "üretmek". Tılsım bu iki sözcükte. Seversiniz, sevdiğinizi ya üretir, ya da tüketirsiniz. Üretmek çaba ister, yoğunlaşma ister, ilgi, bilgi ve emek ister. Tüketmek için bunların hiç birine gerek yok, tezgahtar olmanız yeterli.

Tüketmenin olmazsa olmaz bir ekseni vardır: İtaat ahlakı. Bu, yeni bir buluş falan değildir. 1400 yıllık tarihimizin adına 'saadet' denilen 'üretim yıllarının' hemen ardından, bu muhteşem birikimi tüketmek için ortaya çıkan Emevi siyaset esnafı tarafından keşfedilen bir 'devlet ahlakı' bu.

Hz. Peygamber'in ve kutlu öğrencilerinin "her şeyin bir yasası olduğuna" dayalı Kur'anî kader inancı, Emevi seyaset esnafı eliyle tepetaklak edilirken, işte bu "itaat ahlakı"nın yerleşmesi hedefleniyordu. Büyük imam Hasan Basri'nin Emevi Halifesi Abdülmelik'e yazdığı o ölümsüz mektubu okuyunca, işi bilenlerin bu sapma karşısında düştüğü telaşı daha bir iyi anlıyoruz.

Çeyrek yüzyılı aşan bir ömre sahip siyasal çizginin öncülüğünü yapan kadroyu eleştirmeden önce, bu kadronun "hayat tasavvurunu", "din anlayışını", "siyaset anlayışını" ve "devlet anlayışını" ele alıp iyice incelemek gerekiyor. Ondan sonradır ki, "Bunu neden böyle yaptılar?", "Şunu niçin şöyle yapmıyorlar?" ya da "Neden öyle davranıyorlar?" gibi soruların cevabını bulabiliriz.

Kesin olan bir şey var: Kişinin ameli bilgisini aşamaz. Dahası var: Kişinin bilgisi, bilincini aşamaz.

Kimse alınmasın, gücenmesin. Samimi olarak soralım: İslami siyaset üreten kadroların İslami bilgisi nedir? İslam adına bildiklerinin sıhhati nedir? Amiyane tabirle, kafalarındaki İslam'ın modeli kaçtır? Dayandıkları referanslar nelerdir? Kur'an ve onun üretilmesi olan sünnet mi, yoksa 1940'ların totaliter eğitim sistemine ilaveten müesesesiz bir 'tekke kültürü' ve 'itaat ahlakı' mı?

Din ve tarih algıları nedir bu kadronun? 30 yıldır koca bir siyasal hareketin "Fatih ve Akşemseddin" (illa ki Akşemseddin Fatih'e biatlı olacak) düalizmine dayalı bir mantıkla götürülmesini nasıl açıklayabiliriz? Elbette, bu kadronun din, tarih ve siyaset algısının varıp dayandığı sınırlı ufukla...

Ben bu kadronun zihnindeki 'Peygamber'in portresini göz önüne getirdiğimde de şaşırıyorum: *"Kuru et yiyen bir kadının oğlu"* olan her şeyiyle 'insan' bir "Peygamber" yerine elmas taçlı, altın tahtlı, sırma kaftanlı bir "Peygamber" tasavvuru.

Ya "devlet" tasavvuru? Hz. Peygamber'in 'istişareyi' kurumlaştırmış adalet ve tevhid ekseni üzerinde duran ve 'saff' sistemine bağlı 'insan devleti' yerine 'itaati' kurumlaştırmış ve kutsamış, hiyerarşinin alttan yukarıya doğru piramidik bir mahiyet arzettiği 'saltanat devleti'.

Bu insanlara yıllar yılı milletten devlete yapılan her güç transferinin bindikleri dalı kesmek demeye geldiğini, bunun ne 'insânî' ne de 'İslâmî' olacağını; aslolanın tam tersi olması gerektiğini anlatabildik mi? Asıl yatırımın 'politikaya' değil 'insan unsuruna' özellikle de insan kumaşının kalitesini artıracak alanlara yapılan yatırım olduğunu anlatabildik mi?

İnsanlar, üstlendikleri makamlara bilgileri, bilinçleri, ahlakları, alışkanlıkları, kapasiteleri, tasavvurları ve tavırlarını da birlikte taşırlar. İnsanların ellerine emanet edilen bir politik hareketi nasıl sevk ve idare ettiğine bakarak, ellerine emanet edilecek bir ülkeyi nasıl yöneteceğini çıkarmak üç aşağı-beş yukarı mümkündür.

Halife Ömer'e yolda giderken sıradan biri *"Allah'tan kork Ey Ömer!"* der. Ömer'in rengi atar, buğulanan gözleriyle der ki: "Ömer de kim ki Allah'tan korkmasın!"

Bugün müslümanlar adına siyaset yapan lider kadrosuna bu tür bir uyarı yapılsa, alacağı tepki ne olurdu dersiniz?

TATİL YOK TEBDİL VAR

En çok tatili, tatile en az ihtiyaç duyanların yaptığı bir ülke Türkiye. Hatta, haybeden para kazananların, yatmaktan yorulunca, yatacak yer değiştirmesi gibi bir şey olarak da anlaşılıyor tatil.

Bu tür bir tatil mantığı, sadece sistemin hormonlu "para babalarına" özgü değil. Üniformalı-üniformasız bürokrasi ve icazetli siyasetçi taifesi de aynı tatil mantığına sahip.

Türkiye'de kurulu düzenin gerçek yüzünü, ülkenin en iyi kıyılarının, en mutena doğa parçalarının, kimlerin hizmetine kapatıldığına bakarak rahatlıkla öğrenebilirsiniz. Özellikle bürokrasinin, milletin kesesinden binbirgece masallarını hatırlatan mekanlarda ve ortamlarda sözümona "tatil" yapması, "el kesesinden hovardalık" sözünü hatırlatır cinsten...

Güya, sahillerin kamunun hizmetine açık kalması yasalarla garanti altına alınmış. Gelin görün ki, en müstesna kıyı şeritlerinde bir kurum ve kuruluşun kanun dışı "işgaliyle" karşılaşırsınız. Çoğu 'dokunulmazlar' zümresine dahil olan bu kurumlara ne kanun işler, ne mahkeme...

Fakat islami hassasiyeti olan insanların kendilerine ait mekan ve tesislerde denizden yararlanmak için el kadar bir kıyı şeridine tente çekip kadınların inançlarına uygun olarak denizi kullanma teşebbüslerine şiddetle karşı çıkılır.

Kendi hayat tarzını silah zoruyla herkese dayatan bir zihniyetin, muhalif gördüğü kesimleri aynı suçla suçlaması "yavuz hırsız" meselini hatırlatıyor...

"Tatil mantığı" demiştik, değil mi?

Evet Türkiye'deki egemen sınıfların tatilden anladığı, aslında "masum bir dinlence" değil, içerisinde kaçamak ve hovardalıkların da yer aldığı ama mutlaka alkol duvarının aşıldığı "günah galerisi" anlamına geliyordu. Türkiye'yi silah zoruyla 'modernleştirme' projesinin bir unsuru haline getirilmişti bu "ille de haramlı" tatil anlayışı...

Şimdi, egemen sınıfın horladığı mahrum ve mağdur kesimler arasında, yepyeni bir tatil anlayışı boy veriyor. Bu anlayışın eksenini inancın çizdiği sınırların çiğnenmemesi oluşturuyor.

Bu kesimler, akıllarını içkiyle uyuşturmak yerine yorulan bedenlerini dinlendirip, acıkan akıllarını doyurmak için okumayı tatilin vazgeçilmez bir unsuru olarak görüyorlar. Bu arada muhabbete acıkan ruhlar da ihmal edilmiyor. Birbiriyle dost olan aileler, daha bir tanış olmanın, biliş olmanın imkanını yakalıyorlar. Büyük kentlerin eksik bıraktığı insani ve islami ilişkilerini tamamlamak ve güçlendirmek için, tatili harika bir rehabilitasyon ortamına çevirebilen çok güzel örneklere şahit olabiliyoruz.

Eğer akıllı tercihler ve bilinçli programlar yapılabilirse yaz mevsimi, bir aile eğitim seferberliğine dönüştürülebilir. Kent ortamında iş stresinin boş bıraktığı insani alanlar, tatil münasebetiyle mükemmel bir surette doldurulabilir.

Biliyorum ki, sizin elinizde de okumak için alıp bir türlü okumaya fırsat bulamadığınız bir yığın kitap birikmiştir. Şimdi onları okumanın, okunanlar üzerinde tefekkür etmenin tam zamanı.

İster kısa bir değişiklik olsun diye döndüğünüz köyünüz ve kasabanızda, isterse tatilinizi geçirmek için gittiğiniz bir mekanda olsun, her yer zihninin ve ruhunun açlığını farkedenler için bir okul, bir mektep haline getirilebilir. Yeter ki isteyin.

Ne diyordu Kur'an: (Bir işi) bitirip kurtulunca, (başka bir işte) yorul!" (İnşirah 7)

Tatil yok, tebdil var...

II. BÖLÜM

RECONQUİSTA (I)

Kufe, Bağdat, Kahire (Fustat), Tahran (Rey), Darulbeyda...

Bunlar, daha sayamadığım birçoklarıyla birlikte müslümanların kurduğu "ordugah şehirler"dir. Yani, önceleri yerleşimin olmadığı bu mekanlarda İslam orduları karargah kurmuşlar, daha sonra buralar sivil bir yerleşim merkezine dönüşmüştür.

Birkaç mabed kalıntısı dışında geriye bir şey kalmamış olan Kûfe (Irak) müstesna, bu kentlerin tümü de bugün ayaktadır. Dahası, bu şehirlerin hepsinde de havra ve kiliseler mevcuttur. Doğaldır ki bu havra ve kiliseler müslümanların himayesinde inşa edilmişlerdir. Çünkü müslümanlar eliyle oluşturulan bu yerleşim birimlerinde, başka dinlerin mabedleri tabiatıyla önceden yer alamazdı.

Bir de 700 yıl yaşamış olan Endülüs İslam Devleti'nin müslümanların hakimiyeti altında kalmış topraklarına (en geniş sınırlarıyla bugünkü İspanya, Portekiz ve Fransa'nın bir bölümü) bakın. Endülüs topraklarında o günden bugüne varlığını sürdüren bir avuç müslüman bırakılmamıştır. Bugün İspanya'da yeni yeni yeşeren müslüman toplumu, sonradan ihtida eden İspanyollar ve dışarıdan oraya yerleşen göçmenlerden oluşmaktadır.

Eğer İspanyollar'ın Endülüs müslümanlarına yaptığını, Osmanlı yaklaşık 4 asır hakimiyetinde tuttuğu Bulgaristan, Sırbistan, Yunanistan ve diğerlerine yapmış olsaydı, bugün buralarda bir hıristiyan çoğunluk ve onlara ait bir devlet bulunabilir miydi?

Reconquista, İspanyolca'da "yeniden fetih" anlamına geliyor.

Bin yıllık geçmişine İslam damgası vurulan Anadolu'da genelde son yüzyılda, özelde ise 28 Şubat sonrası yaşananlara bakıldığında, ilk akla gelen soru şu: müslüman Anadolu'da, Batı'nın devşirdiği 'yerli' unsurlar aracılığıyla planlı bir "Reconquista" mı yürütülmektedir?

Bütün veriler göz önüne alındığında, ne yazık ki ben bu soruya "hayır" diyemeyeceğim.

Evet, bu topraklarda, Endülüs'tekine benzer bir Reconquista projesi yürürlüktedir ve son yüzyılda bu topraklarda olup bitenleri böyle bir amacı gözardı ederek anlamak mümkün değildir.

Keşke benimkisi "vehim" ya da "vesvese" olsaydı?

Ama değil?

28 Şubat, bu topraklarda böyle bir projenin uygulanmak istendiğini, hiçbir "hık-mık"a ihtiyaç bırakmayacak şekilde ortaya koymuştur. Bunu farketmemek için ya hamakat derecesinde "saf", ya da gerçekleri görmeyecek kadar kör ve cahil olmak gerek.

Bu ülkede belli yaşın altındaki çocuklara Kur'an öğretmek kanunla yasaklanabiliyorsa... Kur'an öğreten kurumlar topyekün kapatılabiliyorsa... Başörtüsüne karşı tarihte eşine rastlanmamış bir savaş açılabiliyorsa... Ve bu proje, ülkenin siyasal, ekonomik, sosyal ve ahlaki açıdan batağa saplanması pahasına sürdürülmek isteniyorsa...

Endülüs'te olan da bundan başkası değildi.

Orada 10. yüzyılda başlayan Reconquista projesi 1492'de Gırnata'nın teslim oluşuna kadar tam 400 yıl sürdü.

Yerli Reconquista'nın uygulayıcıları, bu projenin tamamlanması için *"gerekirse bin yıl sürecek"* tehdidinde bulunuyorlar. Demek ki, "Anadolu Reconquistası" bin yıl gibi uzun bir zaman dilimine yayılmış bir "yeniden elegeçirme" hareketi.

Endülüs'te, Reconquista projesi başlayalı 3 asrı aşan bir süre geçmişti. 1501 yılına gelindiğinde 1492 Gırnata Anlaşması İspanya kralı tarafından hiçe sayılarak müslümanlar ya ülkeyi terketmek ya da İslam'ı terketmek seçenekleriyle başbaşa bırakıldılar. Ülkelerini terketmek istemeyenler zorla İslam'ı terketmiş gibi göründüler. Onlara "Moriskolar" adı verildi. Yani bir tür Osmanlı'daki gizli yahudi olan Sabataistler gibi Moriskolar da gizli müslüman idiler.

Reconquistacılar buna da tahammül edemediler. Çünkü Moriskolar'ın başörtülü kadınları, İslami kimliğin son kalesi gibi duruyordu. Dona Juana 1508'de yayımladığı bir emirname ile kılık-kıyafet yasağını yürürlüğe koydu. Müslüman önderlerin uzun teşebbüsleri ve müslüman kadınların direnişleri bu yasağın sadece 1526 yılına kadar ertelenmesini sağladı. 5. Karlos tesettür yasağını en acımasız müeyyidelerle yeniden yürürlüğe koydu. Ama yine de Endülüslü müslüman kadınlar direndiler. 1566 yılına gelindiğinde 2. Filip kılık-kıyafet meselesini kökünden halletmek için kesin yasağı getirdi.

Endülüs'teki kılık-kıyafet yasağı konusundaki bu bilgileri, Prof. Dr. Mehmet Özdemir'in İspanyol kaynaklarına dayanarak hazırladığı *Endülüs Tarihinden Kadın Kıyafetine Dair Bazı Tesbitler* adlı ilmi makalesinden aldım (İslamiyat, IV, sayı 2). Aynı kaynaktan, bu yasağa karşı 1568 yılında Gırnata Moriskoları'nın büyük çaplı bir hak arama mücadelesi başlattıklarını, iki yıl süren mücadelenin "çok kanlı bir biçimde bastırıldığını", ölümden kurtulanların ise zorla yurtlarından edildiğini öğreniyoruz.

1609 yılına gelindiğinde Engizisyon Mahkemeleri'nin yoğun gayretleriyle (!), geriye kalan müslüman Morisko kadınlarının önemli bir kısmının İslami örtüsü de halledilmiş oldu.

"Anadolu Reconquistası"nın uygulayıcılarını, İspanyol Reconquistası'nın uygulayıcılarından ayıran fark, onların bu projeyi "kendi adlarına", berikilerinse "Batılılar adına" üstlenmiş olmaları olsa gerek.

Yerli Reconquista karşısında Anadolu müslümanlarının sonunun da İspanyol Moriskoları gibi olup olmayacağını hep birlikte göreceğiz.

Gözü kapalı Amerikancılık yapan bir arkadaşımızın "İslamcılar" dediği müslümanların birileri eliyle "neslinin tükeceğinden" dem vurması, bana bunları hatırlattı.

Ben iki Reconquista'nın mantığı arasında mahiyet farkı görmüyorum.

Ya siz?

RECONQUİSTA (II)

Başlıktaki soruyu şöyle formüle etmek de mümkün: Bu ülkenin müslümanları, İspanya'nın Moriskoları gibi olmaya razı olur mu?

Endülüs ile Anadolu Reconquistasının arasındaki fark şuydu: İspanyol hıristiyanları Endülüs Reconquistası'nı kendi adlarına yürütürken, Batı adına iş tutan 'yerli' unsurlar, Anadolu Reconquistası'nı, kendilerine güç ve iktidar garantisi sağlayan yabancılar adına kotarıyorlardı.

İşte şimdi o yabancılar, köle-efendilerimizden diyet istiyorlar. Neyin diyeti olduğu malum: Kendilerine sağlanan güç, rant ve iktidar tekelinin diyetini... Müslüman Anadolu'nun, tarihinin hiçbir döneminde Hindistan, Cezayir, Sudan gibi yabancı güçlerin bilfiil sömürgesi olmadığıyla övünenleri, ısrarla yalanlarcasına...

Türkiye ABD'nin sömürgesi değildir!..

Oku bakim!... Bir daha... bir daha...

Olmadı, sesin seni ele veriyor: okuduğuna sen de inanmıyorsun!..

Çanakkale'ye gitmişsinizdir. Gitmişseniz, mutlaka her tarafı insan kanıyla sulanmış Gelibolu yarımadasını gezmişsinizdir. Gezmişseniz, önünüze sık sık çıkan toplu mezarlardan kimilerinin kitabesinde "Anzak" yazdığını görmüşsünüzdür.

Anzak birlikleri, sömürgeci İngilizler'in sömürgeleri Avustralya ve Yeni Zelanda'dan toplayıp, 'asil kanlı' İngiliz çocukları ölmesin diye, en ölümcül çıkarmalarda ve yem operasyonlarında "mayın eşeği" yerine kullandıkları lejyonerler. Zaten "ANZAC" adı, *"Australian and New Zealand Army Corps"* (Avustralya ve Yeni Zelanda Ordu Birlikleri)'nin kısaltılmışı.

"Lejyoner" deyince bir adam sanmayın; kendileri "paralı asker" demek oluyor... Yani, eğer hürse, kendisine canı karşılığında para verip canınızın çektiği yerde ölüme sürüyorsunuz. Eğer köleyse, onu satan efendisine ödüyorsunuz o parayı.

Rivayet olunur ki, Anzaklar'ın içerisinde, İngilizler'in müslüman sömürgelerinden topladığı müslüman lejyonerler de varmış. "Mış" dediğime bakmayın siz, bu tarihi bir gerçek. Hatta, o tarihlerde imal edilen tüm fişeklerin dış yüzeyinde, tutukluk yapmasın diye hayvan yağı kullanılırmış. Asker bu fişeği mekanizmaya yerleştirirken yalarmış. Fakat müslüman askerler, domuz yağı kullanıldığı için yalamaktan çekinirlermiş. İngiltere devleti, "inanca olan derin saygısını" bir kez daha göstererek, inek menşeli hammadde kullanarak bu sorunu çözmüş. İşte "inanca saygılı sömürgecilik" diye buna derim ben; hiç olmazsa 'tığ gibi delikanlı' başbakanımızın "inanca saygılı laikliğinden" daha tutarlı.

Anlayacağınız, İngiltere'nin lejyoner birliklerinde, sömürgelerden toplanmış bayağı yekun tutan müslüman paralı askerler mevcuttur.

Meğer İngiliz efendiler bu saf müslümanları, *"Alman gavuru Hilafet payitahtını işgal etti, sizi Halife'yi kurtarmak için götürüyoruz"* diye aldatarak Anadolu'ya getirmemişler mi?

Zavallılar ne bilsinler? Halifeyi kurtarma aşkına Gelibolu'da ölüme yollanmışlar. O, imanı uğruna en büyük fedakarlığı yaptığına inanıyor, fakat onu oraya sürenlerin sömürgeci ve istilacı emellerine alet olduğunun farkında değil.

Bu müslüman askerlerin, gerek Osmanlı tabyalarından yükselen ezan seslerini, gerekse karşılarındaki askerin "Allah Allah!.." nidalarını duyduklarında ayıldıklarını, fırsat bulabilenlerin ise dindaşları olan Osmanlı safına geçtiğini kim kaydeder, biliyor musunuz? "Tarih" değil; 1910-1924 arası tam 14 yıl batıda ve doğudaki bir çok cephede savaşmış olan büyük dedemden bizzat işiten kulaklarım...

Şimdi ne münasebetle anlattım bütün bunları?

İşbu yazının, Türkiye'yi yöneten efendilerimizin, biz halkının kahir ekseriyetine rağmen, kredi hatırına Afganistan'a asker gönderme kararıyla bir ilişkisi var mı?

Ne münasebet? Olur mu öyle şey?

Türkiye'yi yönetenler, İMF'den gelecek krediler hatırına, vatan evladının kanını satar mı?

ABD'nin kapısına lejyoner yazılırlar mı?

Hem Türkiye "bağımsız" bir devlettir; ABD'nin sömürgesi mi ki böyle yapsın?

Hem bizi yönetenlerin ABD'ye ve Batı'ya diyet borcu mu var ki?

"Türkiye'nin en iyi ihraç ürünü ordusudur" diyen Soros'u da duymayıverirsiniz, olur biter.

Ama bu söylediklerimin, Reconquista ile alakası var. Tanzimat'tan bu güne bir yabancılaşma ideolojisi olan Batılılaşma ve gerek onun Meşrutiyet dönemi versiyonu olan İttihatçılık, gerekse Cumhuriyet dönemi versiyonu olan Kemalizm, Anadolu Reconquista'sının "araç ideolojileri" idi.

Başlıktaki soruya dönüp, Anadolu'nun İslam'dan geri alınma, yani "tersine fetih" projesinin başarılı olup olamayacağı sorusunun cevabını arayalım: Eğer, bu ülkenin müslümanları, İspanya'nın Moriskoları gibi "eğreti bir kimlikle" yaşamaya razı olurlarsa, cevabım, -Allah korusun ama- "evet"tir.

Avrupa Rönesansı'na ilham kaynağı olan Endülüs İslam Medeniyeti'nin altın çağlarından Moriskolaşma sürecine geçiş, elbette durduk yerde olmamıştır. Önce İslam'ın bütüncül aklı parçalanmış, sonra İslam'ın muvahhit insanı parçalanmış, en sonunda müslümanların sosyal ve siyasal birliği parçalanmıştır. Zaten gerisi gelir...

Bütün bunlar bir yana, ben şundan emin değilim: Bu ülkenin müslümanları, Tanzimat'tan beri yaşadıkları sürecin bir Reconquista süreci olduğunun farkındalar mı? Eğer farkındalarsa, bu süreci tersine çevirecek köklü ve tutarlı bir projeye sahipler mi?

BÜYÜK TAŞ ORADA DURUYOR

Sistem bir yandan İslam karşıtı politikalar yürütürken öte yandan paradoksal bir biçimde bu toprakları kendileriyle paylaştığımız "dini azınlıkları" da boş bırakmıyor.

İşte, Nazi Almanyası'ndan esinlenerek İnönü ve ekibinin 1940'larda gayr-ı müslim azınlıklara uyguladıkları "varlık vergisi" bunun en tipik örneği. Bu bir zulüm. Zulüm kime yapılırsa yapılsın, onun zulüm olma niteliğini değiştirmez.

Elbet, bu ülkede gayr-ı müslim azınlığın gördüğü baskılar, müslüman çoğunluğun gördüğü baskılar yanında solda sıfır kalır. Fakat öyle de olsa, hiç kimse çıkıp da diyemez ki, "Madem biz müslüman çoğunluk baskı görüyoruz, o halde gayr-ı müslim azınlık da birazcık baskı görsün!"

Başkalarının felaketi sizin saadetiniz olamaz ki...

Ya bu Nazi zulmünü, bugünlerde bir film bahanesiyle savunanlara ne demeli?

Üstelik hiç alakası yokken Osmanlı'yı falan da işin içine karıştırarak...

Kendini milliyetçilik suretinde tezahür ettiren ulusçuluk (ya da şovenizm) oldum olası istismar üzerine kurulmuştur. Türkiye ulusçuluğunun kökleri malum: *"Kürtçülüğün Esasları ve Kürt Lugatı"*nın yazarı Ziya Gökalp'i *"Türkçülüğün Esasları"*nı yazacak kadar değiştiren akıl hocasının, İttihatçı artığı bir zihniyet tarafından varlık vergisiyle cezalandırılan yahudi azınlığa mensup, "Tekin Alp" takma adını kullanan Moiz Kohen olduğunu hepimiz biliyoruz.

Dedim ya, ulusçuluğun fikri nesebi hayli karışık. Bir Zaza olan Ziya Gökalp'i Türk ulusçuluğunun fikir babası olarak kurgulayanın bir yahudi olması bir yana; Kürt ulusçuluğunun bu topraklardaki savunuculuğunun da Türk ırkına mensup bir anadan doğan birine havale edilmesine ne demeli?

Elhasıl, bu topraklarda ulusçuluk yapan birilerini gördüğüm zaman, -bu neyin ve hangi ırkın ulusçuluğu olursa olsun- hemen aklıma bu örnekler geliyor. Onun için de oldum olası adı yanlışlıkla "milliyetçi" konulan ulusçulara hep kuşkuyla bakmışımdır. Kuşkum boşuna değil; altını karıştırınca istenmeyen kokular çıkıyor da ondan...

İsterseniz, bu günlerde Etyen Mahcupyan gibi fikir namusuna sahip sahici bir muhalif aydını linç etmek için seferber olan malum medyanın altını da siz karıştırın. Burnunuzun direği güçlüyse tabiî...

Aklını Kur'an'a inşa ettirmiş bir müslümanın ırklarla, renklerle, dillerle, cinsiyetlerle bir sorunu olamaz. Çünkü bütün bunlar seçimi insanın kendisine ait olan şeyler değildir. Dolayısıyla övünme ya da yerinme unsuru olamazlar. Kur'an üstünlüğün yalnızca "takva"da olduğunu söyler. Takva, sahibinin insanlık kalitesinden bağımsız olmayan bir "bilinç hali"dir. En aşağı derecesi *"insanın eşyaya karşı sorumluluk bilinci"*, en yücesi ise *"insanın Allah'a karşı sorumluluk bilinci"* anlamına gelir...

Kur'an'a göre, insanların dillerinin ve renklerinin farklılığı Allah'ın ayetlerindendir. Yani bir dili yasaklamak Kur'an'a göre Allah'ın bir ayetini yasaklamak gibidir. Renginden, ırkından, soyundan dolayı bir insana kem gözle bakmak, aslında Allah'ın ayetlerine kem gözle bakmaktır.

Bizim milliyetçilerin istismar ettikleri "milliyet" sözcüğü, Kur'ani bir kavram olan "millet"ten türetilmedir. Kur'an'a göre "millet"in tanımı "bir inanca bağlı insan topluluğu"dur. Kur'an "İbrahim milleti"nden söz eder...

Görüyorsunuz ya; vahyin kavramlarını alıp vahyin amacının tam zıddına kullanan bir ideolojinin sadece fiziki nesebi değil, fikri ve akidevi nesebi ve karakteri de sorgulanmalıdır. Nesebi gayr-i sahih fikirlerin, zamanın her hangi bir döneminde yapılmış bir zulmü "bizden olsun da çamurdan olsun" mantığıyla savunmasında da bir gariplik görülmemeli.

Banker Kastelli'nin mutemet adamlığından siyasetin en üst basamaklarına tırmanma konusundaki becerisine hepimizin şahit olduğu "Salkımcı" bakanın kendini savunurken devirdiği çamlar mı?

Onun da, kendisine saldıranlardan bir farkı yok. Çemberin iki ucu gibi, sonunda gelip aynı ayıbın gözesinde buluşuveriyorlar. Saldıranlar da savunanlar da, iş sistemin kutsallarına gelince, yerlere kadar eğilip selam çakmayı "yiğitliğin" şartı olarak görüyorlar.

Fakat dikkat edin; büyük taş hep orada, yanlış yerde duruyor...

Kimse o büyük taşı yerinden oynatmaya, ya da yanlış yerde durduğunu söylemeye yanaşmıyor. Hasbel kader söyleyenlere ağır bedeller ödetiliyor. Bir kere söylese, anasından doğduğuna bin pişman edildiği için bir daha söyleyemiyor...

Ama o büyük taşı konuşmadan, onun durduğu yeri eleştirmeden, onu yerinden oynatmadan bu ülkede yapılacak tüm tartışmalar, "çalıyı dolanmak" kabilinden olacak ve "sen salla başını ben bilirim işimi" diyen odakların bıyık altından kıs kıs gülmelerine neden olacaktır.

Biz de, ortalıkta konuşup tartışanlara bakıp gerçekten bir şeyin tartışıldığını sanacak ve kendi kendimizi avutacağız zahir. Belki de ortada bir şeyleri tartışıyor gibi görünen karaltılar, aslında *"muhalif lazımsa onu da biz peydahlarız"*cıların ağızlarına verdiği düdüğü öttüren işgüzarlardır. Kim bilebilir ki?..

Siz siz olun, yanlış duran büyük taşa dokunmadan ya da en azından bunu hedeflemeden tartıştığını zanneden kayıkçıların ahmak seyircisi olmayın.

BAŞÖRTÜSÜ YASAĞI VE GAYR-I MÜSLİM TÜRKLER SORUNU

Dedelerimiz haklı çıktı.

Onlar, Tanzimat'tan bu yana kendi değerlerine yabancılaşmış bir kısım yönetici seçkin eliyle gerçekleştirilen her türlü toplum mühendisliği çabasına, "dinimizle bağımızı koparacaklar" diye soğuk bakmışlar ve tavır koymuşlardı.

Demek ki, gerçekten engin bir basiret ve feraset sahibiymişler. O gün onları, çocuklarını okula göndermedikleri için sopalayanlar, bugün onların torunlarını okula geldikleri için sopalıyorlar.

İnsanlıkla, hukukla, kanunla, yasayla ve anayasayla hiçbir alakası olmayan başörtüsü yasağı, sıradan bir yasak olmaktan çıkıp bir genç kız katliamına dönüşme yolunda...

Üç buçuk yıl önce, bir memur babanın dişinden tırnağından artırdıklarıyla okumaya çalışan fakat tesettürlü olduğu için okuluna alınmayan bir genç kızla ona göz-kulak olmak için kocasını ve diğer çocuklarını memlekette bırakıp gelen anası yanıma gelmişlerdi.

İkisi de hıçkırıklara boğulmuşlar, tutunacakları bir dal arıyorlardı.

Teselli etmeye çalışmıştım. Teselli edebilmiş miydim gerçekten?

Geçenlerde, o kızın sınıf arkadaşlarından olan, şimdilerde çoluk çocuğa karışmış bir hanım geldi yanıma. Bir zamanlar hıçkırıklarına şahit olduğum o ana-kızı hatırlattı ve ardından beni derinden sarsan şu haberi verdi: "İşte o kız, şimdi depresyon geçiriyor."

Evet, yanlış duymadınız; yüzbinlerce üniversite adayı arasında yarışa girip, ipi başarıyla göğüsledikten ve dar gelirli ailesinin dişinden tırnağından artırdıklarıyla okuduğu fakültenin yarısına geldiğinde inandığı için kapının önüne bırakılan o kız, bu yüzden çıldırmanın eşiğine gelmiş.

Yasakçı beyler, sevinin!

"Gözünüz aydın olsun!" mu diyelim? "Kına yakın!" mı diyelim? "Helal olsun!" mu diyelim? "Haram olsun!" mu diyelim. "Bu milletin sırtından yedikleriniz gözünüze dizinize dursun!" mu diyelim?

Size ne desek yakışır. İşte eseriniz...

Karaya oturmuş bu ülkeyi getirdiğiniz noktayla övünebilirsiniz. Siyaseti kokuşmuş, ekonomisi batmış, eğitimi çökmüş, sistemi iflas etmiş, hukuku vicdanla cüzdan arasına sıkışmış, her şeyini güvenlik sendromuna feda ettiği halde güvenliğini bir türlü sağlayamamış, halkıyla kavgalı, komşularıyla kavgalı, dünyayla kavgalı bir ülke...

Bu yetmiyormuş gibi bir de halkının dinine karşı savaş aç... Onun inançlarını zedele... İnanan insanlara vebalı muamelesi yap. Ve en sonunda inandığı gibi giyinmek isteyen çocuklarını çıldırt...

Bence asıl çıldıran bu ülkeyi bu hallere getirenler olmalı. Çünkü bu tür uygulamalarla ülke, bir sendroma dönüştürülen ve başından beri bir türlü çözümlenemeyen "beka sorununu", rejimle sınırlı bir sorun olmaktan çıkarıp "milletin beka sorunu" haline dönüştürmek gibi çılgınca bir noktaya doğru sürükleniyor.

Devlet imkanları kullanılarak açık ya da örtük bir biçimde yürütülen din karşıtı politikalar bugün milletin önüne dün hiç olmayan bambaşka bir sorun çıkarmıştır: Gayr-ı müslim Türkler sorunu...

Bunu kimse itiraf etmek istemiyor. Bu ülkede din karşıtı resmi politikaların desteğiyle Türkler'den oluşturulmuş gayr-ı müslim bir azınlık sorunu, toplumu gittikçe içine çekip, "millet olma bilincini" yok eden bir kara deliğe dönüşme eğiliminde.

Bu toplumun yüreğine kafalarındaki deli gömleğini zorla geçirmeye çalışan toplum mühendisleri, bu tehlikenin farkındalar mı?

Kimbilir, belki de bunun toplumun geleceğini yok edeceğini bile bile bu mühendisliği sürdürmeye çalışıyorlar. Belki de proje başından beri buydu. Kazım Karabekir'in deşifre ettiği Ankara garındaki özel odada yapılan din değiştirme toplantısını ve orada yapılan konuşmaları hatırlamamak mümkün mü?

Eğer öyleyse, "gayr-ı müslim bir Türk azınlığı oluşturma projesi", adım adım hedefine yaklaşıyor. Sistematik bir propaganda sonucu İslam'dan soğutulan, hatta düşman edilen genç kız ve erkekler, ruhlarında oluşan boşluğu doldurmak için yeni din arayışlarına itiliyor.

Bizzat tanıyorum, çünkü komşuluk yaptım; adamın adı Türk adı, Türkiye'de -İzmir'de- Türk bir ana-babadan doğup büyümüş, fakat kendisi papaz... Evet, yanlış duymadınız, yedi göbek Türk ve müslüman ailelerin çocukları artık papaz oluyorlar...

Okullardaki din kültürü ders kitaplarına hiç baktınız mı? Dinleri tanıtma adı altında -birkaç sayfayla hangi din tanıtılabilir ki?- körpe beyinler dinden imandan soğutuluyor.

Bununla devlet İslami davet yapsın, din propagandası (!) yapsın demiyorum. Gölge etmesin, anayasasında yer alan laiklik kuralının kendi bürokratları tarafından "İslam karşıtlığı" gibi algılanmasına izin vermesin, İslam'a karşı başlatılan çirkin karalama kampanyasına zımnen ya da açıktan destek vermesin yeter.

Başörtüsü yasağı, işte bu anlamda bir destektir ve bu yönüyle gayr-ı müslim bir Türk azınlığı oluşturma projesine dolaylı katkı sağlamaktadır.

Akl-ı selim sahibi herkesi, bizi "millet" kılan değerler üzerinde yeniden düşünmeye davet ediyorum.

CUMHURBAŞKANINA!

Sayın Cumhurbaşkanı! İtham etmek maksadıyla sormuyorum bu soruyu. Hele tahkiri ve tezyifi aklımdan dahi geçirmem. Karakterim ve inancım buna engeldir.

Gerçekten, ortada ciddi bir bilgi eksikliği bulunduğunu düşünüyorum. "Kişi bilmediğinin düşmanı" özdeyişinden yola çıkarak, bu bilgi eksikliğinin sizin gibi toplumun tepesinde bulunan birine, vahim yanlışlar yaptıracağını düşünüyorum. Üstelik bu eksiklik, hayatın en temel alanları, insan varoluşunun en sahici boyutları, tarih ve toplumun en belirleyici unsurları olan "din" ve "iman" konularında ise, vahametin varacağı nokta "felaket" olacaktır.

Şu sözü siz mi söylediniz: *"Laiklik, başörtüsü örtme özgürlüğünü kısıtlıyor."*

Bu yaklaşımınızla, Gürüz ve Alemdaroğlu çizgisiyle bütünleştiğinizi dillendirmeyeceğim...

Hak ve özgürlükler konusunda toplumda heyecan uyandıran konuşmalarınızı hatırlatıp, "Bu ne perhiz..." de demeyeceğim...

Bu ülkede hak ve özgürlükleri savunmanın kritik eşiğinin "başörtüsü özgürlüğü" olduğunu adım gibi bildiğim halde, bunu dile getirmeyeceğim. Tabi ki bunun, bir "çifte standart" olduğundan da dem vurmayacağım...

Başörtüsüyle okumak isteyen kızların dramı kendisine aktarıldığında gözleri tomurcuklanan Özal gibi, gözlerinizin tomurcuklanmasını zaten beklemedim. Sizin "başkan"ı olduğunuz "cumhur"u oluşturan kadınların kahir ekseriyetinin başörtülü olup olmadığını, kendinizi sadece başı açık kadınların cumhurbaşkanı olarak görüp görmediğinizi, örtülü hanımları "cumhur"un neresine yerleştirdiğinizi de merak etmiyorum artık...

Merak ettiğim şey şu: Siz insanların dinlerinin ve imanlarının gereği olarak yaptıkları bir ibadetin, bir siyaset yöntemi olan laiklik -ya da, daha başka bir şey- ile iptal edilebileceğine inananlardan mısınız?

Evet, başörtüsü bir ibadettir ve her ibadet meşruiyetini onu uygulayan müminin yüreğindeki imandan alır. Bunca baskıya rağmen ibadetlerini yapmakta direnen başörtülü mümin kadınlar, dinlerinin kutsal kitabı olan Kur'an'ın emri olduğu için bu ibadeti yerine getirmektedirler. Bu geçmişte böyleydi, gelecekte de böyle olacak. Çünkü sahici bir dinin müminlerine verdiği ilahi talimatların, siyasal sistem ve yöntemlerin beşeri ve seküler talimatıyla yok edildiğine tarih şahit olmamıştır. Fakat tarih, din, iman ve kutsallar üzerine uygulanan bu tür baskıların geri teptiğine, kıyım ve zulümden başka bir şey getirmediğine, sonunda kazananın yine "iman" olduğuna çok şahit olmuştur.

Özetle: İbadet, hiçbir gerekçeyle yasaklanamaz. Eğer bir müminin imanının gereğini yapması yasaklanırsa, hata o müminin imanında ve ibadetinde değil, o ibadeti yasaklayanın uygulamasında ve anlayışında aranır.

Sayın Cumhurbaşkanı! Siz bu yaklaşımınızla, bir müslümanın (anlamı: "Allah'a kayıtsız şartsız teslim olan") imanının emrettiği bir ibadetin siyasal bir gerekçeyle yasaklanabileceğini düşünüyorsanız, İslam, Kur'an, din ve iman hakkında "öz"e ilişkin ciddi bir "bilgi" ve "anlama" problemi yaşıyorsunuz demektir.

Laiklik bir ideolojidir ve her ideoloji gibi kaynağı beşeridir. Dolayısıyla beşeri olan her şey gibi tarihseldir, konjonktüreldir, görecedir. Tanımı değişebilir, uygulamaları değişebilir.

İslam bir dindir ve kaynağı ilahidir. Bu dinin kurallarını belirleyen bir de kitabı vardır: Kur'an. Yüzdesini bilemem, fakat bu ülkenin halkının çoğunluğu müslümandır. İslam'a mensup olmanın iki boyutu vardır: İnanç ve eylem. Her mümin, inandığı dinin gereklerini yerine getirmekle mükelleftir. Bunun tersi, haram işlemektir.

Sayın Cumhurbaşkanı! Siz İslam dinine inanan mümin insanları, olmayan bir yasa (ve yasakla) haram işlemeye mahkum mu ediyorsunuz? Samimiyetle soruyorum Sayın Sezer; siz işlediği bir haramın bir müminin yüreğinde ve vicdanında açtığı yarayı bilir misiniz? Bunu bilmeniz için din, iman ve Kur'an nedir, bunları bilmeniz gerekir. Bilmediğinizi söylemiyorum, fakat bilen biri böyle konuşmamalı, böyle konuşamaz!

Sıradan biri olsaydınız neye inandığınız, inanıp inanmadığınız beni hiç ilgilendirmezdi. Fakat bir vatandaş olarak benim de içinde bulunduğum "cumhurun başısınız" ve cumhurunuzun kahir ekseriyeti din, iman ve Kur'an'la farklı derecelerde de olsa hayati bağlara sahiptir. İşte bunun için, her inanan gibi beni de ilgilendiriyor şu sorunun cevabı:

Siz hiç inandınız mı?

İnandınızsa, "îman" nedir bilirsiniz demektir. O halde, insan îmanıyla 'yasa(k)' arasında kalırsa ne yapar, onu da biliyor olmalısınız!? Evet, Sayın Cumhurbaşkanı, siz hiç imanınızla yasa(k) arasında sıkışıp kaldınız mı? Kalsaydınız ve samimi bir inanan olsaydınız hangisini tercih ederdiniz?

Kişilik sahibi oluşunuza güvenerek soruyorum: Samimi bir müminin, inandığının tam tersini yapmasının onun kişiliğinde ne derin bir yara açacağını hiç düşündünüz mü? Bir mümine en zor anlatılacak şeyin, inancına aykırı düşmek olduğunu aklınıza getirdiniz mi?

Bunu ancak, inandığı ve vazgeçemeyeceği değişmez değerleri olan biri anlar! Siz de anlar mısınız, Sayın Sezer?

Şimdi kararı siz veriniz Sayın Cumhurbaşkanı!

Sizden "başkanı" olduğunuz "cumhur"un içindeki müminleri anlamanızı bekleyelim mi, beklemeyelim mi? Yukarıdaki sözü söylediğiniz rahatlıkla, *"Benden siz müminleri anlamamı beklemeyin, ben sizin cumhurbaşkanınız değilim!"* diyebilecek misiniz?

Arz ederim efendim!

MİSYONERLERDEN KORKANLAR MÜSLÜMANA NİÇİN DÜŞMANLAR?

Müslümanların misyonerlerden korkmalarına elbette gerek yok.

Sahici bir müslüman, İslam adına hiçbir güçten korkmaz. Korkmaz, çünkü İslam'ın cazibesi kendi özünden kaynaklanır. Sizden, bizden, şu örgütlü güçten, bu cengaver kavimden değil. Eğer öyle olsaydı, sizin ve bizim halimiz malumken İslam yeryüzünde hâlâ cazibe odağı olmayı sürdüremez; onun çağrısı her ırk, renk, dil ve dinden sayısız kadın ve erkeğin kalbini fethedemezdi.

Körfez savaşında müslüman topraklarını bombalasın diye gönderilen ABD askerlerinden müslüman olanların sayısı 10 bine ulaşmış durumda. Bakalım, Afgan topraklarını bombalamak için gönderilenlerin kaçta kaçının karanlık yüreğine İslam'ın aydınlık çağrısı ulaşacak? Hep birlikte göreceğiz.

Gülünç olan ne, biliyor musunuz?

Misyonerlerden şikayetçi olanların başında, bu ülkede İslam'ın adını "irtica" koyup, bir numaralı iç düşman ilan eden çevrelerin ve onların alkışçılarının gelmesi?

Sadece komik değil, aynı zamanda trajik? Mahut 28 Şubat sürecinde müslümanların neler çektikleri ortada. Hâlâ o acılar ve sancılar sürüyor. Dine-imana, Allah'a Kur'an'a, katibi meçhul (yoksa "meşhur" mu?) raporlarla sövüp saymaktan tutun da, kuruşuna kadar milletin malı olan İHL'lerin köküne kezzap suyu dökmeye; belli yaşın altındakilerin Kur'an okumasını yasaklayan kanun çıkarmadan tutun da, binlerce başörtülü kızın okuma hakkını elinden alıp sokağa atmaya; depremzedeye yardım için canla başla çalışan sakallı gençleri tutuklayıp içeri atmaktan tutun da, İslamî vakıfların (vakıf zaten pür İslami bir kurumdur) tüm şubelerinin kapısına kilit vurmaya; "yeşil sermaye" adı altında esnaf ve sanayicileri fişlemekten tutun da, iftar verdi diye bir başbakanı mahkeme önüne çıkarıp partisini kapatmaya varana dek neler yapılmadı ki?

İslam'a karşı başlatılan bu sindirme ve azaltma projesinin en doğru adını, bu projeye canla başla propaganda desteği veren bir gazete, şu manşetiyle koymuştu: *"Topyekün savaş"*.

Şimdi kalkıp da, "topyekün savaşın" şurasında ya da burasında yer almış olanlar, hıristiyan misyonerlerin çabalarından niçin rahatsız olurlar ki? Dahası, şikayetçi olmaya hakları var mı?

Tabiat boşluk kaldırmaz. Eğer bir yerde boşluk varsa, orasını mutlaka birileri doldurur. Din ve iman insanoğlunun ontolojik ihtiyacıdır. Bu fıtri talep eğer meşru ve sahici bir arzla karşılanmazsa, mutlaka birileri bu talebi görüp harekete geçerler ve talebi sahte arzla karşılarlar. Bu her alanda böyledir.

Siz dini "irtica" olarak, dindarı "düşman" olarak, Kur'an'ı -hâşâ- "çağdışı" olarak kabul eder ve elinizdeki devlet imkanlarını kullanarak bu kabullerinizi resmi politika haline getirirseniz, Hıristiyan'dan Budist'e, Maharaşimist'ten Bahai'ye, Yehova Şahidi'nden şeytana tapanlara, sahte peygamberden türedi inançların dâîlerine kadar her türden misyoner, bu boşluğu doldurmak için harekete geçecektir.

Hıristiyan müminlere bir sözümüz olamaz. Hatta, bir Hıristiyan mümin samimi olarak inanıyor ve yaşıyorsa, inandığı değerleri başkalarına anlatmasında da bir gariplik yok? Kitap ehli dindarlarla müslümanların ortak paydası imandır. Eğer bu iman şirkten arındırılmış tevhidi bir iman olursa, Kur'an bunu "ortak payda" olarak sunmakta ve şu daveti yapmaktadır:

"De ki: "Ey Kitap Ehli, aramızda ortak bir paydaya gelin: Buna göre Allah'tan başkasına kulluk etmeyelim, O'ndan başkasına ilahlık yakıştırmayalım ve Allah'ı bırakıp da (din adamları sınıfı olarak) birbirimizi mutlak din otoritesi edinmeyelim." (3.64)

Dolayısıyla, müslümanların korkacağı kimseler samimi kitap ehli kimseler değildir. Asıl korkulacak olan dine karşı "topyekün savaş" açan ilhad akımıdır ve her müslüman gibi samimi her hıristiyan da bu "köktendinsiz radikal ateizme" karşı mücadele vermekle mükelleftir.

Bir misyoner müslümanı neye çağıracaktır ki, müslüman bundan korksun? Çünkü o zaten Hz. İsa'nın peygamber olduğuna, İncil'in asli haliyle kutsal bir vahiy olduğuna iman etmeden müslüman olmuş sayılmaz. Bu, Kur'an'ın kendisinden istediği imanın bir parçasıdır. Hıristiyan misyonerliğinin müslümanlar karşısındaki açmazı da buradadır.

Peki bu gerçek gün gibi ortadayken, bir müslüman misyonerlik faaliyetlerinin kurbanı olarak nasıl İslam'dan vazgeçer? Dinini bilen samimi bir müslümana, misyonerlerin bildik polemiklerinin hiçbir etkisi olamaz ve şimdiye dek olduğunun örneği de görülmemiştir.

Peki bu "hıristiyan olan Türkler" de neyin nesi?

Evet itiraf edelim ki, onlar hıristiyan olmak için İslam'dan çıkmadılar. Çünkü onlar zaten İslam'la aralarında nüfus cüzdanındaki "İslam" yazısı dışında hiçbir bağ taşımıyorlardı. İslam'a karşı savaş açan ve onları alkışlayan çevrelerin eseri onlar.

Türkiye'de hıristiyan olan gençler İslam'ı terk ederek değil, İslam'ın yerine her alanda alttan alta ikame edilmeye çalışılan "resmi dini" terk ederek hıristiyan oldular. Misyonerlerin en çok müşteri bulduğu yerlerin başında İslami atmosferin en zayıf olduğu bölgelerin gelmesi bunun en çarpıcı göstergesidir. Benim tanıdığım Türk papazın da İzmirli olması, tesadüf mü dersiniz?

İşin özeti şu: Hıristiyan olan Türk gençleri İslam'ın mürtedi değil, "topyekün savaş" ilan edilen İslam yerine ikame edilmeye çalışılan "resmi-seküler dinin" mürtedidirler.

Dolayısıyla korkanlar, korkması gerekenlerdir; çünkü projeleri dökülmektedir.

GAYR-I MÜSLİM TÜRKLER'İN SORUMLUSU KİM?

Kendisine uzatılan mikrofona adının "Mahir Arlo" olduğunu söylüyor. Kocamustafapaşa'da bir mahalle kilisesinin papazıymış. Yaşı oldukça genç. Doğma büyüme İstanbulluymuş. Dini görünürlüğün oldukça kıt olduğu bir sosyete semtinde yetişmiş.

Bunlar bir yana.

Mahalle papazı Arlo, beni, bizi, hepimizi ilgilendiren ve derinden sarsması gereken sözler söyledi kendisini yargılar tarzda mikrofonu uzatan tv. muhabirine:

"Ben müslüman değildim ki!... Ateisttim... Alnım bir kez secdeye gelmiş değildi... Ben ateistlikten Hıristiyanlığa geçtim..."

Bir mahzuru var mı?

İslam'a da Hıristiyanlığa da, İslam tebliğcilerine de Hıristiyan misyonerlere de anlamsız bir hırçınlıkla saldıran 0.03 halk destekli kim ve ne oldukları herkesin malumu 'tipler' için sakıncası olabilir.

Fakat biz müslümanlar açısından mahzuru yok!

Dinsizmiş, dinli olmuş. "Dinsizmiş" dedim ama, belki de kendini dinsiz/ate sanan birçok 'paganist' gibi düşünüyor ve yaşıyordu, şimdi kendi inancının "mü'mini" olmuş...

Yani "ehl-i kitab" olmuş. Bu ülkede hiçbir dine, hiçbir inanca bağlı olmayan, kendilerine her gün yeni putlar ve putçuluklar imal eden yüzbinlerce benzeri gibi müşrik olarak, mülhit olarak kalmamış...

Arlo'nun demek istediği açık: "Beni hıristiyan olmam, papaz olmam yüzünden suçlamayın" diyor; "ben müslümanlığı terkederek hıristiyan olmadım; ben dinsizliği, putperestliği terkederek hıristiyan oldum" diyor. Ve kendi hayatından bir de örnek veriyor: "Alnım daha önce bir kez secdeye gelmiş değildi..."

Bir çoklarının es geçtiği gerçeği Mahur Arlo güzel keşfetmiş. Nüfus cüzdanının din hanesindeki "İslam" yazısından başka İslam'ın "i"sini dahi bilmeyen, hayatının hiçbir döneminde dinine 'donu' kadar değer vermemiş olan, onun îtikat ve ibadete taalluk eden icaplarından asgarisine dahi sahip olmayan insanların müslüman sayılmasının komikliğini o da farketmiş. Onun için "Ben müslüman değildim ki!" diyor ve doğru da söylüyor.

Bu ülkede Mahir Arlo kadar dahi hayatı ve hayat ötesini ciddiye alıp, kendini ve kimliğini sorgulamamış o kadar çok insan var ki...

O, içindeki boşluğu farketmiş. Fakat onu doldurmak için ontolojik altyapısına aykırı bir yol seçmiş. Bize göre boşluğu yanlış yerden doldurmuş. Fakat, bir şekilde doldurmuş işte. Çünkü tabiat boşluk kaldırmaz. Eğer siz doğrusunu engellerseniz, yanlışı gelir baş köşeye kurulur.

Hıristiyanlaşma neden "yanlış" bir tercih? Neden insani altyapı olan "fıtrata" aykırı? Neden, insandaki iman boşluğunu doldurmak için ideal inanç sistemi değil?

Bütün bu soruların cevabı bahs-i diğer.

Mahir Arlo ve onun gibi varlık sorusunu sorup da arama zahmetine katlanan insanlar, sırf bundan dolayı saygıya değerler. "Savaşma seviş"çilerden, futbol tapınağının heretik bağımlılarından çok daha saygın bir yer. Tabiî ki eğer samimiyse, işin içinde menfaat ve başka hesaplar yoksa.

Ama, madalyonun bir de öbür yüzü var. Memleketimin insanının düşürüldüğü şu hazin manzara karşısında, hepimizin ta yüreğinden sarsılarak düşünmesi gerekmiyor mu?

Mahir Arlo gibi kendisine inanç sistemlerinden inanç beğenmek zorunda bırakılanların suçu, doğdukları toprakların ve içinde yetiştikleri toplumun inancını, -velev ki sosyolojik bir gerekçeyle de olsa- ciddiye alıp öğrenmek için çaba sarfetmemiş olmaları...

Peki ya biz müslümanların suçu, ondan daha mı az?

Bu ülkede, iman kaybını "manevi bir ölüm" olarak görmesi gerekmiyor mu bir mü'minin? Eğer böyleyse, Allah'a karşı sorumluluğunun bilincinde olan her müslümanın, manen katledilen bir insanın katlinden kendisini sorumlu sayması gerekmiyor mu?

Vallahi, Guatemala yerlileri, Avustralya Aborijinleri, Türkiye'nin manevi katliama uğramış kurbanları bir mazeret bulup kurtulur da, indallah, biz müslümanlar bu vebalden zor kurtuluruz?

Buyurun, okuyun şu ayeti: *"Allah benim ile sizin aranızda şahittir; ve bu Kur'an bana, ona dayanarak sizi ve ONUN ULAŞTIĞI KİMSELERİ uyarabilmem için vahyedildi."* (6.19)

"Onun ulaştığı kimseleri..."

Peki, ya onun ulaşmadığı kimseler? Sorumlu olan onlar mı, yoksa ulaştırma görevini üstlenip de ulaştırmayanlar mı?

Bu sorunun cevabını da siz düşünün.

Fakat Mahir Arlo kadar dahi şanslı olmayıp düşürüldüğü inançsızlık boşluğunda bilmem ne izm'den satanizme varana dek binbir türlü putun ardına düşen kurban kuşakların en büyük sorumlusu, bu ülkede İslam'ı sanık sandalyesine oturtup mahkum eden yönetici seçkinlerdir.

Onlar hakkında bir şey demiyorum, onları Allah'a havale ediyorum.

KADIN KİMİN SORUNU?

Türkiye zihni iğdiş edilmişlerin ülkesi. Batı adına devşirilen aydın taifesi, sadece kendi değerlerine yabancı değil, aynı zamanda düşman da...

Bu taife, kendi oluşturdukları fildişi kulelerde kapalı, nispeten 'gizemli' bir hayat sürerler. Ara sıra halka "inerlerse" de, halk onlara hiç "çıkamaz". Bu kapalı dünyaya ait haberler, pek dışarı sızdırılmaz. Nasıl düşündüklerini yazdıkları kadar biliriz, nasıl yaşadıklarını ise ifşa ettikleri kadar...

İşte bu ifşalardan birini, söz konusu dünyanın 'duayenlerinden' olan bir yazar geçtiğimiz bayram günlerinde, kendi yazdığı iri gazetede yayınlanan söyleşisinde yaptı. Bu ifşadan, Kürşat Bumin'in "Bir bayram da bu "şahsiyet"lerle geçti" yazısı sayesinde haberdar oldum. Aynı guruba bağlı televizyonda program da yapan 'olgun' yazara kadınlar hakkında soru soruluyor. Yazar, yatak hayatına ilişkin sırlarını toplumun meraklı (!) nazarlarına arz ediyor.

Belli ki fazla açık sözlü biri. O kadar fazla ki, okurunun zat-ı şahanelerinin prezervatif kullanıp kullanmadığı merakını bile gideriyor. Bu kadar "açık" ("üryan" mı demeliydim?) sözlülüğün, bir gazete okuru açısından ne anlama geldiğini de, iri gazetenin okurları düşünsün...

Tabi ki resmi ideoloji aydınlarının özel hayatı bizi hiç ilgilendirmiyor. Fakat, bu zümre tarafından her vesileyle dinine ve imanına hakaret edilen müslümanları ilgilendiren ifşaatlarda da bulunuyor açık sözlü aydınımız. Aslında bu zümrenin çoğunluğu için geçerli olan hayat tarzını, bir gazete röportajı sayesinde bir kez daha öğrenmiş oluyoruz ve modernleşmenin ürünü bir aydının "Cumhuriyet kadınına" bakış tarzını bir kez daha öğreniyoruz:

"...Hayatım böyle geçti, ömrü billah dünya güzeli kadınlar, yahut çok kendine özenen kadınlar arasında yaşasan, birdenbire 15-20 tane kenef karının arasına düşersen, huysuz bir adam olmaz mısın?"

Ya, işte böyle!..

Kadın üzerine ilerici, seküler ve dahi "muasır medeniyet" seviyesinde bir bakış açısını içeren bu cümleler üzerinde bir değil bin yazı yazılsa yeridir.

Dünya güzeli ve kendine özenen kadınlar...

Ömrü billah bunlar arasında geçen bir hayat....

Ve sonunda "birdenbire 15-20 kenef karının arasına düşüp" huysuzlaşan bir adam...

Sekülerleştirilmiş modern erkeğin kadına bakışını bu metinden daha güzel ne özetleyebilir?

Zorla modernleştirme projesinin kadına dönük yüzünün, aslında kadını erkeğin cinsel objesi kılma projesi olduğunu söyleyenler haksız mı? Tipik bir laik aydının hayatında kadının yeri bu...

Peki, çok eşliliğe belli şartlarda izin verdiği için İslam'a etmediği küfrü bırakmayan zavallılar, "15-20 kenef karı" arasına düştüğünü söyleyen bu fikirdaşlarına ve onun gibi binlercesine neden sormazlar bunun hesabını?

Birilerinin nikahlı ikinci eşine tahammül edemeyenler, kendi cephelerindeki bu çamaşırdan sık değiştirilen ve işi bitince de kağıt mendil gibi "kenef karı" kategorisine dahil edilerek kaldırılıp atılan kadınlara niçin sahip çıkmazlar? Onlar 'Cumhuriyetimizin' kadına verdiği haklardan mahrum olanlar zümresine ilhak olanlar mı?

Modernleşme projemizin bir "has kadınları", bir de "kenef kadınları" mı var?

Yoksa, tepeden inmeci modernleşme projemiz "kadın hakları" vs. gibi bir retoriğin ardına gizlenerek, aslında kadınları, erkeklerin cinsel istismarına mı açtı?

Ya modernleştirilmiş bayların ve bayanların bolca bulunduğu Bebek semtinde, bu bayramda bir vesileyle tanık olduğumuz şu kadın manzarasına ne demeli: Köhne bir binanın tek göz odunluğu... İki büklüm girmek zorunda olduğunuz kümes kapısına benzer bir delikten içeri giriyorsunuz; görülen manzara şu: Bir ana, çocuklarını bir piknik tüpü etrafına toplamış ısıtmaya çalışıyor. Ortada yanan piknik tüpünün üzerine bir tencere su konulmuş, onunla ısınılacak...

Koca mı? O kendisine tanınan içme ve hovardalık yapma hakkını sonuna kadar kullandığı için ortalarda yok. Sorulduğunda "kim bilir içip içip nereye sızmıştır" cevabı alınıyor. Sizin anlayacağınız, o da modernleşmeyi dinin yasakladığı her türlü günahı doyasıya (!) işlemek biçiminde anlayan zavallıların kurduğu haram dünyasının talihsiz kurbanlarından biri...

Bütün bu müstekreh manzaraların ve sayısız kurbanın hesabını vermesi gerekenlerin İslam'dan "kadın hakları" hesabı sormaya kalkması yok mu; işte bu, insana kahrından kahkaha attırıyor.

Kadını sorun haline getiren, onu bir cinsel objeye çeviren ve insani kişiliğini yok ederek dişiliğini kamuya açan "libido"ya ayarlı modern akıldır. Modernleşmeyi zevkçi ve hedonist bir bakış açısıyla okuyan Türk modernleştirmecileri ise, kendi dünyalarında arzuladıkları "edilgen ve metalaşan" kadın tipini, ideal kadın tipi olarak yıllar yılı topluma dayattılar.

Sonuç ortada: "Dünya güzeli", "kendine özenen" kadınların, onları istediği gibi kullanan 'çağdaş' erkeklerin ellerinde "kenef karılar" haline dönüşmesi...

İRTİCA (I)

Türkiye'deki baskıcı sistemin doğurduğu en vahim sonuçlarından biri, "semantik terör"dür. Semantiği "anlambilim" olarak tanımlarsak, ne kastettiğim daha iyi anlaşılır. Kelimeler, asli anlamlarından soyutlanıp içleri keyfi bir biçimde yeniden yüklenerek resmi ideoloji tarafından hasımlarını hedef alan bir kurşun olarak kullanılmaktadır.

"İrtica" sözcüğü semantik terör araçlarının başında gelir. Bu aracı kullanarak açmayacağınız kapı yoktur. O kadar tanımsız ve şekilsiz bir araçtır ki bu, eline geçtiği kimsenin tanımına göre şekil almaktadır. Siz "irtica" sözcüğüne, kullanışlı bir maymuncuk olarak da bakabilirsiniz.

Bir kere "irtica" naralarıyla birilerinin üzerine yürüyen kişi ya da çevrelerin, dürüst olmadıklarını vurgulamamız gerekmektedir. Dürüst değiller, çünkü düşman ilan edip topyekün savaş açtıkları şeyin adını doğru koymuyorlar.

"İrtica" bir kamuflajdır. Bir şey ki, yıllar yılı kendisine karşı savaşacaksınız, onu "birinci tehdit" ilan edeceksiniz, o da yetmeyecek "topyekün savaş" ilan edeceksiniz; fakat iş topyekün savaş ilan ettiğiniz, tüm silahlarınızla üzerine gittiğiniz "hayati tehlikeyi" tanımlamaya gelince, köşe bucak kaçacaksınız.

Bunun iki anlamı var: Ya siz muhayyel bir düşmana karşı savaşan paranoyak birisiniz. Gerçekte ortada düşman falan yok, sizin halisünasyonlarınız ve evhamlarınız var. Ve gerçekte siz kendi korkularını ve hastalıklı ruh halini topluma mal etmeye çalışan birisiniz. Havayı tokatlıyor, suya tekme sallıyorsunuz. Savaş ilan ettiğiniz şeyin Donkişot'un saldırdığı yel değirmenleri kadar dahi gerçekliği bulunmuyor.

Ya da, savaştığınız ve baş düşman ilan ettiğiniz şeyin adını bile-isteye doğru telaffuz etmiyorsunuz. Kasıtlı bir biçimde gerçeği gizliyor ve birilerini aldatıyorsunuz. Semantik bir terör estirerek, dezenformasyonu savaş stratejinizin bir parçası olarak görüyorsunuz.

Eğer birinci ihtimal doğruysa, bunun sağlıklı bir ruh hali olmadığı kesin. Bu, tımarhaneden kaçan akıl hastalarının her nasılsa bir ülkenin tüm yönetim mekanizmalarını ele geçirerek ülkede akıllıları "hasta", aklı "düşman" ilan etmeleri kadar abestir. Yönetimi ele geçirmeyi başarmış bir elitin, koca bir halkı paranoyalarına kurban etmeleri gibi bir anlam taşır. Hepimizin delirmesi için yayınlanan fermanlara uymamızı kimse bekleyemez. Gördüğü halisünasyonlarla bizleri de "gulyabanilere" karşı savaşa çağırmalarına ancak acımaklı bir tebessümle cevap verebiliriz. Böylesi bir psiko-patolojik duruma, bir musibet, bir salgın ruh hastalığı olarak bakılır ve karantinaya alınması önerilir.

Yok, eğer ikinci ihtimal doğruysa; bu yukarıdakinden daha da vahim bir durumdur. Çünkü, birilerini tehdit ilan edenler, koca bir toplumun "anlamına" tecavüz edip "bilgi" ve "bilinç" anarşisine yol açtıkları için kendileri en büyük tehdittirler. Bu durumda onların gizledikleri gerçeğin ne olduğunu bilmeye çalışarak önlem alırız. "İrtica" kod adını verdikleri düşmanın gerçek adını öğrenmeye çalışırız ki, bu da bizi hiç "hıkmık" etmeden "İslam'a" götürür.

Eğer ikinci şık, yani kendisine karşı top yekun savaş açılan şey bizzat var olan bir gerçeklikse, bu durumda "irtica" kamuflajını atıp adını doğru biçimde "İslam" koymak dürüstlük gereğidir. Bu böyle söylenirse karşı çıkan mı olacak?

Yok, ben göremiyorum. Zaten karşı çıkacak olan, malum ağızlardan "irtica" sözcüğü ilk döküldüğünde ne kastedildiğini adları gibi bildiler ve yüreği yeten karşı çıktı, yetmeyen içine attı ya da sineye çekti, oturdu. Eğer gerçekten böyleyse, bunu açıkça ilan etmek, İslam'ı birinci tehdit ilan edenleri, "İrtica" gibi "İslam'ın kod adı" olarak kullanılan sinsi bir kavramı tanımlama derdinden de kurtarmış olur.

Peki, -tabi ki ikinci şıkkın doğru olması durumunda- bunu neden yapmıyorlar?

Neden, açıkça "Bizim irtica mirtica dediğimize bakmayın. Şimdiye kadar "İslam" diyemediğimiz için "irtica" dedik.

Gerçekte maksadımız İslam'dı. Ama bunu hem stratejik hem taktik açıdan uygun bulmadık." İtirafında bulunarak gerçeği açıklayıp rahatlamıyorlar?

Bunun iki nedeni olabilir: Birincisi, İslamı istismar ediyor olabilirler ki; bu "dini istismar etme" işi şimdiye kadar "irtica savaşçısı" tüm kişi ve çevrelerin hasımlarına yönelttikleri bir töhmetti. Acaba, bu taktikle hasımlarına attıkları suçu işlerken suçüstü yakalanmak istemiyorlar da, onun için mi?.

Bu gerçekten müthiş bir taktik: İnsanları hem "irtica" adı altında İslam'a karşı savaştıracaksınız, hem de o zavallılar kendilerini hâlâ "müslüman" zannedecekler. Eğer böyleyse, bu planı deha sahibi biri hazırlamış olmalı.

Muhtemel ikinci nedeni ise, nasıl desem, İslam'la "İslam" diye savaşarak baş edilemeyeceğinin, İslam'ın öyle cepheden savaş açarak yıkılamayacak kadar güçlü bir inanç sistemi olduğunun bilincinde olmak. Bunun için de, cepheden "İslam" diye değil, arkadan "irtica" vs. gibi psikolojik harbin bir uzantısı olan imaj bozma amaçlı "kod isimler" takarak savaşmak...

Buraya kadar, hep ihtimaller üzerinde durdum. Gerçek bunların hangisi, ben de merak ediyorum. Bunu öğrenmemiz için, kendini savaş açmakla yetkili gören birilerinin bizi ikna eden bir açıklama yapması gerekiyor.

Eğer bu açıklama, "İrtica İslam'ın kod adı değildir, irtica ile kastımız kelimenin içerdiği gerçek anlamdır" şeklinde olursa, herkes iyi bilsin ki, irticanın en büyük düşmanı İslam'dır. Çünkü İslam her tür irticayı, "cahiliyye" adı altında mahkum etmiştir.

İRTİCA (II)

"İrtica İslam'ın 'kod adı' mı?" diye sormuştum. Artık açıkça anlaşıldı ki, "irtica" ile kastedilen "İslam"dır. Aslında bunun böyle olduğu başından beri erbabı tarafından biliniyordu. Fakat, geniş kitleler birilerinin "irtica" derken İslam'ı kastettiklerinin bilincinde değildi. Şimdi sokaktaki insan da artık "irtica" deyince bununla "İslam"ın kastedildiğinden kuşku duymuyor.

"İrticaya karşı topyekün savaş" ilan edenlerin, bu savaşta "irtica" gibi kimi sözcükleri bir kamuflaj malzemesi olarak kullandıkları ortaya çıktı.

Bunun "semantik bir terör" olduğunu söylemiştim. Bu semantik terörü estirenler, aslında "topyekün savaş" ilan ettikleri 'düşman'ın gerçek adını söyleyecek kadar dürüst ya da yürekli değildiler. Onun için de "kod adı" kullanıyorlar, "parolalar" ve "sahte sözcüklerle" savaşı sürdürüyorlardı. Fakat sonunda saklanılan gerçek ortaya çıktı. Anlaşıldı ki "İrtica'ya karşı topyekün savaş" cümlesinin gerçeği "İslam'a karşı topyekün savaş" idi. "İrticanın başı ezilecek" tehdidi "İslam'ın başı ezilecek" anlamına geliyordu. Tabii ki "mürteci" de "müslüman" yerine bir "kod isim" olarak kullanılıyordu.

İlginç olan, bu gerçeği yabancıların da tüm çıplaklığıyla farketmiş olmalarıydı. Türkiye'de "irtica" ve "mürteci" sözcükleriyle kimin kastedilmiş olduğuyla ilgili olarak 6 Eylül'de ABD Dışişleri Bakanı tarafından resmen açıklanan ve Kongre'ye de sunulan *"Uluslararası Dini Özgürlükler"* Raporu'nda kullanılan dile dikkat ettiniz mi? Bu raporda Türkiye ile ilgili satırlarda bu ülkede İslam'a karşı başlatılan topyekün savaşın "kod dili" bir kripto gibi deşifre edilivermişti. Bakınız şu cümlelerde kullanılan dile:

"Türkiye'de laik elitin desteğiyle askerler ve yargı müslümanlara karşı gizli ve açık savaşı sürdürdü." Raporda yer alan bir başka cümlenin dili de aynı yalınlıkta: *"Müslümanlar, kamu kurumlarında ve üniversitelerdeki kılık kıyafet*

konusunda ateşli bir tartışmanın odağında." Yine raporun bir başka yerinde *"Raporun hazırlandığı dönemde, ülkedeki laik elitin desteğiyle ordu ve yargı müslümanlara karşı gizli ve açık savaşına devam etti"* deniliyor.

Bu raporda kullanılan dile, hatırladığım kadarıyla "İslam'a karşı topyekün savaş" ilan eden kesimlerden herhangi bir yalanlama gelmedi. Hoş, gelmesi hakikatin yalanlanması olurdu ki, Türkiye'deki "irtica" ve "mürteci" sözcükleri ne kadar gerçeği yansıtıyorsa, muhtemel bir itiraz da o kadar gerçeği yansıtacak demekti.

Dilin bir savaş enstrümanı olarak kullanılması bizde yeni değildir. Bu ülkedeki tepeden dayatılan 'çağdaşlaşma' projesinin tarihi, dilin bir savaş aracı olarak kullanılmasının da tarihidir. Sanırım, III. Selim'in akıl hocalarının 'cedit: yeni' (nizam-ı cedit, sekban-ı cedit) sözcüğünü kullandıkları günden bu güne, birçok sözcük bu ülkedeki seçkinler tarafından halkın değerlerine karşı kurşun gibi kullanıldı ve eskilerinin yerine yenileri namluya sürüldü.

Hatta telaffuzlar bile ideolojik savaşın aracı olmadı mı? Bir zamanların 'birinci tehdidi' iken 28 Şubat'tan bu yana sırasını İslam'a veren PKK'yı "pe-ka-ka" şeklinde telaffuz etmek resmi görüşe, "pe-ke-ke" şeklinde telaffuz etmekse muhalif görüşe mensup olmakla nitelendirilmişti. Şimdilerde aynı şey, tarihleri bilinmeden Cumhuriyet tarihinin yazılmasının imkansız olduğuna inandığım Sabataycılar tarafından yapılmıyor mu? Sanırım bundan böyle Sabataistler'in Türkçe dil yapısına uygun olmayan bir biçimde "Sabetay" telaffuzu üzerinde ısrar ettiklerine sık şahit olacağız.

Evet, İslam'la "irtica" adı altında savaşanların bunu neden böyle yaptıkları belli. Beni asıl meraka garkeden şey, bu savaşta kullanılan irtica sembolünün İslam'ı sembolize ettiğini bile bile, müslümanlar içerisinde hâlâ hatırı sayılır bir kesimin neden bunu anlamak ve kabullenmek istemediği!

Cidden, sosyo-pisikolojik bir durumla karşı karşıya olduğumuzu düşünüyorum. Acaba insanlar nenemin mantığıyla

"Aman, ağzından yel alsın!", "Öyle deme, üstünden ırak olsun!", "Kırk kez öyle dersen, öyle olur!" duygusallığıyla mı yaklaşıyorlar bu olaya?

Gerçeği bir türlü kabullenmek istememelerinin nedeni bu mantık mı?

Müslümanlar'ın başlarını kuma gömmeleri gerçeği değiştirir mi?

Yoksa, gerçeğin ne olduğunu tüm çıplaklığıyla biliyorlar da, onlar da kendilerine savaş açan tarafı kendi taktikleriyle mi 'durdurmaya' çalışıyorlar? Yani, muhaliflerinin silahıyla silahlanma taktiği mi bu?

"Görmedim, duymadım, bilmedim"in çok kaza bela savdığını 'amentü'lerine ilave edenler mi var? Bunlar değilse ne?

Bir ihtimal daha var: İslam'ın bekası için bunu da sineye çekelim, mantığı.

Garip, gerçekten garip. İslam'ın beka sorunu olduğunu nereden duydular, kim söyledi? İslam'ın son vahyi olan Kur'an'da, İslam'ın korunmasının müslümanların eline bırakılmayacak kadar ciddi bir iş olduğu vurgulanıyor.

İslam'ın beka sorunu yoktur. Fakat birilerinin beka sorunu vardır.

TARİHSİZ VE HALKSIZ: TALİHSİZ VE HAKSIZ

Her yeni gelişme, bu ülkenin iki temel zaafının cascavlak ortaya çıkmasına katkıda bulunacaktır: Tarihsizlik ve halksızlık. ABD'nin yeniden gündeme getirdiği soykırım iddiası da işte bu gelişmelerden sadece biridir.

Malum medya organlarının döktüğü timsah gözyaşlarıyla, milleti gaza getirme numaralarına gülmeli mi, ağlamalı mı? Ne zaman olmuş iddia edilen bu 'soykırım'? İddia sahiplerine göre Birinci Dünya Savaşı yıllarında değil mi?

O zaman mesele yok. Çünkü 1915'te olduğu iddia edilen bir olayın modern Türkiye devletiyle, laik cumhuriyetle ne alakası var? Bunu ben sormuyorum, lise bire giden oğlum soruyor. Üstelik, geçen yıl Atatürk İlke ve İnkılapları dersinde okudukları kitabın satırlarını göstererek! O satırlarda, devrimci kadroların, *"Osmanlı emperyalizminin baskısı altında yaşamak zorunda kalan Türkler'i kurtardığını"* yazıyor, bu *"çağdışı İmparatorluğu tarihin çöp sepetine yuvarladığını"* yazıyor.

Evet, ne oldu da, tarihin çöp sepetinden çıkartılıp hem de 'stratejik partner', 'dost ve müttefik ülke' ABD tarafından gözümüze sokulan bir 'eski hesap' karşısında bu kadar telaşa kapıldı monşerler? Kitaplarda çocuklarımızın kafasına vura vura ezberlettiklerini ABD'ye de söyleyip kurtulsalar ya!

Biz, Osmanlı'yı öz ellerimizle yıkmamış mıydık? Redd-i miras etmemiş miydik? Ondan kalan tüm hatıraları yasaklamamış mıydık? Hatta, yukarıda olduğu gibi onu 'köhne', 'gerici', 'emperyalist' ilan etmemiş miydik? Bütün bunları biz boşuna mı yapmıştık? Osmanlı'dan geriye kalan ve bunca yıllık mücadeleye rağmen kökünü kurutamadığımız irticanın da nihayet köküne kibrit suyu döktüğümüz şu günlerde ödül beklerken, bu "soykırım hikayesi" de neyin nesiydi?

Evet, buna tarih derler. Duymadınızsa benden duyun

beyler: Tarih kaderdir, coğrafya kaderdir, halk kaderdir. Bu üçü içerisinde de en çok tarih kaderdir. Öyle masa başında tarih yazmakla, 10. yıl marşıyla, onu atıp bunu tutmakla halledilmiyor bu işler. Çocuklarımıza okuttuklarınızı ABD Meclis Komisyonları'na söyleseydiniz, eminim ki 'kara mizah' olurdu. Bunu siz de biliyorsunuz, ama bu kara mizahı şunca yıldır sahnelemekten de vazgeçmiyorsunuz. Ve sonunda, reddettiğiniz, kütüğünden kaydınızı sildirdiğiniz, hatta hayatına ellerinizle son verdiğiniz babanızın hesabını birileri size çıkarıyor. Ve siz, "Hayır ben kimliğimi reddettim, ana-babamı reddettim!" bile diyemiyorsunuz.

Ve biz, size bunların hiçbirinin hesabını soramıyoruz. Dizlerimizdeki mecali öylesine tükettiniz ki, "Suçlu ayağa kalk!" diyemiyoruz. Bizi hem kimliksiz, hem tarihsiz bıraktınız; ama sonunda tarihin faturasının bize çıkarılmasını dahi önleyemediniz, diyemiyoruz.

Hangi musibete ağlayalım? Tarihsizliğimize mi, talihsizliğimize mi? Hoş, sözgelimi soran bir babayiğit çıksaydı, daha lobicilik için saçıp savurduğunuz milyon dolarlarımızın hesabını bile veremezken, bu ağır hesabı nasıl verecektiniz ki?

Elbette, tarih tarihçilere bırakılır ve bu soykırım yalanını, 'stratejik müttefikiniz'in yüzüne çarpmanın tek yolu arşivlerden geçer. O yıllar bu ülkenin kırılma yılları. Daha sonraki yıllarda belirleyici konumda olan olayların ve kişilerin gerçek yüzleri o yılların arşivinde kayıtlı.

Fakat, var mı o yürek?

Peki, neden yok? Yoksa kötü kokular çıkacağından mı korkuluyor? Bazı tabuların yıkılacağından mı endişe ediliyor? Tabunuzun çok olduğunu bilenler işte böyle zırt-pırt üzerinize geliyor. Atın efendim korkularınızı, "Tabu-mabu yok!", "Yıkılacaksa yıkılsın tabularımız!" deyin, bakın soykırım yalanı nasıl kısa sürede çürütülüyor!..

"Tasnif dışı" lafını hiç duydunuz mu? Ben araştırmalarım sırasında en yetkili ağızlardan çok duydum. Girilip görülmesi istenmeyen arşivlerin resmi adıdır "tasnif dışı." Bu lafı duydunuz mu bir daha ağzınızı açamazsınız. Yürü... hem de arkana bakmadan.! 'İç düşmanlara' arşiv kapalı diyelim, fakat arşive -o da sadece bir kısmına- elini kolunu sallayarak girenlerin ağıtı daha farklı; Şimdilerde "tasnif dışı" evrakın yerinde yeller estiğinin haberini onlardan alıyoruz. Bakın onlardan biri olan Murat Bardakçı ne diyor: *"Milyonlarca evrakın yer aldığı Başbakanlık Osmanlı Arşivleri'nde bugün bu konuda işe yarar tek bir siyasi belge bulunmuyor. ...işin vahim tarafı arşivlerde bulunması gereken siyasi belgelerin şimdi nerede olduğunu kimselerin bilmemesi... ayıp yazık ve günah!.."*

Keşke tüm "ayıp, yazık ve günah" bu kadarla kalsaydı. Kundaklanan, başka bir ifadeyle "Tasnif dışı" olan sadece arşivler mi? Keşke öyle olsaydı. Bugün, uygulanan yıldırma, baskı ve sindirme politikaları sonucunda, milletin yüreği kundaklandı, halk "tasnif dışı" bırakıldı.

Bu ülkeyi tarihsiz ve halksız bırakanlar, gerçekte bugünkü talihsiz ve haksız duruma düşürenlerin ta kendileridir.

KATİLİNİ EMZİREN ANAYIZ

Bir darbe yılında doğdum (1960). Ailem, benim doğduğum yıl yapılan darbenin mağdurlarından sayılır.

Ben de, 12 Mart darbesinin mağduru sayılırım. "İlerleme" ve "çağdaşlaşma" miti uğruna koca bir milleti maceradan maceraya sürükleyen zihniyet okulumu kapatmıştı. Ben İHL diye girdiğim okulun orta kısmını, bilmem kaçıncı kurtarıcılar sayesinde düz ortaokul olarak okudum (1971-1974).

12 Eylül Darbesini ta iliklerime kadar hissettim. 11 Eylül günü kan gövdeyi götürürken 13 Eylül günü 'terör'ün şıp diye kesildiğinin bizzat şahidiyim; o gün bu gündür, bu ülkede teröre en çok ihtiyaç duyanların, bu ülkeyi zırt-pırt kurtaranlar olduğunu hiç aklımdan çıkarmadım...

Ve bir şeyi istedikleri zaman bitirenlerin, başlatanların ta kendileri olabileceği 'ihtimalini' (!) de...

28 Şubat post modern darbesi, hem beni hem çocuklarımı mağdur etti.

Velinimetinin bileklerini keserek intihar süsü veren Hüseyin Avni Paşa'dan, 1. Meşrutiyet sayesinde diktatörlüğe doğru yol alan Mithat Paşa'ya; Hareket Ordusu'nun başında İstanbul'u işgal ederek bir darbeyle Abdülhamid'i tahtından indiren Mahmut Şevket Paşa'dan, onu kendi eyleminin tıpkısıyla vuran İttihatçı Darbe'nin Elebaşısı Enver Paşa'ya kadar, Osmanlı Batıcıları'nın tamamı darbe heveslisiydi.

Peki neden?

Bu ülkede sayıları hiçbir zaman İşçi Partisi'nin yandaşlarının sayısını geçmedi de ondan. Hepi-topu "binde üç buçuk"tular.

Ordu adına darbe yapanların sayısı, adına darbe yaptıkları ordunun binde üç buçuğuna ulaşmazdı. Ona, "resmi ideoloji" adına destek verenlerin toplamı, halkın binde üç buçuğunu geçmezdi.

Peki, binde üç buçuğun tepesine oturup ensesinde boza pişirmesine, geri kalan kahir çoğunluk neden karşı çıkmadı?

Bu, sosyal psikolojinin ilgilenmesi gereken çok ciddi bir soru, dahası "sorun". Bu sorunun sosyo psikolojik boyutlarıyla bu alanın uzmanları ilgilensinler. Ben onlara, bu sorunun din sosyolojisi ve din psikolojisiyle ilgili boyutları konusunda yardımcı olursam ne âlâ.

Bu işi eski Türkler'in geleneğine dayamak çok eğreti duruyor. At-avrat-silah; bu 'Türk teslisi' herkesin malumu. "İl"e bir kutsallık atfedildiği söylenebilir, fakat "il" bugün "devlet" adı verilen organizasyondan mahiyet itibarıyla çok farklı bir şey.

Halkın "kutsal devlet" tasavvurunun asıl nedenlerini, onun dini geleneğinde aramak gerekir.

Bu dini gelenek, elbette Kur'an'a dayalı "makul" bir gelenek değil, "taklit" ve "efsaneye" dayalı "mahsus" bir gelenek. Kur'an ve Nebevi uygulama, spesifik bir yönetim modeli öngörmez. Fakat, yönetmenin meşruiyet şartlarını tartışmasız bir biçimde ortaya koyar: Tevhid, adalet ve meşveret.

İmametin saltanata dönüşmesiyle birlikte İslam siyaset düşüncesi, İslami siyasetin iki temel değeri olan adalet ve meşvereti arkaya atıp "güvenliği" önceledi. Devlet düzeni "saf" modelinden "piramit" modeline geçmişti. Ebu Cafer Mansur'un başdanışmanı İbnu'l-Mukaffa ile başlayan "saltanatı İslamileştirme" süreci, Gazzali, Maverdi ve İbn Cemaa'nın katkılarıyla tamamlandı. Süreç tamamlandığında, İslam siyaset teori ve pratiğinin geldiği noktayı bir tek cümleyle özetleyebilirdik:

"Güçlü kimse, ona itaat etmek gerekir." (Krş. Gazzali, *İhya*, 2/124) Halkın ortak hafızasında bu cümlenin içeriği dinin bir talimatı gibi algılandı ya da bu sonuç dini bir kılıfa büründü. Tabii ki bu yöneticilerin de işine geldi.

Bu vahim sonucun başladığı nokta, bana sorarsanız, müslümanların peygamber tasavvurunda meydana gelen tahrifti. Peygamberleriyle ilişkiyi "makul"e dayalı "insan-insan" ilişkisinden "mahsus"a dayalı "insan-aşkın" ilişkisine dönüştürdüler. Birincisi *yatay ilişki* iken ikincisi *dikey ilişkiydi*. Birincisi "logosa" (akla), ikincisi "mitosa" (efsaneye) dayanıyordu. Bunun en vahim sonucu, "içkin" bir ilişki türü olan yatay ilişkiye dayalı bir peygamber tasavvuru "modelin yaşatılmasını ve yeniden üretilmesini" mümkün kılarken, "aşkın" bir ilişki türü olan dikey ilişki "modeli izlemeyi", onun "peşini takip etmeyi" imkansız kılan bir ilişkiydi.

Bu tür "mitolojik bir peygamber tasavvuru", müslümanlara yüceltilen her değeri "mitleştirmek" gibi kötü bir alışkanlık kazandırdı. Devlet de, müslümanların bu alışkanlığından aldığı güçle "mitleşti", "devleşti", "efsaneleşti". Şimdi bu "dev", 'kaderin' garip bir cilvesi olarak, müslümanların toplumsal bilinçaltlarından, yanlış dini tasavvurlarından aldığı gücü onlara karşı kullanarak "ilahi adaletin" tecellisine bir kez daha tanıklık ediyor.

Allahım, *"Bu bela başımıza nereden geldi?"* demiyoruz!

Zira suçumuzu biliyoruz: Biz katilini emziren anayız.

Tevbe ya Rabbi!

LAİK TÜRK AYDINI "HİLKAT GARİBESİ"DİR

Laik Türk aydını melezleşmeyi dahi beceremez. Beceremez, çünkü "melezleşmek" için iki taraf gereklidir: Özne olan, kendinde olan, kendisi olan, aidiyeti olan iki taraf... Dahası özgün, orijinal, doğal olan iki taraf...

Sözlükler melezleşmeyi şöyle tanımlar: "iki ayrı türü çiftleştirerek elde edilen ortak/üçüncü tür." Sözcüğün kökeni Arapça "meles"ten geliyor. Melez'e "kırma, azma, bozma, metis" de diyorlar. TDK sözlüğü "melezleşmek" sözcüğüne yukarıdaki sözlük anlamına ilaveten mecazi anlamını da veriyor: "Yabancılaşma".

Sözlüklere "melezleşme"ye bir örnek ver diyoruz, "katır" diyor: *"Eşek türüyle at türünün çiftleştirilmesiyle elde edilen üçüncü türdür"* açıklamasını da ilave ederek.

Bu işin dilbilim faslı. Taha Akyol'dan Serdar Turgut'a, ondan Kürşat Bumin'e kadar, melezleşmeyi tartışan isimler, elbet filolojik, biyolojik ya da botanik melezleşmeyi tartışmıyorlar. Onların tartıştığı sosyolojik, daha derinlerde sosyopsikolojik ve hatta teolojik bir melezleşme.

Ama sözcükler anlamın kabı, anlamlar ise bu kabın taşıdığı muhteva ise, hangi alanda kullanıyor olursak olalım, melezleşmeden muradımız aynı olmak durumundadır: İki ayrı türden üçüncü bir tür elde etmek. Demek oluyor ki, her *melezleşme*, aynı zamanda bir *yabancılaşmadır*. Çünkü elde edilen üçüncü tür, kendisinden elde edildiği "ana-babasından" ayrı bir türdür. Bunun katırdan başka bir örneği de var: Şeftali ile eriğin melezleşmesi yoluyla elde edilen, şu bildiğiniz tüysüz ve dahi tatsız-tuzsuz meyve. Her melez gibi o da tutmadı. Çünkü her melez gibi doğal değil, sentetik. Şeftali, niyetine de erik niyetine de yenebilir. Ama, doğrusu ona kimse ne "şeftali" der, ne de "erik".

Melezleşme, aslında renklerin diliyle konuşursak "grileşme"dir. Gri, yani beyazın "kirlenmişi". Renklerden bir renk olarak kullanıldığında, bir zevk meselesidir ve tartışılması da gerekmez. Ama insanla, ahlakla, inançla ilgili olduğunda "grileşme" hiç çekilmez bir eklektizm olur çıkar. Tüm *oportünizmler*, tüm *eyyamcılık* ve *şahsiyetsizlikler*, tüm *münafıklıklar* işte bu tür bir grileşmenin farklı görüntüleridir.

Kur'an, inanç alanında melezleşmeye "şirk", melezleşmiş kimseye de "müşrik" adını verir. Esasen şirk, kök olarak "birbirinden mahiyet olarak farklı iki şeyi katıp karıştırmak, ortak etmek" anlamına gelir. "Şirket", "müşterek", "iştirak" gibi aynı anlamı çağrıştıran kelimeler Türkçe'mizin malı olmuştur. İslam akaidinde şirk, "hakk!" ile "batıl"ın melezleştirilmesi yoluyla elde edilmiş, affı dahi mümkün olmayan sapma türüdür. Bu anlamda, dünya tarihinin inanç ve ahlak açısından "melezleşme"ye örnek olarak gösterilecek en tipik toplumu Mekke müşrik toplumudur. Allah'a, meleklere, hatta vahyin mümkün olduğuna inanan bu toplumun kusuru İbrahimî hakikatin içerisine câhilî bâtıldan yüzde bilmem kaç katmış olmasıdır...

Melezleşme, insan, ahlak, inanç ve toplum alanında bu kadar vahim bir sapma olmasına rağmen, yine de "bir şey olmak"tır. Türev de olsa, yine de her melez bir "tür"dür ve kendine ait bir "duruş"u vardır.

Fakat laik Türk aydını, en olumsuz anlamdaki bir melezleşmeyi dahi beceremez. Çünkü laik Türk aydını hiç bir "tür"e girmez. Onun ne ben bilinci, ne aidiyet duygusu, ne "benim" diyeceği özel ve öznel bir kimliği vardır. O, sosyolojik, psikolojik ve teolojik anlamda tam bir "hilkat garibesi"dir.

Batılı desen batılı değildir. Batılı olduğunu söylerken dahi kendi vicdanına karşı yalan söyler ve buna kendisi de inanmaz. Batıcıdır belki, hatta Batıperesttir; fakat onda bir putperestin putuna karşı ödemek zorunda olduğu bedeli ödeyecek "samimiyet" dahi bulunmaz. Osmanlı Batıcıları bu açıdan daha tutarlı ve bir "perest" olmanın sorumluluğunu üstlenecek kadar da yürekliydiler: Beşir Fuad intihar etti, Ahmet Rıza Batıyı ciğerlerine kadar bilirdi, Tevfik Fikret, oğlu Haluk'un Papaz oluşuna ses çıkarmayacak kadar tutarlıydı (!), yine aynı isim suikastten canını kıl payı kurtaran Abdulhamid'i hedef alan Ermeni teröristine "Ey şanlı avcı" diyecek kadar tersinden tutarlıydı.

Doğulu desen doğulu hiç değil. Tüm kendini inkara rağmen Doğunun ne kadar rezileti varsa kendi bünyesinde toplamıştır. Buna karşın Doğunun hiçbir meziyetiyle muttasıf olmamış, bilakis onlara düşman olmuştur.

Say gitsin: Hıristiyan desen o değil, Yahudi desen o değil, müslüman desen o değil. Muvahhid firavun Akhnaton'dan Arius'a, Nietzsche'den Prudhon'a kadar, ateizmin entelektüel tarihini bilen biri laik Türk aydınına ateist de diyemez; ateizmin alnına leke çalmak olur.

Geriye denilebilecek bir tek şey kaldı: Ataist... Fakat laik Türk aydını, Mustafa Kemal konusundaki kadar, hiçbir konuda ikiyüzlülük ve istismarcılık yapmamıştır. Kemalistliğinde de samimi ve dürüst değildir. Kaldı ki, bu topraklarda Kemalizm, hiçbir zaman melezleme yöntemiyle üçüncü türün imal edileceği bir "asli" tür olmamıştır. Çünkü, en iddialı ifadeyle Kemalizm'i bir doktrin saysak bile, kendisi melez bir 'doktrindir' ve melezin melezi olmaz...

Görüyorsunuz; nereden baksak, laik Türk aydınının melezleşme yollarının tıkalı olduğunu görüyoruz. Çünkü o özgün, orijinal ve doğal bir "tür" değil; aksine a-tipik, deforme olmuş, sentetik ve ıslah olmaz bir "hilkat garibesi"dir...

"Yaşamdaki büyük boşluğu" ve "bireyin ahlak meselesi"ni yeni keşfeden Serdar Turgut, kendisine verilen 'iki-yüzlü' teorilere aldırmaz da düşünsel çabasını sürdürürse, en sonunda bu söylediklerimin doğru olduğunu kendisi de görecektir.

ONBİRİNCİ EMİR: DÜŞMANININ EKMEĞİNİ YEMEYECEKSİN!

Bilerek konuşsalar, yanmayacağım. Eline bir ekran ya da köşe geçiren, kuru sıkı atıyor. Neymiş efendim; İslamcılar bir karar vermeliymişler: Mevdudi, Kutub, Şerîatî çizgisini mi, yoksa Fazlur Rahman çizgisini mi seçmeliymişler.

Salata...

Bu salatayı Kissinger'in yerli versiyonu yapınca çok mu makbule geçiyor? Ne buyurmuştu Yahudi akıl hocası Kissinger: *"Mücadele medeniyetler arasında değil, İslam'ın kendi içerisinde olacaktır."*

Kissinger'ınki bir temenni. Tabiî ki bu temenni Kissinger gibi dünyadaki şiddet ve terör tekelini elinde tutan süper güç üzerinde söz sahibi bir isim tarafından söylenince, temenni olmaktan çıkıp bir "plan ve proje"ye dönüşüyor.

Yani bunun anlamı şudur: *Biz sizinle savaşmak yerine, sizi birbirinize kırdırmak istiyoruz. Bunun için de sizi ılımlı-radikal, İslamcı-Müslüman, hard İslam-soft İslam, volk İslam-siyasal İslam vs. gibi dikotomik anlam çiftleri altında tasnife tâbi tutuyoruz. Sizden de bu tasnifi itirazsız benimsemenizi ve rolünüzü yazdığımız senaryoya göre oynamanızı bekliyoruz.*

Hadi aslanlarım, koçlarım, kuzularım!..

Kırın birbirinizi ve öngörümüzü gerçekleştirin!..

Nasılsa Kissinger'in tefinin önünde çalmadan oynamaya teşne bir yığın 'yerli' var.

Bunlardan kimi sırtında bir kambur gibi algıladığı "taşralılıktan" kurtulup, sınıf atlama sevdasıyla yanıp tutuşan yarıaydın. Nefretle başlayan aşkına kurban etmeyeceği değer yok. Beyazlardan sayılmak için varını yoğunu esmer tenini beyazlatmaya sıvayan M. Jakson kompleksi içindeki bu tip, her mühtedi gibi eski putlarına karşı da çok acımasız.

Bunlardan kimisi, kravat altı şalvar modelinin bir üst versiyonu olan bıyık altı papyon modelinin komikliği içinde, düşmanının kapısına durmuş, kendi eski mahallesine doğru küfrediyor.

Kimi *"Vallahi, billahi, tallahi ben onlardan değilim"* diye yemin ediyor, fakat berikiler onu yine kendilerinden saymıyor.

İşte bunlardan bazıları dikotomik bir mantıkla Mevdûdî ile Fazlur Rahman'ı zıt kutuplara yerleştirip, müslümanlara akıldaneliğe soyunuyorlar: Mevdûdî'nin yolundan gitmeyin Fazlur Rahman'ın yolundan gidin.

Çok sığ, çok sıradan bir yaklaşım bu.

Müslümanlar'a akılları sıra "Üsve-i hasene: Güzel örnek" gösteriyorlar. Allah'ın müslümanlara model olarak Hz. Peygamber'i gösterdiğini unutuyorlar. Mevdûdî'nin de, Fazlur Rahman'ın da, Kutub'un da Şerîatî'nin de hakkını veren, hizmetlerini takdir eden, çektikleri zulüm ve acıları paylaşan, fakat kendilerini onlara bağlı ve bağımlı görmeyen bir İslami düşünce damarının oluştuğunu görmüyorlar.

Bu damar, Kur'an'a, falanca ya da feşmekanca İslam büyüğü, önderi, aliminin adesesinden bakmıyor. Aksine, Kur'an'ı insan inşa eden bir özne olarak görüyor. Bu damara mensup olan müslümanlar, tasavvurlarını, akıllarını ve kişiliklerini Kur'an'a inşa ettiriyorlar.

Onun için de Kutub gibi keskin ve polariteye dayalı bir doğu-batı ayrımının doğru olmadığını düşünüyorlar. "Doğular da batılar da Allah'ındır" düsturuyla hareket edip, doğuyu da batıyı da, güneyi de kuzeyi de kucaklayan evrensel ve kapsamlı bir bakışaçısı geliştiriyorlar.

Mevdûdî gibi katı cemaatçi bir yapı yerine, şahsiyetlerden oluşmuş bir sosyal yapıyı öne çıkarıyorlar. Yine Mevdûdî gibi eylemi önceleyen ve siyasetin yeniden inşasına dayanan bir dönüşüm projesi üzerinde değil, bilgi ve hikmeti önceleyen ve tasavvur akıl ve şahsiyetiyle insanın yeniden inşasına dayanan bir dönüşüm projesi üzerinde kafa yoruyorlar.

Şerîatî gibi Batı kökenli düşünce ve ideolojilerle İslam'ın entelektüel bir karışımının oluşturduğu eklektik bir zihin ve dil yerine, daha rafine ve saf bir İslami zihinle tarihi, toplumu ve insanı okumaya çalışıyorlar.

Elbette bu yeni damar Fazlur Rahman'ı da en az Mevdudî ve diğerleri kadar kendine ait biliyor ve okuyor (tersi mümkün mü?). Okumaktan öte, üretiyor. Tıpkı Şerîatî'de yakaladığı celadet ve tecessüs damarını yepyeni bir potada eritip elde ettiği saf usareyi kullandığı gibi, Fazlur Rahman'ın "İslam'ın kendine özgü bir modernlik ve rasyonellik üretme potansiyelini" harekete geçirme projesini de ciddiye alıyor.

Bu damar, Fazlur Rahman'ın düşünce köklerinden iki ana kol olan İbn Teymiyye ve Sadreddin Şirazi'yi, bu iki ismin mezhep, meşrep, mektep olarak birbirinin zıddı olmasına bakmadan, birlikte ve hiçbir komplekse kapılmaksızın okuyor ve damıtıyor.

Fakat bu yeni damar, Ziyaülhak'ı dönemin başkanı Reagan'a şikayet eden Fazlur Rahman'ın kafa karışıklığından da fersah fersah uzak duruyor.

Eğer yeniden hortlayan "Amerikancı İslam"ın sözümona 'yerli' kalemşorları Fazlur Rahman'ı bu yönüyle örnek gösteriyorlarsa, iyi bilsinler ki, mümeyyiz İslam aklına sahip olan bu yeni damar, kendilerini üstadlarının iyiliklerinin doğal varisi olarak görüyor, onların hatalarını ise bala konmuş bir sinek gibi kaldırıp atmayı bir vefa borcu biliyorlar.

Onlara lazımsa "buyursun" alsınlar diyeceğim ama, onlar bundan daha beterini yapıyorlar. Yaptıkları, insanlığa ettiklerinin henüz hesabını vermemiş "yalan uygarlığı"na asker yazılmamız için, meccani değnekçilik. Onu bunu bilmem; düşmanının ekmeğini yemeyeceksin arkadaş!

HARÂMÎ

Kur'an "Hırsızın elini kesin!" der. Tevrat, on emirden birinde "Çalmayacaksın!" der. İncil, "ve eğer sağ elin sürçmene sebep oluyorsa, onu kes ve kendinden at!" der.

Kutsal kitapların tümünün yasakladığı hırsızlık, bu mesajların ilk muhataplarının yaşadığı zaman dilimlerinde, bir kişi ya da harâmîler çetesi tarafından, yine bir kişi ya da bir kervanın mallarına yönelik saldırılar ile ilgiliydi. Geçmişte yapılan en çaplı hırsızlıkların boyutu bile, bu günkülerle kıyaslandığında, çok sınırlı kalırdı.

Şimdinin harâmî çeteleri, milyonların hakkını gasp ediyorlar. Ulusal harâmî çeteleri olduğu gibi, global olanları da var. Ulusal olanları 70 milyonluk Türkiye'yi yağmaladığı gibi, global olanları, 6.5 milyarlık insanlığın ortak değerlerini, hakkını, emeğini, yer altı ve yer üstü servetini yağmalamakta. Birinciler "uluslaşma" adına bir ulusu soyup soğana çevirirken, ikinciler "globalleşme" adına bütün bir insanlığın ortak servetini soyup soğana çeviriyor. Ulusal çeteler, ne yaptıklarını soranlara "ulusal çıkarları koruyup kolladıkları" cevabını verirken, global çeteler "küresel ve bölgesel istikrarı koruyup kolladıkları" cevabını vermektedirler.

Müslüman halkın dilinde ulus devletin özel besi reçeteleriyle hormonlayıp semirttiği bu çetelere verilen isim bile, İslam hukukunun helâl-haram ayrımına dayalı dünya görüşünü yansıtıyordu. Değil mi ki onlar "haram"la besleniyorlardı, o halde "harâmî" idiler.

Fakat, harâmînin karşısında bir "helâlî" kavramı yerleşmemişti. Çünkü helâl yemek, "normal" olandı. İstisnâî olan "haram" idi. Bu nedenle de, istisnâî olan kavramlaşmıştı. Fakat, cumhuriyetin 77. yıl dönümünü idrak ettiğimiz bugünkü günde, "helâl" olan istisnai hale geldi. Çünkü, harâmî olmak, "Hırsızın elini kesin" öğretisini "irtica" yaftalarıyla darağacına çekmek isteyen çeteler tarafından teşvik edildi.

Harâmîler devletin imkanlarını ellerine geçirince, helâlîler "birinci tehdit" ilan edildi. Hangi harâmî hırsızlık yaparken suçüstü yakalandıysa, "İrtica düşmanı" olduğunu söyledi. Her irtica kampanyası sırasında, milletçe adımız gibi biliyorduk ki, "irtica" diye en çok bağıranlar en çok soyanlar ve soyguna göz yumanlardı.

Uzun bir süredir bu ülkeyi istila eden çeteler nezdinde, İslam'ın adının "irtica", müslümanın adının da "mürteci" olduğunu bilmeyen yok. Harâmîler ve onları koruyan çeteler, bankalardaki mevduata devlet güvencesi sağlarken, gerçek 'mürtecilerin' (siz "Müslümanlar'ın" okuyun) Kur'an'ın faizi yasaklayan talimatına uyarak maliyetinin altında dağıttıkları paralara el uzatmayacaklarını hesaplamışlardı. Bu ülkede, başından beri "kredi" adı altında sistem, öz evlat saydığı bir avuç haramzadeye "kaynak transferi" yapardı ve buna da kimsenin gıkı çıkmazdı.

Evet, bunun adı kaynak transferiydi ve nedeni de ideolojik kayırmacılıktı. Nasıl olsa mütedeyyin bir müslüman gidip de kredi kullanmaz, diye düşünüyorlardı. Bankalardaki mevduatı devlet güvencesine almalarının temelinde de aynı ideolojik kayırmacılık vardı. Baksanıza, Özel Finans Kurumları'ndaki hiçbir mevduata devlet güvencesi verilmemişti.

Kanalizasyon patladı. En üstünden en astına, siyasetinden asker sivil bürokrasisine kadar, devletle ilgili her yerden pislik akıyor.

Kim kimi suçlayacak, kim kimi yargılayacak?

Brifinglerde esas duruşa geçmiş bir yargı mensubunun, kendisine brifing verenleri yargılayabileceğine inanalım mı? İstanbul Barosu'nun yargıda rüşvetle ilgili anket sonuçları açıklanınca, rüşvetçileri yargılamak yerine rüşveti açıklayanları yargılama örneği önümüzdeyken, ne söylenip ne yazılabilir ki?

Kur'an, "Hırsızın elini kesin!" diyor.

"El kesme"nin literal anlamı yanında bir de, dilimizde de kullanılan mecazi anlamı vardır: "Engel olmak, elini tutmak, elin kötü eylemini bloke etmek".

Bu milletin milyarlarca dolarını çalan elleri milletin cebinden kesin!

Ama, kim yapacak bunu?

Bu hırsızların ellerini milletin cebinden kesmekle görevli olanlar, hâlâ tesettürlü kızların başından zorla çıkarttıkları örtüleri hırsızların ve hırsızlıkların üzerine örtüyorlar. Bir şeyi unutuyorlar: Onlar neden çalmıyorlarsa, işte aynı nedenden dolayı da örtünüyorlar!

Bakın şu hırsızların yüzlerine: O yüzlerin bu ülkenin bin yıllık gerçeği olan "helâlî"lere değil, bu ülkenin şunca yıllık yalanı olan "harâmî"lere mensup olduğunu anlamakta zorlanmazsınız.

Ben, bir harâmî çetesinin bir başka harâmî çetesiyle pastadan pay kapma yarışına "sifon çekildi, temizlik başlıyor" diye bakacak kadar umutlu değilim. Çünkü, bu ülkede en büyük hırsızlık "milletin iradesi çalındığı" gün yapılmıştır. Milletin iradesini çalanlar, onu sahibine iade etmedikçe, milletin malını çalanların yok edilmesi mümkün değildir.

KOKUNÂME

Sadi Şirazi, ünlü eseri *Bostan ve Gülistan*'da anlatır. Bir avuç toprak aldım der, gül kokuyordu. Sordum, senin asli kokun bu değil, sen bu kokuyu nereden aldın? Cevap şöyledir: Ben bir gül ağacının dibinin toprağıydım, onun kokusu bana sindi, işte bu nedenle gül kokuyorum...

Gülün dibindeki toprak olmak...

Kenef toprağı olmak da var sonuçta. Sanırım ona da kenef kokusu sinecektir. Aslında onun taşıdığı kötü koku da kendi asli kokusu değildir. Toprağın asli kokusunun, kendine has bir özelliği ve güzelliği vardır. Hani, Nisan yağmurları yağmaya ilk başladığında insanın burnuna burcu burcu gelir ya, işte öyle!

Aslında her şeyin asli kokusu güzeldir. Kötü koku, orada bir kokuşmanın, bir bozulmanın, bir çözülmenin, bir başkalaşmanın olduğunun "alamet-i farikası"dır. Eşyanın doğası bozulmadan, kimyasal sistemi çözülmeden, kendi doğal kokusu da bozulmaz.

Doğal kokusunu doğası bozulduğu için kaybeden şeylerden gelen koku, koku kaynağı hakkında gelen bir mesaj, bir haberdir. O kaynağın kokuştuğunu gösterir. Kokuşan unsurun, kendi kokuşmuşluğunu bildirmek için kötü koku yayması, koku alma yetilerini kaybetmemiş olanlara bir iletidir. Fakat, bazılarının işi, kokuşmayı değil, kokuşmanın fark edilmesini engellemektir.

Bu engellemenin en sistematik yapıldığı yerler, kokuşmanın sistem haline geldiği yerlerdir. Buralar, "sistemin kokuşması"ndan, "kokuşma sistemi"ne 'terfi' etmiş yerlerdir. Bu tür yerlerde tüm kokuşma bir "sistem" dahilinde planlı ve programlı olarak yürütülür. Ta ciğerine kadar kokuşmuş olan bu sistemin sahipleri, 'derin' kokuşmayı önleme değil, onu çıkara dayalı bir sektöre çevirme misyonunu üstlenirler. Onlar için birinci öncelik "kokuşmanın güvenliğini sağlamak"tır.

Bu tür bir misyon üstlenmiş olanlara baktığınızda, genellikle bunların ya kokuşmanın sorumluları, ya da kokuşmanın devamından çıkar sağlayanlar olduğunu görürsünüz. Bunların kimileri kendilerinin olduğu yerde kokuşmanın kaçınılmaz olduğunu önceden bildikleri için, hazırlıklıdırlar. Kokuları çıkmasın diye kalın yorganlar tedarik etmişlerdir. Sürekli bastırırlar fakat, ne kadar kalın olursa olsun, hiçbir yorganın bastıramayacağı kokuların da olduğunu akıllarına getirmezler. Dahası, kokuşma ilerledikçe, koku bastırmak için tedarik edilen yorganlar bizatihi kötü koku yayan 'ifşa edici' bir işlev kazanırlar.

Kimileri ise, sağlıklı burunlar haberdar olmasın diye, sentetik koku üretimiyle meşguldürler. Bu bir tür gündem saptırmaktır. Ya da, ölü evinde çiftetelli oynamak... Onların işi ortamın ne kadar güllük gülistanlık olduğunu koro ya da solo halinde tekrarlamaktır.

İlginç olan da nedir, biliyor musunuz: Devamından çıkar sağladıkları kokuşmanın kokusunu bastırmak için sentetik kokular pazarlayan bezirganlar, bir de bu yoldan vurgunu vururlar. Varlıklarıyla kokuşmanın nedenidirler, fakat kokuşmanın sırtından geçinecek kadar da yüzsüzdürler.

Kokuşma sisteminin yukarıdakiler de dahil hiçbir unsuru, güç kullanma yeteneği olan unsuru kadar tehlikeli değildir. Kokuşma sisteminin bu unsuru, yorgan kullanmaya tenezzül etmez, sentetik koku bastırıcılarına da iltifat etmez. Çünkü o 'güç' kullanır ve koku alma yeteneği olanların tam burunlarının üzerine çalışır.

Tabii ki vururken başka şeyler söyler. Esas duruşunu niçin bozdun falan gibi. Ama, onun vurduğu yere dikkat edin, hep burunların tam üzeridir; kokuşmanın kokusunu alan burunların... Onları kendileri için öncelikli tehdit olarak algılarlar. Çünkü, koku alabilecek yetisini kaybetmemiş her burun sahibinin, kokuşma sistemi için en büyük tehdit olduğunu düşünürler.

Kokuşma sisteminin ekmeğini yiyenler, ara ara, artık işe yaramaz hale gelmiş tali unsurları gözden çıkarırlar. Onları, burunlarının direkleri pis kokudan kırılan kitlelerin önüne atarlar. Amaçları, kitlelerin tüm dikkatlerini, gözden çıkardıkları o unsurların üzerine çekmektir. Çoğu zaman bu amaç aynen gerçekleşir. Kitleler önlerine atılan kokuşma sisteminin 'kurban'ları üzerinde kendilerini tatmin ederken, sistemin kaymağını yiyenler kokuşmamış bir çok unsuru daha kokuşturmakla meşguldürler.

Sistemin tüm arzusu, koku alma yetisini yitirmiş bireylerden oluşan bir toplum inşa etmektir. Bunun için de kokuşma sisteminin eğitim politikası, beyne giden koku alma sinirlerini köreltme üzerine oturtulmuştur. Müfredatın tek amacı budur.

Sistemin ekonomi politikası, koku önleme sektörü üzerine kurulmuştur. Ekonominin tüm imkanları, "kokuşmayı teşvik fonu"na ayrılmıştır. Bu imkandan yararlanmanın tek şartı vardır: Kokuşma sisteminin bir parçası olmayı kabullenmek ve kokusunu çıkarmamak. "Kokut ama kokunu çıkarma" sloganı üzerine oturan bu ekonomide, kokuturken kokmamayı başaramayanların gözden çıkarılacağı yazılı olmayan kurallardandır.

Kokuşmanın dışında olalım, tamam. Burunlarımızın üzerine yediğimiz yumrukların sayısını unutsak da, pis kokuya alışmayalım, ona da tamam!

Fakat, benim bir korkum var.

Toplum olarak, kenef toprağı gibi kokmaya başlamak!

Çünkü gül ağacımızı söküp, yerine kenef yaptılar.

GEEEEÇ!

Asıl adı Numan olduğu halde onu hep "Kara Müftü" diye anarlardı. Neredeyse kimse gerçek adını bilmezdi. Doğduğum ilçenin geçmişte müftülüğünü yapmış olan bu Osmanlı müderrisi, pedere de hocalık yapmıştı. Şimdi o diri imandan geriye, başta torunu ve sevgili dostum Profesör Lütfullah Cebeci olmak üzere bir çok hatıra kalmış bulunuyor.

Müminlerin zekatlarına el koymak için duvarlara yapıştırılan Türk Hava Kurumu afişini bastonunun ucuyla yırttığı için sürgün edilmiş bir âlimdi Kara Müftü. Ondan kalan tek hatıra bu değil. Olayı yaşayan onlarca ağızdan dinledim bir başka hatırasını. Üzerinden 60 yıl geçtiği halde, aynı şartları yaşadığımız, neredeyse 1940'lı yıllara geri döndüğümüz şu günlerde, dehşet bir sancıyla yeniden hatırladım o anıyı.

Tek parti dönemidir. Yer demir gök bakırdır. Allah demenin yasak olduğu, Kur'an öğrenmenin suç sayıldığı, samanlıklarda Kur'an öğretildiği zor ve kor günlerdir. Kara Müftü, müftülüğünü yaptığı ilçe camiine çıkar ve cemaate Kur'an'ı tefsir etmeye çalışır.

"Etmeye çalışır" dedim, çünkü edemez. Mesela Bakara suresinin 11. âyetini işlemektedir: *"Kendilerine yeryüzündeki yozlaşma ve çürümeye yol açmayın denildiğinde, onlar kendilerini şöyle savunurlar: Bizim amacımız sadece ıslahat yapmaktır."* Ya da Hud suresinin 113. âyeti: *"Zulmedenlere eğilim göstermeyin, sonra size de ateş dokunur!"*

İşte müftü bu gibi ayetlere geldiğinde, sesi soluğu kesilir, dudakları titremeye başlar, zaten esmer olan çehresi daha da esmerleşir ve bu hal bir gözyaşı sağanağı halinde kendini dışa vurur. Yanaklarından sessizce yaş süzülen müftünün ağzından tek sözcük duyulur:

"Geeeeç!"

O, müfessirlerin sayfalar dolusu tefsir ettikleri bu 'netameli' ayetleri bir sözcükle, evet topu topu bir sözcükle tefsir etmiştir:

"Geeeeç!"

Geçseydi bari ya? Ne gezer, geçmedi ki! Geçseydi, bazı gerçekleri kaleme dökmek istediğimizde, dilimiz damağımız kurur, yutkunmaya başlayıp en sonunda biz de dört elif miktarı bir "Geeeeç!" çeker miydik?

Mesela ermeni soykırımı iddiasında gördüğümüz tavırlar...

"Tarihi tarihçilere bırakalım", öyle mi? Güzel! Peki bunu diyenler, hiç aynaya baktılar mı? Osmanlı tarihine küfrederken, ders kitaplarına Osmanlı düşmanlığını bir amentü gibi yerleştirirken, neredeydiler? Üstelik bunu yapanlar Fransız kanı da taşımıyorlardı. Ama onlar Fransız kafası taşıyorlardı ve bu nedenle ülkelerine, kendi öz değerlerine Fransız kalmışlardı. Hatta Fransız'dan beter düşman olmuşlardı. Neden kalmışlardı peki? Onlar bu Fransız kafasını nasıl edinmiştiler? Bu ülkeye nereden gelmiştiler ve nerede yetiştirilmiştiler?

Geeeeç!

Tarihi tarihçilere bırakalım, eyvallah! Fakat, üç çeyrek yüzyıldır köşe bucak kaçırdığımız arşivleri, tarihçilere sonuna kadar açarak. TBMM arşivini, Cumhurbaşkanlığı arşivini, Genelkurmay arşivini ve diğerlerini... "Osmanlı arşivlerini" de diyeceğim ama Osmanlı arşivleri kelimenin tam anlamıyla "temizlenmiş" durumda. İyi ya diyeceksiniz, "temizlenmişse" açılabilir, açsınlar o halde! Bu sefer de adam yok, ödenek yok, yeterli uzman yok... İnanmazsanız gidin bakın, hazine değerinde Osmanlı arşivi yeni yaptırılan hangarlarda adeta birileri ateşe versin diye 'azıtılmış' durumda. Geri dönüp soralım: arşivler niçin açılmaz? Açılsa ortaya bir şeyler mi saçılır? Saçılırsa kimin hatırına dokunur? Kimler itibar kaybeder ve kimler itibar kazanır?

Geeeeç!

Yukarıdaki soruları Kemal Tahir'e sorun, fakat aman ha aman Ergun Aybars'a sormayın; o resmi ideolojinin şamanlarınca 'okunmuş' ve 'tütsülenmiştir'. Murat Bardakçı'ya bile sorabilirsiniz, fakat Toktamış Ateş'e hiç sormayın; orta öğretim kurumlarının Milli Güvenlik derslerinde okutulan kitabında Osmanlı'yı Türkleri egemenliği altında inleten (!!!) bir işgalci güç olarak takdim eden bir tarih dehası o. Şimdi ben Ermeni'ye, Fransız'a ne derim ki! Onlara gelmeden önce birilerine bir şeyler demem gerek.

Fransız mallarını boykot etmeliymişiz. Edelim edelim de; şey.. nasıl söylesem bilmem ki: Fransızların Renault markasını Türkiye'ye pazarlayan OYAK'a bir çift laf söylemem gerek, fakat söyleyemem. Niçin söyleyemem?

Geeeeç!

Katar'dan dünyaya kaliteli ve objektif haber yayını yapan *el-Cezire* televizyonu, Türkiye'den Ermeni soykırımı iddialarına karşı Türkiye'nin resmi tezini savunacak Arapça bilen birini çağırmış. Ermeni Dokumantasyon Merkezi Müdürü Ohannes'e karşı canlı yayında tezimizi savunacakmış. Üç kez yinelenen bu talebe Türkiye'nin resmi kurumlarından bu evsafta birinin bulunmadığı cevabını almışmış el-Cezire.

Olmadığını sanmıyorum, fakat bu vurdumduymazlığa da hiç şaşırmadım doğrusu. "Talep İsrail televizyonundan gelseydi?" diye düşünüyorum. Onu geçelim, yaptığı kaliteli ve küresel yayınlarla sadece dünyadaki Arap aydınlarının değil, benim gibi Arap coğrafyası dışındaki binlerce insanın da izlediği bir TV'de tezinizi isbat edecek birini bulamıyorsanız, yazık!

"Jinsa adlı Yahudi örgütü bir Türk generaline neden ödül verir?" sorusu dilimi yakar, soramam. Ama şunu sorabilirim: Tanıtım Fonu'na ayrılan milyon dolarlardan pay kapmak için Yahudi lobisine mensup olmak ya da İsrail âşığı olmak şart mı? Sorumun cevabı, açık ve net olarak "evet"tir. Neden "evet" peki? İşte ona vereceğim tek bir cevabım vardır:

Geeeeç!

YÜZYILLIK TİYATRO

Medya gözboyama, tahrif, bilinçsizleştirme ve bilgisizleştirme görevini başarıyla yerine getirmek için canla başla gayret ediyor. Öcalan davasında medyanın başından beri rolü bu oldu. Şimdi de, hükümet ortaklarının kayıkçı kavgasını ciddiye almamızı istiyor.

Bu ülkede "din istismarcılığı"ndan söz edenler, nedense hep "vatan, millet, şehit" edebiyatıyla "kan ve gözyaşı istismarcılığı" yaptılar. Bu bir yerde terörün sırtından geçinmekti. Terörün sırtından geçinen sadece 'milliyetçi' söylemiyle öne çıkan bir partimiz değildi elbet. Fakat, işin siyasal parsasını o topladı. "Erkek mi ürkek mi?" derken kulağımıza "ürkek"liğin nedeni olarak hîn-i hacette kullanılmak üzere kartel baronları tarafından tuzağa düşürülerek elde edilen 'yasak görüntüler'in olduğu dosya haberleri gelmeye başladı. Bilemiyoruz.

Benim asıl dikkatimi çeken, 76 yıllık cumhuriyet tarihinde, bu ülkeyi yönetenlerin adam asmada hiç bu kadar nazlanıp-tuzlanmadığı, hiç bu denli zorlanmadığıydı.

Öcalan'ın asılıp-asılmaması beni ilgilendirmiyor. Ben olayın gerçeğinin bizden kaçırıldığına inanıyorum. Öcalan'ı yargılatan otoritenin onun suç ortağı, hatta işvereni olmadığına dair bir itminana sahip değilim. Mumcu öldürülmese belki bu sorunun cevabını öğrenecektik. Kaldı ki, Öcalan "devlete karşı cürüm işlemekten" yargılandı ve mahkûm edildi. İşte beni ilgilendirmemesi de bu yüzden. Çünkü "devlet" adı verilen aygıt gerçekte ne ve nerede duruyor, "terör" ne ve kime yarıyor, Öcalan gerçekte kim ve neye hizmet ediyor, bu soruların cevabını bilmiyorum. Cehaletimi mazur buyurun.

Cevabını iyi bildiğim tek soru "Bu ülkede adam asmak eskiden de bu kadar zor muydu?" sorusu.

Hiç öyle şey olur mu? Elbette değildi. Bu ülke halkın seçtiği başbakanını ve bakanlarını darağacında gözünü kırpmadan sallandırmış bir ülke. Menderes, Polatkan ve Zorlu'yu unuttuk mu?

Adam asma konusunda hiç zorlanmayan bir birikimimizin ve hatta modern tarihimizde azbiraz geleneğimizin oluştuğunu söyleyebilirim. 1925'lerin Van milletvekili İbrahim Arvas'ın *Tarihi Hakikatler* isimli eserinden nakledeyim: *"İstiklal Mahkemeleri'nde Elaziz'de kelle açık artırması yapılıyordu. 500 altına bir kelle alınıp satılıyordu. Jurnalı hazırlayan başkomser ile Ali Saib'in çete arkadaşı (devlet içinde çete daha o zamandan varmış) Aşkitanlı Paşo'nun da fazladan olarak 50 altını vardı. Bu suretle Şark İstiklal Mahkemesi reisliğinden Ankara'ya dönen Ali Saib Bey 60.000 altınla geldi"* (s.49).

Dönemin vekili İbrahim Arvas görgü şahidi. Bir de adam asma geleneğimizin ne denli sağlam temeller üzerinde yükseldiğinin bizzat canlı şahitleri var. Bunlardan biri İstanbul basınıyla birlikte Diyarbakır İstiklal Mahkemesi'nde idamla yargılanıp son anda gelen talimatla kelleyi kurtaran gazeteci Ahmet Emin Yalman.

Ahmet Emin Yalman, *Yakın Tarihte Gördüklerim ve Geçirdiklerim* isimli anılarının üçüncü cildinde, "adam asmanın" İstiklal Mahkemeleri için "diş çektirmekten kolay" bir iş olduğunu bizzat yaşadığı olayı örnek vererek anlatır:

Derdest edilerek Diyarbakır'a götürülüp muhakeme edilmeyi beklerken mahkeme başkanı Ali Saib, bir ara yanına gelerek şöyle der: *"Seni üzüntülü görüyorum. Buna sebep yok. Akıbetin belli oldu, asılacaksın (daha yargılanmamıştır). Bu çok basit bir şey. Boynuna ilmek halinde bir ip takarlar. İpi çekerler. Bundan sonra hiçbir şey duymazsın. Görüyorsun ya, bu diş çektirmekten kolay ve rahat bir şey"* (s. 182).

İstiklal Mahkemeleri'nin ünlü 'üç Alisi'nden biri olan Ali Saib'in 'latife' yaptığını düşünmüyorsunuzdur umarım. Gayet ciddi idi o; adam asmanın diş çektirmekten basit olduğunu söylerken. Bunun ne kadar böyle olduğunu, aynı mahkemenin tek hukukçu üyesi savcı Ahmet Süreyya'nın (Özgeevren) 12. 06. 1957 tarihinde Dünya Gazetesi'ne anlattıklarından öğreniyoruz. Ahmet Süreyya, İstiklal Mahkemesi'nin hiçbir suçu olmadan idam ettiği bir Kürt gencinin daha sonra rüyalarına girdiğini söyler. 1925 isyanında mahkemeye bir genç getirilir. Genç tek kelime Türkçe bilmemektedir. Mahkeme üyelerinden biri *"Türkçe bilmeyenden zaten hayır gelmez, asın bunu!"* der ve genç asılır.

Aslında, son on yılın faili meçhul dosyasının kabarıklığına bakarak bu gencin dahi şanslı olduğunu, hiç günahsız da olsa mahkeme yüzü görerek öldürüldüğünü, sayısı 15.000'e yaklaşan faili meçhullerin bu kadar dahi şanslı olmadığını da düşünebiliriz.

Kısa tarihinde idam unsurunun böylesine mebzul miktarda bulunduğu bir ülkeye birden bire ne oldu da, iş Öcalan'ı asmaya gelince "iki dirhem bir çekirdek", "çıtı-pıtı, hanım-hanımcık" oluverdi?

"Batılı dostlarımız?" diyenlere bakmayın siz. Onlar bizden daha iyi bilir Batılılar'ın çifte standardını. Herkes unutmuş olabilir; ama ben iyi hatırlıyorum. Yaklaşık bir yıl önce, 98'in 28 Aralığında Yemen'deki muhalif bir örgütün lideri olan Zeynelabidin Ebubekir el-Muhdar'ın idamına sırf İslami kimliğinden dolayı alkış tutmuştu Batı. Mısır'da 1999 yılı içinde gerçekleşen idamlara da öyle.

Demek ki iş başka.

Sahi Abdullah Öcalan'ı asmak isteyen var mı ki, biz Batılılar'ın engelinden söz ediyoruz?

Yoksa, son yüzyılda bu topraklarda olan biten herşey gibi bu iş de mi bir 'tiyatro'?

SİSTEMİN BEKA SORUNU VARDIR

Türkiye, laikliği yeniden düşünmek, mevcut laiklik anlayışını gözden geçirmek zorunda. Devlet dini haline getirilen Kemalizm'i sorgulamak, Kemalizm'in ya da her hangi bir ideoloji veya ideoloji taslağının hayatın dışına itilen dinin yerini doldurup dolduramayacağı üzerinde düşünmek zorunda.

Ülkede ahlaki bir çözülme yaşanıyor. Sadece yöneten sınıflarda değil, yönetilen sınıflarda da öyle. Yöneten sınıfların kokuşması yeni değildir. Balığın başı kokuşalı çok olmuştu, fakat kokuşma kuyruğa kadar gelip dayandı. Hırsızlık, neredeyse devlet yönetmenin felsefesi haline geldi. Yöneten sınıfların ahlakı (:ahlaksızlığı), salgın bir hastalık gibi, yönetilen sınıflara bulaştı.

İnsanımız, devlete öteden beri hep bir kutsallık atfetmiştir. Kutsallık atfedilen yarı-tanrıların ahlaksızlığı, "ibret" olarak değil, "örnek" olarak gösterilir. Tefecilik yapan vatandaş, yaptığı işin meşruiyetine devleti referans gösterdi. İnsanlar kravatı hırsızlığın nişanesi gibi görmeye başladı ve hırsızlar kravatlandı. Bir bakanının intihara kadar varan serüveni; *sistemin soygunu*'ndan, *soygunun sistemine* geçildiğinin işaretiydi.

Anayasa Mahkemesi Başkanı Bumin'le görüşürken, bu toplumda hukukun neden revaç bulmadığı gündeme geldi. O, bunun ailede başlayan bir süreç olduğunu söyledi. Katılıyorum, fakat ben ilave ettim; devlet kendi hukukunu kendisi çiğnerse, vatandaşların birbirlerinin hukukunu çiğnememeleri için hiçbir neden yok. İşte sonuç: Bir baba silahıyla tüm ailesini yok ediyor, sonunda kendisi de intihar ediyor.' İşte Batman intiharları... Toplu kıyım gibi. Soygunlarla intiharlar, her açıdan birbiriyle ilintilidir: biri ahlaki çözülmeyi, diğeri umudun yitirilmesini ifade eder.

Peki ama neden? İşte bu sorunun cevabı, tabulaştırılan jakoben laiklik anlayışını ya da devlet dini haline getirilen Kemalizmi tartışma dışı tutarak sağlıklı verilemez. Soracaksınız: Bu ikisi hırsızlık yapın mı diyor?

Kemalizm'i bilinen nedenlerden dolayı geçiyorum. Laisizme gelince; evet, "Çalacaksın!" demiyor, fakat "Çalmayacaksın" da demiyor. Laik ya da Kemalist olan ahlaksızlık yapmaz diye bir kural mı var? Yok böyle bir kural. Zaten bu tür bir ahlaki kuralı koyamaz da. Hatta, ikisi de rasyonalist ve pozitivist bir felsefeye dayandığı için, "kitabına uydurarak çalmayı" akılcı bulmak durumundadır. Laisizm ve Kemalizm, mensubuna, davranışının ahlaki olup olmadığını değil, rasyonel olup olmadığını sorgulatır; çünkü bu ikisinin de bir eskatolojisi (ahiret) yoktur. Ölüm sonrasına ait bir tasarımı olmayan hiçbir öğreti, mensubunu kitabına uydurunca çalmaması gerektiğine inindıramaz.

Adı geçen ideolojiler için "Ahlak kuralı koyamaz" dedik. Nedeni açık: ahlaki kuralları ideolojiler değil, inanç sistemleri, yani dinler koyar. Çünkü, insanda bir "vicdan" oluşturan kurum, yalnızca inanç sistemleridir. Şimdiye dek hiçbir ideolojinin, insanda bir vicdan oluşturduğu görülmemiştir. O halde bu toplumdaki yöneten ve yönetilen sınıflarıyla birlikte top yekûn ahlaki çözülmenin temelinde din-devlet ilişkileri yatmaktadır, diyebiliriz.

Türkiye, devlet ve toplum alanından dini uzaklaştırmakla, "vicdanı" uzaklaştırdığının farkında mı? Türkiye, "irtica" naralarıyla dine savaş açanların, aslında ahlaki davranışa ve onun temeli olan vicdana karşı savaş açtıklarının farkında mı? Şunu kimse inkar edemez; ahlakın gerektiği yerde vicdan şarttır, vicdanın gerektiği yerde din kaçınılmaz bir biçimde vardır.

Söyler misiniz: Ahlak en çok nerede gerekli? Elbette ahlaksızlığın en çok yapılabilme imkanının olduğu yerlerde. Gücün ve paranın olduğu yerler, en büyük ahlaksızlığın, haksızlığın, hırsızlığın yapıldığı yerlerdir. Devlet, güç ve para demektir. En büyük ahlaksızlıklar, en büyük gücü ve en çok parayı elinde bulunduran devlet yönetiminde yapılır. O halde ahlaka en çok ihtiyaç duyulan yer devlet yönetimidir. Vicdansız ahlak, dinsiz vicdan oluşturulamayacağına göre; dine en çok muhtaç olan güç ve paranın temerküz ettiği devlet yönetimidir.

Siz laisizmi, hiçbir şey söylemeyen sloganik cümlelerle "din-devlet ayrımı" (!?) biçiminde algılar, bu mantığı da dîne ve dînî değerlere karşı savaşın gerekçesi kılarsanız, bunun yöneten sınıfları ve yönetim mantığını dinsiz bırakma anlamına geldiğini göremezsiniz. Bir unsuru dinden arındırma sadece "dinsizleştirme" değil, aynı zamanda onu ahlaksızlaştırma ve vicdansızlaştırmadır.

Eğer amaç bu ise, diyeceğim hiçbir şey yok; ayağınız göl başınız pınar. Kafanız acı gerçeğin aşılmaz duvarına toslayıncaya dek devam edin. Bu, sonucu başından belli olan bir süreçtir. İnanmayan, tarihe baksın.

Yok eğer amacınız, devlet yönetimini tüm unsurlarıyla ahlaksızlaştırmak ve vicdansızlaştırmak değilse, tez elden bu işin uzmanlarını bir araya toplayınız, konuyu felsefi düzeyde ve paradigma düzleminde tartışmaya açınız. Konuşulsun, tartışılsın! Bundan kimseye bir zarar gelmez, aksine toplum olarak hep birlikte kazançlı çıkarız. Çünkü olay, ideolojik olmaktan çıktı, Türkiye'nin beka sorunu haline dönüştü.

Hâlâ görmüyor musunuz: Dinin bir beka sorunu yoktur ama, sistemin beka sorunu vardır!

KİM KORKUYOR ONA BAKIN!

Bu ülke, tarihinde hiç bunca kurak, bunca çorak olmamıştı.

Cenneti çöle döndürdünüz; bu 'başarı' sizindir, sevinin.

İnsan kundakçıları!

Orman kundakçılarından bin kat daha betersiniz.

Onların 'çeteleri' sizin çeteleriniz yanında masum, onların 'mafyaları' sizin mafyalarınız yanında pirüpak kalır.

Hangi bedduanın ürünüsünüz siz, hangi günahın meyvesisiniz?

Kimin âhını aldı bu ülke, neyin lanetine uğradı!

Ellerinizde baltalar...

Çöle döndürdüğünüz bu topraklarda, her fidanı hoyratça kesmek, her sürgünü gaddarca koparmak, her tomurcuğu insafsızca ezmek için can atarsınız!

Kinden dininiz, intikamdan imanınız var!

Ne zaman nerede yetiştirildiniz, kimin tohumunun ürünüsünüz?

Bu tohum bu topraklarda yoktu, çünkü bu topraklara ait hiçbir tohumun meyvesi bu kadar zehirli, bu kadar ayrık, bu kadar 'zakkum' olamaz.

Hiçbir 'yerli' diken, kendi yüreğini bunca dehşet kanatamaz, kendi gülüne bu denli düşman olamaz, kendi toprağına böylesine nefret besleyemez, kendi öz değerlerinden bu denli tiksinti duyamaz.

* * *

Hamdun Yazır, Elmalılı Hamdi Yazır'ın frapan giyimli yaşını başını almış oğlu. Yıllar önce babasının kabri başında, İHL'li öğrencilerin ricasını kırmayarak babasını anlatıyor:

- "Ömrünün hemen son 20 yılı babam evden hiç çıkmadı."

Çocuklardan biri merakla soruyor:

- *"Cuma namazı için de mi?"*

Fötr şapkalı Hamdun Bey cevap vermekle vermemek arasında biraz duraksıyor ve hâlâ korktuğunu belli eden titrek bir ses tonuyla cevap veriyor:

- *"Evet, hiçbir şey için!"*

Rasim Özdenören'in *Gül Yetiştiren Adam*'ını okudunuz mu?

İşte tıpkı onun gibi.

Dün bir baba aradı. Kızı Türkiye'nin en iyi fakültelerinden birini kazanmıştı.

Sevinmesi gerekmez miydi?

Ama hayır, baba sevinmek yerine dokunsan ağlayacak gibiydi. Bir şey gelmiş boğazına düğümlenmişti: "Ne yapayım?" diyordu, ne yapayım?

Ne deyebilirdim ki?

Peygamber'in dediğini dedim: *"İstefti kalbek: kalbinden fetva iste!"*

Değerlerinize sizin biçtiğiniz "kıymet hükmü" nedir, ona bakın. Değerleriniz için nereye kadar, ne yapabilirsiniz? Değerleriniz sizin için neyi ifade ediyor? Kendi kendinizle çelişmemeye dikkat edin. Tutarlılık esastır. Bir "akla sahip olmak" demek, "kendi içinde tutarlı ve bir bütünlük teşkil eden bir hayat tasavvuruna sahip olmak" demektir.

* * *

Baltacılar!

Haydi gülleri kesip kuruttunuz; kurumlardan, dairelerden, sokaklardan ne kadar çiçek varsa temizlediniz diyelim.

Yüreklerdeki gül bahçelerini, ormanları ne yapacaksınız?

Ağaçlarımızı, baltalarınızdan korumak için duvarlarımızı yükselteceğiz.

Odalarımıza halı yerine toprak, koltuk yerine fidan dikeceğiz. Evlerimizde besleyip büyüteceğiz gülleri.

Suyumuzu kesmekle tehdit etmeyin bizi. Bizde onları sulayacak kadar gözyaşı var. Sayenizde ağlarız; siz varken, ağlamakta güçlük çekeceğimizi hiç sanmıyorum.

Ve bir sabah...

Perdelerinizi, çöle çevirdiğiniz alanlara açılan pencerelerinizin perdelerini açtığınızda...

Ormanla karşılaşacaksınız...

Baltalarınıza davranacaksınız...

Fakat baltalarınızı yerinden oynatamayacaksınız. Çünkü onları, kesmek için sapladığınız köklere kaynamış olarak bulacaksınız. Baltalarınızın sapında sürgün verecek, çiçeğe duracağız.

Çünkü biz bu ülkenin bin yıllık gerçeğiyiz...

Sizse şunca yıllık yalanı...

Doğru söylediğimi test etmek istiyorsanız, bir tek ölçü vereyim:

Kim korkuyor, ona bakın.

HAYIR, HİÇBİR ŞEY BİTMEDİ!

İnsanlığa yol gösteren her kutlu peygamber, kılavuzluk yaptığı yola varlığını ortaya koyarak çıkar.

İşi insanın yabancılaşmasının önüne geçmektir; insanın kendisine, doğaya, eşyaya ve hepsinden öte Rabbi'ne karşı yabancılaşmasının...

Çünkü, yabancılaşan her insanın, eşyaya müdahale ederek onu varedildiği yere yabancılaştırmak gibi şeytani bir eğilimi vardır. Bu eğilimle hareket ettiği zaman, ilahi nizamın düzene koyduğu şeylerden elinin ulaştıklarını kendince 'düzeltmeye' (!) kalkar. Sonunda, bu yamuk duruşla el attığı her 'ilahi inşa'yı 'düz', hatta 'dümdüz' eder, mahveder.

Aslında insanın mahvettiği kendisidir; kendi bitimsiz geleceği, kendi güvenliği ve özgürlüğüdür. Kendi kozasını ören bir ipek böceği gibi, hayat alanını daraltıp yok ederek yokoluşa doğru sürüklenir. Bu yüzden, kendisini yokoluş sürecine götürecek koza albenilidir, baştan çıkarıcıdır.

Tüm peygamberlerin insana olan şefkat ve merhametleri, işte bu noktadan bakınca daha iyi farkedilir. Bir insanlık sakasıdır onlar. Umutla çıkarlar yola ve çağrıları umut ve güvenin yürekte ve hayatta istikrar bulması anlamına gelen "iman" üretir.

Bu yolda koşarken, yabancılaşmış egemenler tarafından ayaklarının altına dikenler atılır. Önce suskunluğa mahkum edilirler, sonra alaya alınırlar, daha sonra iftira kampanyalarına muhatap olurlar ve en sonunda fiili ve fiziki yıldırma ve saldırıya maruz kalırlar.

Bütün bunlar yıldırmaz hiçbir peygamberi. Fakat onların da bir "bittim noktası" vardır ve Allah onlara güçlerinin bittiği yeri hep gösterir: Çünkü bu, işin yasasıdır, çünkü "insan olmak" en iyi peygamberlere yakışır. Bu yasa gereği güçlerinin bittiğini, önlerinin iyice tıkandığını, çıkış yollarının tümüyle kapandığını hissettikleri o "bittim noktası"nda, "özgül ağırlıkları" da biter ve ruhlarıyla özge bir aleme 'uruc' ederler. İşte bu özge müşahedenin adıdır Mirac.

Sevgili Efendimiz Peygamberimiz de, böylesi bir bittim noktasında bu ruhani müşahedeyi yaşamıştı. "Tanrısını tayin etme yetkisine" sahip olduğunu düşünen azgınların egemenliği altındaki Mekke'de, tarihin bu en büyük iman hamlesine karşı, resmi gayrı resmi terör estiriliyordu.

Önü tıkanmıştı Nebi'nin; sağı solu, yanı yöresi hep tıkanmıştı. Yakın diyarlar ona kucak açmamış, uzak diyarlara ise o iltifat etmemişti. Mekke tüm ekonomik, sosyal ve siyasal gücüyle onun sağaltıcı davetini yatağında boğmaya çalışıyordu. Fakat, ona yüreğin bir değil bin kapı, imanın bir değil bin imkan olduğunu göstermek isteyen, *"Eğer yürüyüşünü durdurmak için tüm yolları haramiler kestiyse, yürüyüşünü yukarı doğru sürdürebilirsin"* mesajı verdi.

İşte Mirac, yolların kesildiği, insanın önünün bin bir engelle tıkandığı bir 'tükenmişlik' ağından kurtulmak için, yüreğine açılmış bir gök kapısıdır.

Mirac, kara yüzlü, kara vicdanlı, kara ruhluların güneşin aydınlığını gıyabında idama mahkum edip, kendi kendilerine "Artık bitti!" dedikleri bir anda, "Hayır, hiçbir şey bitmedi, aksine herşey yeni başlıyor" anlamına gelen bir fecr-i sadık yürüyüşüydü.

Mirac, "İmanı olanın, imkanı tükenmez" demenin öbür adıydı.

Mirac, mü'mini Mekke'sinde boğmaya çalışanlara "Yolların tıkandığı yerde özge yollar, umutların tıkandığı yerde özge umutlar, imkanların tükendiği yerde özge imkanlar var" mesajıydı.

Mirac, insanın kendi fani sınırlarını aşıp ruhunun bitimsiz ufuklarına kanat çırpmasıydı.

Mirac, yeryüzündeki tüm yollar kapanınca, gökyüzünde yeni bir yol açılmasıydı.

Onun içindir ki, her namaz potansiyel bir Mirac olarak gösterilmişti Kutlu Nebi tarafından.

Namazın mü'minin Miracı oluşu, hiçbir mü'minin iki vakit arasından daha fazla bir süre tıkanmayacağı anlamına alınmalı değil miydi? Evet, işte o kadar: Tıkanmalar, tükenmeler, bitmelerin ömrü, adresini bulmuş bir namazın sahibi için, sadece iki vakit arası kadardır.

Tanrısını atama hakkının kendisine ait olduğu zannedenler, bundan hoşlanmayacaklar biliyorum. Mekke'nin egemenleri de hoşlanmamışlardı. Onun için daha ilk elde yalanlamışlar, alaya almışlardı. Fakat, sonunda kimin kazandığını biliyoruz.

Gelecek, hiçbir özgür ruhun kuşatma altına alınamayacağını bilenlerindir.

Gelecek, kulun gücünün bittiği yerde Allah'ın yardımının başladığına inananlarındır.

Gelecek, herkes "Her şey bitti" derken, kendisi "Hayır, hiçbir şey bitmedi! Aksine her şey yeni başlıyor!" diyenlerindir.

III. BÖLÜM

NİÇİN?

Bir çocuk... Eli yüzü kirli, burnu akmış, üstü başı pejmürde...

Elinde piposu, sırtında askılı pantolonu, çenesinde keçi sakalı bir bay, çocuğu semiyotik bir okumaya tâbi tutuyor. Bayımızın gözünde çocuk şimdilik kaydıyla sadece fenomen. "Elleri kirli" diyor. Bunun, büyüdüğünde eli kanlı olacağına delalet ettiğini söylüyor. Üstüne başına bakıp geleceğin anarşist adayı olacağı öngörüsünde bulunuyor. Akmış burnunu fark edemeyen birinin, yapısal olarak "öteki"ne dönük olduğu kehanetinde bulunuyor ve buradan şu sonuca varıyor: geleceğin terminatörü...

Sosyolog, çok bilmiş, simsiyah saçlarını sarıya boyamış, özgüveni olan (!) bir bayan. Çocuğu sosyolojik açıdan okumaya tâbi tutuyor: çocuk onun gözünde, "geri kalmış" toplumun "az gelişmiş" bireyi. Tipik bir "Doğu manzarası" olduğunu düşünüyor bunun. "Hımm!" diyor, suçu doğum kontrolü uygulamadığını düşündüğü anne-babaya çıkarıyor. Ülkedeki doğum artış hızının sosyal yapı üzerindeki olumsuz etkisine olan imanını bir kez daha tazeliyor.

O bir ekonomist. Matruş yüzü, sarkık göbeği ve parlayan ensesiyle çocuğu iktisadi bir fenomen olarak okumaya çalışıyor. Onun gözünde çocuk bir parça suçlu; çünkü GSMH içerisinde kişi başına düşen gelir seviyesini daha aşağıya çekmekten başka bir değeri yok. Üstü-başı tüketmediğini, tüketmeyen bir ailesi olduğunun göstergesi. Ekonomiye de katkısı yok. Tüketmiyorsa üretmiyor demektir. Yani ekonomik değeri olmayan irrantabl bir unsur...

Bir başkası yüzünü buruşturup başını çeviriyor. Öteki -sözde- daha insaflı; asıl günahın onda değil, onu doğuran ebeveynde olduğunu düşünüyor. Bilmişin biri işin arka planını görmek gerektiğini söylüyor ve bunun bir "kültür ve uygarlık sorunu" olduğunda ısrarlı.

Yukardakilerin "soft" bir biçimde yaptığını, üniformalı

biri "hard" bir tavra dönüştürüp, "Pis çocuk!" diyerek yüzüne tükürüyor ve başlıyor tokatlamaya. Ağladığı için de, gürültü kirliliğinden "suç duyurusunda" bulunuyor.

Bunların hepsi çocuğu suçlarken, onun bir anne babasının olup olmadığını sorgulamıyorlar. Oysa ki o, köyün mütecaviz ağası tarafından babası hunharca, anası alçakça öldürülen bir öksüz ve yetim.

Yuvasına ağa tarafından el konulduğu için çocuklar dağılmış. Her biri bir köprü altını mesken tutmuş.

Çocuğun elinin yüzünün kirini gündeme getirenler, onu öksüz ve yetim bırakan zalim ağadan hiç söz etmiyorlar. Ağanın cinayetinin üzerini örterek suçuna ortak oluyorlar.

Niçin?

Batı'nın kalkındığı şartlarda kalkınmak, yüz kızartıcı bir insanlık suçudur. Biz müslümanlara Batıyı bir model olarak dayatanlara, ağalarının sömürgeci, köleci ve soykırımcı cemaziyelevvellerini hatırlatmaya gerek var mı? Dünü bırakalım, şu rakamlar bugünün dünyasına ait:

BM verilerine göre dünya nüfusunun yıllık kayıtlı geliri 30 trilyon dolardır. Bunun 24 trilyonu dünya nüfusunun % 16'sına aittir. Geriye kalan 6 trilyonluk dilim ise dünya nüfusunun % 84'ü tarafından paylaşılmaktadır. İsviçre'de kişi başına düşen yıllık gelir 40 bin dolarken, Mozambik'te, Bangladeş'te, Afganistan'da 90 dolar civarındadır. Günde çeyrek dolarla insanı açlığa mahkum etmektir bu...

1996 verilerine göre dünyada 800 milyondan fazla insan açlık sınırında yaşamaktadır. Bu rakam bugün daha da artmıştır. ABD petrol devi Exxon'un yıllık net kârı 13 Afrika ülkesinin toplam borcuna eşittir. En zengin 358 ailenin yıllık geliri dünya nüfusunun üçte birinin gelirine eşittir. İşin garibi, bugünün aç halkları, geçen yüzyılların kendi kendine yeten halklarıdır.

Her yıl su kirliliğinden ya da suya bağlı nedenlerden ölen çocuk sayısı 3 milyondur. Avrupa'da ev hayvanlarının mama satışlarının yıllık cirosu 17 milyar dolardır. Susuzluğu önlemek için tüm dünya genelindeki projelerin toplam bedeli 8 milyar dolardır. Avrupalı'nın köpek mamasına ayırdığı kaynağın yarısı su projelerine ayrılsa, her yıl suya bağlı nedenlerden ölen 3 milyon çocuk ölmeyecektir.

Kafalarındaki "ilerleme mitini" sorgulamaya yanaşmayan Batı'nın Doğulu devşirmeleri, müslümanları geri kalmışlıkla suçluyorlar? Fakat, Batı'nın ilerleme paradigmasının iflas ettiğini görmüyorlar...

Niçin?

"Yavuz hırsız ev sahibini bastırır" derler. Daha dün bana anlatılan şu örneğe bakın: Dünyada belli başlı ülkelerde üretilen bir sanayi ürününü Türkiye'de Müsiad üyesi bir firma üretiyor. Bir müşteri bu üründen iki adet sipariş veriyor, hem de hiç pazarlıksız. Fakat bir şartı vardır; alıcı reddederse ürünü geri verecektir. Satıcı "Ürünümüzde bir kusur olursa, hay hay!" diyor. Sonunda alıcı dilinin altındaki baklayı çıkarıyor:

"İyi saatte olsunlar'a ait falanca sağlık kurumuna satmak üzere alıyorum bu ürünleri, fakat onlar ellerindeki listeye bakıp, o ürünün falanca işadamları derneğinin üyesi tarafından imal edildiğini tesbit edebilirlerse, o ürüne ambargo koyuyorlar."

Hem hummalı muamelesi yapıyor, hem de suçluyorsunuz.

Hem çocuklarını örtülerinden dolayı okul kapılarından sokmuyor, hem de müslümanlara "geri" çamuru atıyorsunuz.

Hem vuruyor, hem de "Yandım anam!" diye bağırıyorsunuz.

Hem dövüp sövüyor, hem de "uslu çocuk" olmasını istiyorsunuz.

Hem soyup soğana çeviriyor, hem de yoksul diye aşağılıyorsunuz.

Hem işkenceyle çıldırtıyor, hem de "deli" diye tempo tutuyorsunuz.

Hem bilgiye ulaşmasını engelliyor, hem de "cahil" yaftası asıyorsunuz.

Hem suçlusunuz, hem güçlüsünüz.

Niçin?

ALTERNATİF EĞİTİM MODELLERİ

Modern ulus devletin, insanoğlunun öğrenme aşkını sonuna kadar istismar ettiği gerçeği, sanırım konuya aşina herkesin üzerinde ittifak edeceği bir husustur. Yaygın ve örgün eğitimin, o eğitimi tarafsız bir biçimde örgütlemesi ve finanse etmesi gereken devlet eliyle, "beyin yıkama merkezi" haline getirildiği bir gerçek.

Bu acı gerçeğe rağmen, çocuklarımızın beynini ve yüreğini daha küçümencikken ellerine teslim ettiğimiz eğitim sistemi, onlara bilinç, bilgi, ahlak, inanç, kişilik kazandıramıyorsa, aksine onların kafalarını ve kalplerini ıskartaya çıkardığı gibi, hayatlarının en değerli yıllarını çalıyor ve onlara bunun karşılığında dünyevi bir gelecek dahi kazandıramıyorsa, bu tür bir eğitim sistemi insan öğütme makinasıdır?

Bu ülkede eğitimin çöktüğünü söyleyenler, iyiniyetli bir önkabulden yola çıkanlardır. Bu, eğitimin önceden var olduğu önkabulüdür. Doğrusunu söylemek gerekirse, üç çeyrek yüzyıllık pozitivist eğitim politikaları, tam bir fiyaskodur. Bunu, modern Türkiye'nin bir insan ömrüne ancak baliğ olan eğitim tarihine üstünkörü bir bakışla dahi anlayabilirsiniz. Diyeceksiniz ki, "Osmanlı eğitim sistemi çok mu iyiydi?" Hayır, bunu kimse iddia edemez; fakat o ayrı bi. yazı konusu.

Sorun temelde, dilsiz, hafızasız, tarihsiz, kültürsüz ve inançsız bir eğitim politikasının, mümkün olup olamayacağı sorunudur. Bunlar yoksa eğer, o halde "eğitim" nedir? Eğitim hangi paradigma üzerine bina edilecektir? Kendinize yedi kat yabancı bir paradigmanın mı? Sonuç ortada; Fikret Başkaya'nın o harika ifadesiyle: *Paradigmanın iflası!..*

İşin epistemik boyutu bir yana, pratik sonuçlarından yola çıkarsak, İslami paradigmaya dayalı klasik eğitim sisteminin sorunu "aklı" dolayısıyla "bilgiyi kullanma" sorunuydu. Pozitivist ve rasyonalist paradigmaya dayalı eğitim sisteminin sorunu ise "yapısal" ve hatta "ontolojik" bir sorun: Bilgiyi hikmetten ayırarak, eşyanın bilgisini eşyanın hikmetine karşı bir silah olarak kullanma ve bilgi elde etmeyi, bilgi objesinin varoluşundan bağımsız olarak düşünme. Heidegger'in o harika ifadesiyle *"bilgiyi bilgi objesinden zorla elde edilmiş bir ganimet"* gibi görme hastalığı.

Bu, bizim eğitim sistemimizin taklit ettiği Batı eğitiminin tıkandığı nokta. Ya bizim taklitçi eğitim sistemimiz? O hiçbir yerde tıkanmadı, çünkü doğru dürüst hiçbir şey öğretmedi. Ondan bende kalan, -bizim yaştakiler bilir- sadece ortaokulda başımıza zorla geçirdikleri zabıta şapkalarına benzer komik şeylerdir, o kadar.

Şimdi çocuklarıma bakıyorum; hayatlarının en güzel yılları okullarda geçiyor, kazancımızdan eğitime aslan payını ayırdığımız halde okullar hiçbir şey vermiyor. Vermiyor ne kelime, alıyor; ömürlerini, sağlıklarını, kendilerine olan saygılarını, kişiliklerini ve tabii ki ellerinden gelse 'inançlarını'!.. Hayli zamandır ciddi ciddi kendime soruyorum "Bu ülkede okulları okutmamak için mi yaptılar acaba?" diye.

Bundan yıllar önce, iflas eden eğitim sisteminin yerine alternatif eğitim metotları arayışına giren Batı'da denenmekte olan kimi yeni modeller dikkatimi çekmişti. Mesela, İtalya'da denendiğini duyduğum, "özgün, özgür ve diyaloğa dayalı" eğitim modeli bunlardan biri. Çocuklar dersi dersliklerde değil, istişare sonucunda belirledikleri müsait herhangi bir mekanda, çoğu kez de açık havada yapıyorlardı. Örneğin, din dersi kilisede, spor dersi de spor salonunda yapılıyordu. Öğretmen öğrencisini seçme hakkına sahip olduğu gibi öğrenci de öğretmenini seçebiliyordu.

Bu aslında bizim medrese metodumuzu andıran bir sistem. Özgün medrese metodunda talebe ve hoca münasebeti pasif değil aktif bir münasebettir. Bire bir insani ve ahlaki ilişkiyi de öğreten bir sistemdi. Son yüzyıllarda iyice rayından çıkan bu modelin ilk uygulandığı yüzyıllarda, Gazzali gibi zekaları yetiştirdiği unutulmamalı.

Benim eğitim modeline en büyük itirazım, çocuğu şefkate en muhtaç olduğu bir dönemde, anne-babasından, kardeşlerinden ve yuvasından koparıp 'yapay' bir ortamda 'robot-insana' çevirmesidir. Bu nedenle de, ABD'de bilişim sistemini de aktif bir biçimde kullanan bir "ev okulu" projesini duyduğumda, hayli ilgimi çekmişti. Çünkü, benim felsefeme göre en iyi okul ancak "aile ortamında" baba ve annenin de aktif öğretici olarak rol aldığı bir okuldu.

Geçenlerde ziyaretime gelen bir ABD'li müslüman konuğum, *Oak Meadow School*'lardan söz etti. Bu, örgün eğitim sistemine isyan eden bir grup insanın birlikte oluşturdukları bir proje. Eğitimde öğrencinin kişiliğini ve tercihlerini önceleyen bir sistem. 1975'te hayata geçen proje şimdi dünya çapında "yerinden eğitim" veren bir uluslararası liseye dönüşmüş durumda.

Yeni yeni, Türkiye'de de örgütlenen Oak Meadow elbette İngilizce eğitim veren bir lise. Yeterli dil seviyesine ulaşan öğrenci, kendi evinden bu lisenin tüm programını takip edip, sonunda diplomasını alabiliyor. Fakat, asıl benim arzum, bu tip alternatif eğitim projeleri üzerinde Türkiye müslümanlarının da kafa yormaları. Çünkü, şu sıralar yaşanan başörtüsü zulmü biraz da bu tür arayışları mecburi hale getiriyor.

"Ama burası Türkiye!" dediğinizi duyar gibiyim. Olsun, "Kayseri'ye yaz gelir de Erciyes'e gelmez mi?"

Ne ki, belki biraz geç gelir.

EĞİTİM SİSTEMİ-SİSTEMİN EĞİTİMİ

Bakmayın ucu alkolden domur domur olmuş kırmızı burunlarını kıvırdıklarına; cehaletleri en büyük saadetleridir onların. Ne hayran olduklarını tanırlar, ne de nefret ettiklerini.

Osmanlı'nın son döneminin asker kaçaklarıyla dolu sözde medreseleri dahi, MEB'in ve YÖK'ün cins kafaları bostan mamulüne çevirdiği sözümona 'eğitiminden' çok daha iyi idi.

"Sözde medrese" dedim. Başlangıçta, gerçek ilim adamları "özde medreseye" de karşılardı. Dikkat buyurunuz: İlme değil, ilmin devlet eliyle, bir statü kazanmak amacıyla yapılmasına...

Kıytırık bir makam ya da akademik unvan için dinlerini ve onurlarını az bir değere satan ilahiyat esnafının kulakları çınlasın. Devlete bulaşmadan kendi yatağında özgürce akıp giden eğitim halkalarını, ünlü veziri Nizamulmülk eliyle kurumlaştıran Selçuklu'ya kimi ilim adamları karşı çıktılar. Aslında, Nizamulmülk'ün tek amacı eğitimi devletleştirerek muhalif hareketlere karşı devletin tezlerini savunacak ilim adamları yetiştirmek değildi. Onun icraatının iyi tarafı, devlet bütçesinden kaynak transfer ederek eğitimin kalitesini artırmaktı.

Bu uygulamanın sakıncalı olduğunu savunan bir alim, gelişmeyi kendince protesto etmek istediğinde sorarlar: "Nereye gidiyorsun?" Cevabı: "İlmin cenazesini kılmaya!" olur. "Niçin, ilme ne olmuş ki?" deyince şu cevabı alırlar: "Şimdiye kadar bilginin ardına, sırf hakikat aşkına onun değerini bilenler düşerdi. İlmi elde edenler arasından kimi istismarcılar hep var olmuşsa da, bu hiçbir zaman çoğunluğu oluşturmadı. Fakat bundan böyle bilginin peşine düşenler artık para, makam ve mevki aşkıyla düşecekler. Onu, bütün bunları elde etmek için bir araç olarak kullanacaklar."

Tabii ki aşırı bir hassasiyet. Fakat doğruluk payı olmadığını kimse iddia edemez. Bu, bizim uygarlığımızda bilginin ahlakla olan doğrudan ilgisini gösteriyor. İşin temeline inersek, Yunan-Batı aklıyla İslam aklı arasındaki çok temelli bir fark bu. Çünkü Yunan-Avrupa medeniyetinde akıl kavramı "nedenlerin kavranması"yla, yani "bilgiyle" irtibatlıdır; İslam medeniyetinde ise temelde "davranış" ve "ahlakla" ilgilidir. Onlar bilgiden ahlaka giderler, biz ise ahlaktan bilgiye gideriz. Onlara göre aklın görevi nasıl olursa olsun "bilgi üretmek", bize göre ise aklın görevi "iyi ve kötüyü bilip sahibini iyiye yöneltmek"tir. Onun için de biz önce "Ahlâkî mi?" sorusunu sorarız.

Hz. Peygamber'in "Faydasız bilgiden Sana sığınırım!" duasının temelindeki kaygı da işte bu ahlaki kaygıdır. İslam aklı fonksiyonel olduğu için Kur'an'da akıl hiç isim olarak kullanılmaz.

Önceleri ilim halkaları vardı: Medine'de İmam Malik'in, Basra'da Hasan Basri'nin, Kufe'de İmam Ebu Hanife'nin... Bu halkaların hepsi kendine özgü bir bilgi üretim biçimi olan özgün birer ekoldü. Öğrenci hocasını, hoca öğrencisini seçerdi. Her öğrencinin kabiliyet ve kapasitesinin göz önüne alındığı bir model geçerliydi. Hiçbir şey katı, statik, otoriter ve total değildi. İmam Ebu Hanife'ye en çok itirazın en seçkin öğrencilerinden gelmiş olması, bu halkalarda bilim özgürlüğüne ne denli önem verildiğinin en güzel kanıtıdır.

İlk hocalar, bilgi ile ahlak arasındaki korelasyona aşırı dikkat ederlerdi. Buna mecburdular. Çünkü, onlar statülerini devlete, makama, titre, medyaya değil; ahlak ile bilgi arasında kurdukları kopmaz ilişki sayesinde kazandıkları 'sivil' teveccühe borçlulardı. Bu nedenle de, ilme intisap edeceklerde ilk aradıkları vasıf 'karakter' olurdu.

Bu konuda, ilginç bir hikaye anlatılır: İmam Ebu Hanife'nin büyük öğrencisi İmam Muhammed eş-Şeybani, bir dersi müteakip ders halkasındaki öğrencilerini ihtiyaç olmadığı halde evinin inşasına yardımcı olmaları için götürür. Kendisi ise geriye çekilip onların davranışlarını izler. Öğrencisinin biri, kendisinden taşın altına koymak üzere küçük bir çakıl taşı isteyen ustaya, üşendiği için yere eğilmeyerek komşunun duvarındaki eğreti bir çakılı çeker ve uzatır. Buna şahit olan İmam, öğrencisine ertesi gün babasıyla birlikte gelmesini söyler. Çocuğun babasına İmam'ın söyledikleri manidardır:

"Bu çocuğu al; ister marangoz et ister demirci, ister ayakkabıcı et ister terzi; fakat ilim adamı etme! Yoksa ilmin onurunu ayaklar altına düşürebilir!"

Eskilerin hikayesi bu.

Bizim hikayemiz ise daha farklı. Eğitim sistemimiz, II. Mahmut'tan bu yana hep 'devrim' üstüne devrim geçirir. Fakat, hikmetinden sual olunmaz, üzerinden handiyse 200 yıl geçtiği halde hâlâ bir türlü oturmaz. Bırakınız oturmasını, gün geçtikçe daha da berbat hal alır.

Ömrünün en değerli yıllarını okullarda harcayan üniversite mezunlarına bakıyorum; istisnaları bir yana, bilgi, kültür, dil, bilinç, düşünce açısından gerçekten acınılası bir durum söz konusu. Yürürlükteki eğitim sistemi, insanların düşünme mekanizmalarını hadım ediyor. Kim bilir, belki de sistemin daha başlangıçtan beri üretmeye çalıştığı 'ideal insan tipi' buydu!?

Milli Eğitim Bakanı'nın müftüye dua öğretmeye kalktığı, üniversite rektörlerinin brifinglerde esas duruş talimi yaptığı, ilkokullarının koyun ağılı, üniversitelerinin kışlaya dönüştürüldüğü bir eğitim sisteminden, daha farklı bir sonuç beklemek abes kaçardı.

DİNE DARBE DARBEYE DİN

28 Şubat, iki yüz seksen yıllık yabancılaşma macerasının, post-modern versiyonu. Bu milleti, tepesine vura vura kendisine yabancılaştırmaya çalışan yönetici seçkinlerin millete indirdiği son darbe. Aynı zamanda, çağdaşlaşma projesinin "asırlık yalan" olduğunun da suçüstü hali.

28 Şubat'ın yöntemi gibi dili de post-modern. Süreç, sembolik bir dil üzerine inşa edildi. Zaten, bu ülkede II. Mahmut'tan bu tarafa ısrarla sürdürülen kavga da, sembollerin kavgası değil miydi? Önce kavukla fesin, sonra fesle şapkanın, Kur'an elifbasıyla Latin alfabesinin, Cuma'ya karşı çıkartılan Cumartesi-Pazar'ın, 'paşa'ya karşı 'general'in savaşı...

28 Şubat'ın aktörlerinden biri, darbeyi savunurken, din karşıtlığını hâlâ modası geçmiş sembolik dille ifade ediyordu. Bu demode sembolik dil, milletin dini olan İslam'a bakışını topu topu üç-beş kelimeye indirgemişti: İrtica, çağdışı, gericilik... Hepsi bu... Özellikle üç çeyrek yüzyıldır yapılan savaşın saldırı parolasıydı bu üç-beş sözcük.

Tanpınar, Yaşadığım Gibi'sinde, bu ülkenin son 150 yılını şöyle değerlendiriyordu: *"Cesaret edebilseydim, Tanzimat'tan beri bir nevi Oedipus kompleksi, yani babasını bilmeden öldürmüş adamın kompleksi içinde yaşıyoruz derdim."*

"Bilmeden" mi? Tanpınar'ın dili varmıyor söylemeye; belki bugünlere kadar yaşasaydı çekinmeden söylerdi. Bilerek, hem de tasarlayarak, taammüden babasını öldüren bir adamın kompleksi bu Üstadım, taammüden!

Babasını öldürüp, ondan kalan tüm hatırayı cesetle birlikte gömdükten sonra, cinayet anlaşılmasın diye ortalığı velveleye vermenin öbür adı "irtica, gericilik, çağdışı" yaftacılığı.

Ne diyordu Meriç: *"Bu 'çağdışı' ithamı ithamların en alçakçası ve en abesi. Haykıramadık ki, aynı çağda muhtelif çağlar vardır. Çağdaşlık neden Hıristiyan ve kapitalist batının abeslerine perestiş olsun?"*

Bu milletin dinine imanına yukarıdaki klişelerle hakaret edenlere bakıyoruz. Maşaallah hepsi de çağdaş, ilerici, aydın ve bilimperest. Ne ki bu beylere, "dört bin yıldan beri hareket halinde olan ve milattan sonra yaklaşık kırk depreme evsahipliği yapan *Kuzey Anadolu Fay Hattı* üzerine neden getirip de kentler, rafineriler, fabrikalar inşa ettiniz?" diye sorsanız, ne cevap verirlerdi dersiniz?

Dahası, pozitivizmi, rasyonalizmi, bilimciliği hayat felsefesi olarak öğreten askeri eğitim kurumlarında yetişmiş paşalarımıza "Neden götürüp de Türkiye'nin en büyük donanma karargahını dört bin yıldan beri hareket halinde olduğu bilinen bir fayın üzerine inşa ettiniz?" diye sormaya kimsenin cesaret edemediği bir ülkedir burası? Bunu yapanların, sayısı dahi tam açıklanmayan vatan evladının ölümüne sebebiyet verdikleri dile getirilemez. Söyler misiniz; deprem mi, yoksa bu masum soruları dahi soramayacak bir baskı ortamı mı daha büyük felaket?

Görüyorsunuz, 28 Şubat'ın sembolik dilinin bir fiskelik canı var. Her tarafından dökülen bu dili kullanarak hâlâ bu milletin inancına saldıranların kendilerinden menkul çağdaşlığı ve ilericiliğinin (!) tek tezahürü Kuzey Anadolu Fay Hattı üzerine yapılan sivil ve askeri tesisler değil. Bunca yıldır bu ülkeyi tekelden yöneten kadroların siyasi, iktisadi, dini, ahlaki ve toplumsal açılardan bu ülkeyi getirdiği nokta, Fay Hattı üzerine inşa edilen donanmanın deprem sonrası durumundan çok mu farklı?

O halde, ürkütücü de olsa şu tesbiti yapmak zorundayız: Bu milletin değerlerine saldırı üzerine inşa edilmiş bu sembolik dil ve bu dilin dayandığı tasavvur, bu ülke için dokuz şiddetinde bir depremden daha tahripkar ve tehlikelidir. Binalar çökerse yenisini yaparsınız. Ya ahlak çöker, toplumsal çözülme ve kokuşma siyasetten ticarete, güvenlikten sanata, ilköğretim okulundan üniversiteye, tabandan tavana, her alanı kaplarsa ne yaparsınız?

Bu ülkede ahlaki değerlerin referansı İslam dinidir. Fakat

28 Şubat, İslam'ın tüm kutsallarını hedef alarak dîne ve dînî değerlere karşı savaş açtı. İmam Hatip Liseleri, Kur'an Kursları, İlahiyatlar, camiler, dini vakıflar, yurtlar, İslami cemaatler, dini yayınlar...

Bütün bunlar, şu ya da bu gerekçeyle 28 Şubat'ın hedefleri arasında yer aldı.

28 Şubat post-modern darbesinin dine ve dini değerlere bakışını en güzel açıklayan belge kamuoyunda *Fethullah Gülen Raporu* diye bilinen küfürnamedir. Bu belgede Allah'a, Hz. Peygamber'e, Kur'an'a ağza alınmayacak hakaret ve küfürler edilmiş, kamuoyunun tepkisine rağmen bu küfür belgesi günlerce tekzip edilmeyi beklemişti. Neden sonra gelen yarım ağızla yapılmış tekzip (!) ise, "özrü kabahatinden büyük" sözünü hatırlatır cinstendi.

28 Şubat post-modern darbesinin tartışıldığı bu günlerde, söz konusu 'katibi meçhul' raporlar da gündeme gelmeli. Ya da bu raporları kaleme alanlar kendilerini onun bunun ardına gizlemeden kamuoyu önüne çıkıp İslam, Allah, Kur'an, Peygamber hakkındaki fikirlerini mertçe tartışmaya açmalı.

Hiç olmazsa böylece, üniformanın ardına saklanarak Allah'a, Kitab'a, Peygamber'e küfretmenin yiğitlik olmadığı da anlaşılmış olur.

Bin tane 28 Şubat "dine darbe" indirmeye kalksa, bundan İslam ve onun değişmez değerleri yine de güçlenerek çıkar; bunu göreceğiz. Rapor sahipleri gizlendikleri yerden çıkarlarsa, "darbenin dininin" kaç vuruşluk canı olduğunu da görmüş oluruz.

TARİHİ SAVUNMAYA YÜZ GEREK!

Mekke'ye gidip de Ecyad Kalesini görmemek mümkün mü? Mukaddes Kâbe'nin güneydoğusunda yer alan Ecyad sıratepelerinin ilk ve en görkemlisi üzerine kurulu bulunan bu kale, Osmanlı tarafından eski bir kalıntı üzerine güvenlik amaçlı inşa edilmiş.

Ecyad Kalesi için Krallığın yıkım kararı alması yeni bir husus değil. Son ve kesin kararın yıllar önce çıktığını bilmek için diplomat ya da ajan olmak gerekmiyor. Mekke'de mukim bir öğrenciyi bile çevirip sorsanız, size kale ile ilgili bir çok bilgi aktarabilir.

Nitekim bu konuyu ilgilenen biri çıkar diye bir hac dönüşü gündeme getirmiştim, fakat hiçbir yetkiliden ses seda çıkmamıştı. Şimdi ortalığı velveleye verip hamaset nutukları çekenlere "Ba'de harabi'l-Basra!" (=Basra yerle bir olduktan sonra) ya da yerli versiyonuyla "Geçti Bor'un pazarı..." demekten başka söylenecek söz yok...

Vahhabi yaklaşımı malum... Muhammed b. Abdulvahhab, eğitimini tamamlayıp bölgede saygın bir ilim adamı olarak şöhret bulunca, arkasına Necid'in şehir görmemiş bedevilerini takarak ilk yaptığı iş, "Bid'at" gerekçesiyle mezar taşlarını, türbeleri ve tarihsel değeri olan ziyaret mahallerini yerle bir etmek olmuştu.

Gerçekçi ve dürüst olmak lazım; Vahhabilerin bu yanlışı karşı kutuptaki bir başka yanlışa yönelik bir tepkinin sonucuydu. O dönemde yazılan tarafsız kaynakları okuduğumuzda, cahil kitlelerin sıradan tarihi mekanları Kâbe'ye çevirdiklerini, hatta en basit bir simgeyi dahi kıble edindiklerini görüyoruz. Mesela Hz. Osman'ın kazdırdığı Eris Kuyusu, Bedir Kuyusu gibi yerlerin cahil kalabalıklar tarafından resmen tavaf edildiği; Hz. Peygamber'in kabrinin bağlanan ip ve çaputlardan dolayı kilim tezgahına döndüğü görgü tanıklarının ağzından aktarılmıştır.

Günümüzde dahi, Arafat'taki Rahmet Tepesinde Kâbe'ye sırtını verip oradaki işâret taşına yönelerek namaz kılanlara şahit olunmaktadır.

Fakat Vahhabiler işi tadında bırakmadılar; dini bedevice algılamayı en ideal dindarlık olarak dayatıp, arkalarına taktıkları ateşin kitlelerin heyecanını mezar taşlarında, türbe kalıntılarında ve ziyaret mekanlarında söndürdüler. Bunu yaparken Hz. Peygamber'i örnek aldıklarını söylüyorlardı. Ne ki, Hz. Peygamber'in cahiliyye putperestliğinin kalıntılarını zihinlerden temizlemek için uygulamaya koyduğu birkaç operasyonun amacını doğru okuyamadılar. Nedene bağlı olarak konulmuş geçici yasak ve kısıtlamaları ebedi bir kural sanma bağnazlığına düştüler.

Sonuç ortada: Tarihi değeri olan sayısız mekan yok edilerek yerine çirkin beton bloklar oturtuldu. Hz. İbrahim'den beri "harem" ilan edilerek taşı-toprağı ile binlerce yıldır korunan mukaddes bölgenin bir yüz yıl içerisinde kelimenin tam anlamıyla katliama uğraması, sadece Suudiler'in değil, bütün bir İslam dünyasının yüz karası, yürek yarasıdır.

İşin Suudi cephesi kısaca böyle...

Ya Türkiye cephesi?..

Siz Türkiye'yi yönetenlerde, Ecyad Kalesinin yıkımından dolayı Suudilere bir çift laf edebilecek yüz ve cesaret görebiliyor musunuz?

Suudiler ecdadınız Osmanlı'nın kalesini yıkmış, siz kalkıp bunu kendi halinize bakmadan protesto edeceksiniz... Yerler mi dersiniz?

Daha dün, "Türkiye için milat Cumhuriyettir" diyen bakan hangi ülkenin bakanıydı? "Sizin için Milat öncesinde kalan bu kaleden size ne? Siz redd-i miras etmediniz mi?" diye sorarlarsa, verilecek cevabınız nedir?

Ya, "Biz Osmanlı'nın taş yapısını yıktık, siz ise onun bıraktığı kültürel, sosyal, dini, hukuki ve siyasal her türlü mirasını yerle bir ettiniz ve hâlâ da etmeye devam ediyorsunuz" derlerse?

Sahi, geçtiğimiz haftalarda Fatih Çarşamba'da toplanan sarık ve cübbeler kimin kıyafetiydi?

Sultan Abdulhamid'in en küçük oğlu Şehzade Abid Efendi, dilenmemek için Paris sokaklarında sabun satarak öldü; o zaman neredeydiniz?

Sultan Vahdettin'in cesedi bakkal borçlarına karşılık Paris'te rehin tutulduğunda neredeydiniz?

Gayr-ı müslim azınlığa yapılan haksızlığa (Salkım Hanım'ı hatırlayın) karşı gösterdiğiniz ilgiyi, aynı dönemde orada burada sürüm sürüm sürünen Osmaoğulları'nın talihsiz nesline gösterdiniz mi? Onu geçelim, yine aynı dönemde tahıl silosu, hatta ahır yapılan Osmanlı eserlerine gösterdiniz mi? Kitabesi, mihrabı, minberi sökülerek ecnebiye satılan ve şimdilerde Viyana, Berlin, Londra müzelerinde sergilenen eserler için ne yaptınız?

Ömrünü tarihi eser cinayetlerini tespite adayan İsmail Hakkı Konyalı hakkın rahmetine kavuştu. İşte, Allah ömür versin, Prof. Semavi Eyice hayatta. Kimseye inanmazsanız ona sorun bari İstanbul'da ilgisizlikten yıkılmış ya da yıkılmayı bekleyen kaç Osmanlı eseri olduğunu...

Evet, ya Suudi yetkililerinden biri çıkıp da, tek bir dirhemi adam olanın yüz etlerini utançtan dökmeye yeterli olan bu sorulardan birini soruverirse?

O zaman ünlü Ankara valisi Nevzat Tandoğan gibi, "Bir tarih katliamı gerekirse onu da biz beceririz" mi diyeceksiniz?

TARİH ÖVGÜ YA DA SÖVGÜ MALZEMESİ DEĞİLDİR

Ecyad Kalesi'nin yıkımını ilmi ve objektif bir zeminde tartışma yerine, hamasi nutuklarla ortalığı velveleye verenlerin kaldırdığı toz duman içerisinde, gerçeğin eli yüzü görünmez oldu.

Çünkü bu toz duman arasında kerameti kendinden menkul beyler, sonraki yanlışlara önceki yanlışları referans yaptılar. Bozacı şıracıyı şahit gösterdi. Yeni yalan, eski yalana atıf yaptı. Bu böyle sürüp gitti...

Neden bu ülkede böylesine ciddi meseleler, "fast-food" kültürünün ayak takımı seviyesinde ele alınır, bilmem ki. Cumhuriyet aydınıyla Osmanlı aydınını ayıran kalın çizgi işte burada ortaya çıkıyor. Sakallı Celal'in neden "Cumhuriyet" yerine "ciddiyet" ilanını öncelediğini daha iyi anlıyorsunuz.

Yüzyılın hukuk cinayetlerine damgasını vurmuş İstiklal Mahkemeleri'nin elinden kellesini son anda kurtarmış mazlumlardan Mesnevi Şârihi Tahir Bey (Olgun) için anlatılır: İstanbul'da bir Osmanlı lisesinde muallimken, çalıştığı lisenin müdürü "Amr" ila "Ömer" arasındaki vav farkını bilemediği için, "Ben Amr ile Ömer arasındaki yazı farkını bilmeyen biriyle çalışmam" diyerek işinden istifa eder.

Tarih kimsenin övgü ya da sövgü malzemesi olmamalıdır. Fakat bizde "tarih" oldum olası "makulün" değil "mahsusun" konusu olmuştur. Sanki bir ilim değil de, bir zevk meselesiymiş gibi ele alınır. Haddi zatında "Tarih bir ilim midir?" tartışmasının geçmişi hayli eskilere gider. Fakat bu tartışma "Tarih ilimlerin anasıdır" şeklinde sonuçlanmıştır.

Cumhuriyet döneminde, iddia edildiği gibi, hissi ve akıl dışı bir tarih anlayışından ilmi ve rasyonel bir tarih anlayışına geçilmemiştir. Bırakın geçilmesini, daha hissi, daha fantastik bir uğraş alanına dönüşmüştür tarih. Öyle ki, "tarih yazımı" bir tarafa bırakılıp "tarih yapımı" devreye sokulmuştur.

Tarih yapımı, yani "asparagas tarih"...

Masa başında düzülüp koşulan, acı gerçek yerine tatlı yalana bayılan tiplerin *"Gelenin keyfi için geçmişe kalkıp sövdükleri"* simülatif ve sanal bir tarih. "Kutsal şimdi"ye karşı, "tu-kaka geçmiş" dilemması...

Tarihi aşk ve nefretin konusu haline getirenlerden, başkaca da bir şey beklenemezdi doğrusu. Ancak böyle bir anlayış, kendi geçmişine ait vagonlar dolusu tarihi vesikayı Bulgarlara hurda kağıt fiyatına satabilirdi.

Bulgaristan'a vagonlar dolusu tarihi malzemeyi satanlar, aslında "kendi geçmişlerini" satıyorlardı. Psikolojileri buydu; çünkü geçmişlerinden nefret ediyorlar ve ondan kurtulmak istiyorlardı. Bu durum psiko-patolojinin konusudur. Bu ruh halinin ayrıntılı tahlilini ve hangi ruh hastalığına tekabül ettiğini işin uzmanlarına bırakıp geçiyorum.

Devlet destekli ve teşvik belgeli bu marazi tavır, karşı kutupta düşman kardeşini ortaya çıkarmakta gecikmedi. Sövgücü söyleme karşı övgücü söylem...

Tabi bu söylemin işi karşı kutuptaki düşman kardeşlerinden daha kolaydı. Çünkü "şanlı tarih"in tanığı olan "canlı sayfalar" o kadar çoktu ki. Bunları bulup çıkarmak hiç de zor olmadı. Fakat, burada durulmadı ve durulması da mümkün değildi. Tarih bir kez "zevklerin ve renklerin konusu" yapılıp hissi alana taşındı mı, "bilim" olmaktan çıkar "dogma" halini alırdı; tıpkı bugün "Cumhuriyet tarihi" konusundaki resmi tavırda olduğu gibi

Sövgücülere "Osmanlı'nın cansız kalesini bırakın da, canlı kanlı birer insan olan Osmanoğullarına ne oldu, ondan haber verin?" diye soramadığınız gibi; övgücülere de "Paşası olduğu devlete ihanet edip Kütahya'ya kadar işgale yeltenen Kavalalı Mehmed Ali'nin İngiliz desteğinde Taif'e girerek katlettiği binlerce insanın suçu neydi?" diye soramazsınız.

Dahası, Kavalalı Paşamızın Taif ve civarında oluk oluk kan akıtarak sağladığı 'asayişten' dolayı İngiltere Krallığı'nın neden Yüzbaşı George Forester Sadlier başkanlığında bir heyet göndererek, nişanla taltif edip kutlama gereği duyduğunu da soramazsınız.

Suudi Krallığı'nın ABD için ne kadar sevimli olduğunu bilmeyen mi var? Tıpkı Şerif Hüseyin'in İngilizler için olduğu kadar. İyi ama, İngiliz sevgisi kötü bir şeyse, İngilizler bizde pek muteber olan kimi siyasileri de çok sevmişlerdi; üstelik anlı-şanlı nişanlarla taltif edecek kadar...

İTTİHATÇILARDAN BUGÜNE DEĞİŞEN NE?

Şimdi sürmekte midir, bilmiyorum. Eskiden askerde bir gelenek vardı: Yalnızca insanlar değil, tank, top, tüfek, kazan ve hatta ağaç gibi nesneler de cezalandırılırdı. Hiç aklımdan çıkmaz; bir er kendini astı diye bir ağaca ceza verildiği için başında nöbet bekletiliyordu.

Âletle cinayet Kabil'den bugüne, insanlıkla yaşıt bir kötü gelenek. Sözümona, insanlığın 'ilkel' denilen dönemlerinde caniler cinayetlerinde 'nesneleri' kullanırlardı; taş, kesici ve delici âletler gibi. Modern zamanların canileri de cinayetlerinde nesneleri kullanıyorlar. Şimdilerde bu tür sıradan âletleri kullanarak cinayet işleyen sıradan canilerin yaptığına, hukukta "âdi cinayet" adı veriliyor. Demek ki bir de "âdi olmayan" cinayet var; adı konmasa da, "modern", hatta "post-modern" yöntemlerin kullanıldığı bu tür cinayetler genellikle "siyasi cinayet" olarak adlandırılıyor.

Sözümona 'gelişmiş' ve 'rafine' yöntemlerle cinayet işleyen 'modern' caniler cinayet âleti olarak 'nesne' kullanmıyorlar; daha doğrusu onlar nesneyi kullanan 'insan'ları kullanıyorlar. Bakmayın 'insan' dediğime, aslında onların da cinayet âletlerinden bir farkı yok. Kendilerini kullanan "post-modern' caniler tarafından nesneleştirilmiş insan kılıklı âletler bunlar.

Modern canileri, cinayet zincirinin baş halkası sanıyorsanız yanılırsınız. Onların ipini de daha gerilerde duran 'ecinni' yapılı şeffaf 'post-modern' caniler tutmaktadır. Yani bir kuklalar zinciriyle karşı karşıyasınız. Kuklacı sandığınız, "artık bundan ilerisi yok" dediğiniz halkalar dahi, 'post-modern' cinayet şebekesinin birer taşeronu çıkabilir.

Bu tür şebekelerde cinayet son kullanma tarihi dolmuş canlı âletlere yıkılır; kadim zamanlardan beri usûl böyledir. Bu ülke sözkonusu yöntemi İttihat ve Terakki (İT) ile tanıdı. Resneli Niyazi'den Yakup Cemil'e kadar, cinayetlerinde bir yığın nesneleştirilmiş 'canlı âlet' kullanan İT'in paşa babalarından Talat, son kullanma tarihi gelince canını cellada teslim ettiği Yakup Cemil için diyor ki:

"Bunlar kenef kağıdı gibidir, kullandın mı yallah kabura!"

Tabii ki vatan-millet için işliyorlardı bu cinayet şebekeleri dillere destan cinayetlerini. Cinayet âletlerini nasıl temin ediyorlardı peki? Kendisini "anayasanın tam olarak tatbiki" ve "yürürlükte kalması" işiyle görevlendiren İT Cemiyeti Tüzüğü'nün 48. Maddesi'ni okuyalım:

"Cemiyet (İT)'e giren bütün fertler gerektiği zaman Cemiyet'in mukaddes maksadı uğruna hayatlarını feda etmeye mecbur ise de, hususi işler için sırf vicdani arzusuyla fedai olarak yazılmak isteyen fertler bağlı bulundukları şubenin rehberi vasıtasıyla ismini idare heyetine bildirmelidir."

Jargona bakın jargona! *"Kutsal görev", "özel işler", "vicdani arzu"* ve *"fedailik"*...

Kontrgerilla, Özel Harp, Ergenekon, Gladio vs... Adı her neyse. Bu tür örgütlenmenin NATO ile başlamadığını, bu topraklardaki geçmişinin daha eskilere dayandığını İT Tüzüğü'nün 49. Maddesi'nden daha güzel ne ispat eder:

"İdare heyeti fedai yazılan fertlerden meydana gelmek üzere ayrıca FEDAİ ŞUBELERİ kurarak hususi işleri ve Cemiyet'in zabıta vazifelerini bu fedakarlara bırakacaktır."

Banisi olmakla övündükleri II. Meşrutiyet'in Meclis-i Mebusan'ını 1913'te basarak "rovelver adaletini" hakim kılan darbeci zihniyetin mantığı işte budur.

Tüm geleneğimizin köküne kibrit suyu döksek de, o gün bugündür bu 'derin' geleneğimize toz kondurmadık evelallah.

İşte bu nedenle, günlerden beri naklen yayınlanan medyatik 'cinayet şovları' izlerken, bir yandan yüreğimiz kanıyor bir yandan da dudağımızın bir kenarına acılı bir tebessüm yerleşiyor.

Siz de benim gibi "Var bunda da bir hayır!" demiyor musunuz? Vahşetten, dehşetten, bulanık sulardan, bulanık su avcılarından, puslu havadan, puslu havayı sevenlerden hayır gelmeyeceğini ben de biliyorum, ama...

İşin 'ama'sını düşünmek dahi akla ziyan. Başbakanlığa kadar sokulmasına izin verilen cinayet âletlerinin, Başbakan'ı da içine alan sansasyonel bir eylemin ardından, tüm ülkede Menemen tipi topyekun bir temizlik harekatına zemin yaratılmak istenmesi gibi bir planı, fazla mı 'komplo teorisi' bulursunuz?

Ben bulmam: Yukarıda sağlam köklerine işaret ettiğimiz gelenek emre âmade.

Mevzuat mı?

O da mesele mi! Yakın geçmişinde "Önce salben idamına, bilahare delillerin toplanmasına" diyerek kalem kıran 'hukuk dehaları' olan bu ülke, kim bilir kara bağrında daha ne cevherler saklıyordur!

NEDİR PATRONA HALİL'İN SİZİN ELİNİZDEN ÇEKTİĞİ?

Önce, Yılmaz Karakoyunlu bir kartel gazetesindeki köşesinde Patrona Halil'e ağız dolusu iftira etti:

"Patrona Halil, aydınlık çağımızı başlattığı için Nevşehirli İbrahim Paşa'yı yüzmüştü. Sultan Birinci Mahmut, katil Patrona Halil'i saçlarından yakalayıp başını musalla taşına vururken "Bu habis kelle gidince ülkeyi ışık kaplayacak. Aradan tam iki yüz yetmiş yıl geçmiş... Hâlâ bu mücadele sürüyor..."

Breh... breh... breh. Laik-demokrat Karakoyunlu'ya bakın, kelle istiyor. 'Batı'nın yeniçerileri' kimlerin kellelerini arzu buyururlardı: Boynumuz kendilerine hep kıldan ince olmamış mıdır? Aldıklarının hesabını kim sordu ki, alacaklarınınkini kim sorsun?

Şu celadete, şu şecaate bakınız! Kerameti kendinden menkul beyimiz, o sivri diliyle sell-i seyf etmiş haydarane naralar savurarak Vural Savaş'ın tetikçiliğini yapıyor. *Salkım Hanımın Taneleri*'yle Tek Parti diktasının azınlıklara yönelik Varlık Vergisi zulmünü romanlaştıran Karakoyunlu, bu baştan sona tahrifat olan satırları Vural Savaş'ın *Militan Demokrasi* kitabını öveyim derken döktürüyor. Savaş'ın kitabı "demokrasi ve laiklik mücadelesinin" ürünüymüş. (!)

Beyimiz becerikli: üç-dört satırda o kadar çok yalan-yanlış sergileme becerisi göstermiş ki, tashihini bendeniz bu köşeye sığdırmayı beceremem: İbrahim Paşa'yı III. Ahmet boğdurdu, bu bir. Yüzüldüğü 'romancı' türrehatı, bu iki. Sultan Mahmut tahtını borçlu olduğu Patrona'yı saçlarından hiç tutmadı, çünkü paramparça cesedini hiç görmedi, bu üç. Dolayısıyla Karakoyunlu'nun hayal gücünü konuşturarak imal ettiği o lafı da hiç söylemedi, bu dört.

Cevap Zaman'da Mustafa Armağan'dan geldi. Armağan, Karakoyunlu'nun romancılığına "belli bir ölçüde tarihi tahrif etme" obsiyonu tanıyor. Ve ardından şu sitemi ediyor: *"Yahu nedir bu Patrona Halil'in elimizden çektiği? Saltanatçısı saldırır, solcusu saldırır, Kemalist'i saldırır, İslamcısı saldırır, o da yetmez..."*

Hakikaten öyle. Nedir bu zulüm, bu haksızlık? Açıp bakınız, bizim yakadan bir yığın saltanatçı-Osmanlıcı kalem, saltanatı kurtaracağım derken dürüst ve gerçek bir halk kahramanı olan Patrona Halil'i yerden yere vurup, onun haklı çıkışını tahkir ederler. Patrona Halil'e yapılan bu haksızlığı telafi için, onun hayatını ve ayaklanmasını ele alan *Serdengeçtiler Hareketi 1730/Bir Halk Kıyamının Anatomisi* adlı eseri kaleme almıştım. Eser yedi baskı yaptı ama, "konusu Osmanlı olan masal" yazanlar hâlâ alışkanlıklarından vazgeçmediler.

Patrona Halil ayaklanması; İran seferlerinin halkı ek vergilerle (tıpkı deprem vergileri gibi) soyma aracına dönüşmesi, Rio karnavallarına dönüşen Sadabad sefahatlerinin yoksul halkı çılgına çevirmesi, İstanbul'un sırtını devlete yaslamış aristokrat tabakasının bin bir türlü ahlaksızlığı açıkça irtikap edip özendirmesi ve hepsinden öte Damat İbrahim'in korkunç boyutlardaki soygun ve sûiistimâllerine karşı oluşan tepki neden olmuştur.

Karakoyunlu, Damat İbrahim'e "aydınlık çağımızın başlatıcısı" payesini verirken, Cumhuriyet Batıcılarıyla Osmanlı Batıcıları arasındaki ahlaki ve psikolojik nesep bağını ele veriyor. Patrona Halil hakkındaki en çaplı araştırmanın yazarı Münir Aktepe, bir bir kaynaklarını göstererek Damat Paşa'nın "Ermenilikten devşirme gizli bir Hıristiyan" olduğunda tüm Batılı kaynakların müttefik olduğunu yazar. (s. 152) Patrona Halil ve isyanı hakkında ikisi de İsyan günlerinde kaleme alınmış olan ilk elden kaynaklar *Destari Salih Tarihi* ve *Abdi Tarihi*'dir. (Bu ikincisi Faik Reşit tarafından transkripsiyonu yapılarak 1943'te yayımlanmıştır) Bu iki görgü tanığı tarihçiye göre, III. Sultan Ahmed'in öldürterek cesedini ayaklanan halka gönderdiği Damat İbrahim'in elbiseleri parçalandığında sünnetsiz olduğu ortaya çıkmıştır. *"Bu laşe bizim matlabımız olan İbrahim Paşa laşesi değildir"* (Destari vr. 17, Abdi, s. 39) diye feryat etmişler, cesedin Paşa'nın Hıristiyan Kürkçübaşı'sı Monal'a ait olduğunu sanmışlardır. Ahmet Refik der ki "Paşa'nın Monal'a benzemesi mümkün değildi; Paşa aksakallı, Monal ise şakalsız, sarı bıyıklı, gök gözlüydü."

Cumhuriyet dönemi talancılarıyla Osmanlı dönemi talancıları arasındaki muhabbetin bilinçaltı nedenini okuyucunun kavraması için Destari'nin, Damat İbrahim'in boğulmadan hemen önce yaptığı itirafı nakledeyim:

"Hazinedarımda on iki bin keselik zolata ve iki sandık altın ve yalıda dahi iki sandık altın ve derun-ı hazinemde gizli taş odada bakırdan mebni on iki sandık altın vardır."

Sadrazamlığının ilk günlerinde borç para alacak kadar yoksul olan Karakoyunlu'nun "aydınlık çağının başlatıcısı" İbrahim Paşa'nın, bu devlet bütçesi gibi hazineye sahip olma yöntemini "aydınlıkçı" geçinenler daha iyi bilir. Bu serveti teslim alan kıyamın başı Patrona Halil'dir. Sizce ne yapmıştır bu 'gerici' söz konusu hazineyi? Kuruşuna kadar devlet hazinesine makbuz karşılığı teslim etmiştir. (Ruznamecibaşı'nın düzenlediği makbuz koçanı B. Sıtkı Baykal tarafından keşfedildi).

Enayi 'gerici', n'olacak.

'İlerici' olsaydı, Damat Paşa ve onun günümüzdeki kafadarları gibi 'hortumlardı.'

Evet, "mücadele devam ediyor"; kimlerle kimler arasında olduğu belli değil mi?

ŞEYH-İ SAN'ÂN

Türkiye'nin temel problemi iktisadi mi, itikadi mi? Okuyucu bu sorunun cevabını, iktisadi ögelerle itikadi ögelerin iç içe geçtiği şu öyküyü okuduktan sonra versin.

Öykü, benzeri hemen her hikaye gibi yaşanmış bir olaya dayanıyor. Muhtemelen öykü, fethettikleri bölgelerin Hıristiyan manastırlarını ziyaret eden İslam halifelerinden birine, ziyaret ettiği bir manastırda nakledilmiştir.

Olayı edebi bir dille ölümsüzleştiren metin, Feridüddin Attar'ın sembolik eseri *Mantîku't-Tayr* (20. bl.) Kimi araştırmacılar olayın ilk kaynağının ünlü İslam alimi Ebu Hamid Muhammed el-Gazzali'ye ait olduğu sanılan *Tuhfetu'l-Mülûk* adlı eser olduğunu dile getirir.

Öykünün çeşitli versiyonları olsa da, bunların tümünün tek bir asıldan neş'et ettikleri belli. Yukarıda verdiğimiz ilk kaynaklarda, öykümüzün kahramanı adıyla değil sanıyla anılıyor: Şeyh-i San'ân. Tiflis'te onun adına bir mezar bulunmakta. Asıl adının Abdülaziz olduğunu söyleyenler var.

Abdülaziz ya da değil, işbu Şeyh-i San'ân yarım asırdan beri bulunduğu fütuhat topraklarının Hıristiyan olan yerli ahalisini İslam'a davet eden, müslüman ahaliyi irşad eden bir sûfi şeyhidir. Yıllarını bu işe verir.

Şeyh-i San'ân bir gün, Batıya doğru irşad seferine çıktığında gönlünü bir Hıristiyan dilberine kaptırır. Şeyh efendinin aşkı kara sevdaya dönüşür ve Hıristiyan maşukasına evlilik teklif eder.

Hıristiyan dilberi, göğsüne kadar uzanan ve yüzüne gizemli bir vakar veren sakalı, başında derviş külahı, sırtında şeyh cübbesi, yanında kendilerinden olağanüstü ilgi ve saygı gördüğü müritleriyle her gittiği yerde, yalnız müslümanların değil Hıristiyan ahalinin de ilgi odağı olan şeyhin kendisine olan tutkusunun farkına varır.

Onun teklifine karşılık "Bir şartım var!" der; "Sakalını keser, sırtındaki kıyafetleri çıkarırsan bu iş olur."

Şeyh-i San'ân, Hıristiyan dilberinin bu teklifini kabul eder. Eder etmesine de, onun bu halini görenler sözünü dinlemez, sohbetine gelmez olurlar. Buna karşın Hıristiyan dilberi işi savsaklamaktadır. Sonunda bir şartı daha olduğunu söyler: *"İrşad işini tamamen bırakıp bizim beldeye yerleşeceksin!"*

Şeyh artık dönülmez bir yola girmiştir. Bu şartı da yerine getirir ve tekkesini müritleriyle birlikte terk ederek Hıristiyan beldesine göç eder. "Haydi artık" der maşukasına, fakat maşukası eski şeyhin yüreğine zincirini taktığını fark etmiştir bir kez. Konukları olan şeyhe şarap ve domuz eti sunarak onu mecbur bırakır: *"Bizim yediğimizden yiyip içtiğimizden içmezsen ben seninle nasıl koca bir hayatı birlikte geçiririm?"*

Şeyh hayatının ilk içkisini bunun üzerine yudumlar ve domuz etini yer. Fakat, verdiği bütün bu tavizler karşısında artık Hıristiyan maşukasını elde etmek için yanıp tutuşmaktayken, kızın ailesi, başlık yerine peşinen domuz sürülerini gütme şartını önüne koyarlar. Şeyh-i San'ân, nâçar bu şarta da evet der.

Bu kez Hıristiyan dilberi, "Madem müslüman kıyafetini çıkarıp Hıristiyan kıyafetini giydin, Hıristiyan memleketini memleketin edindin, bizim gibi içki içip domuz eti yedin, hatta domuz çobanı bile oldun, bari son şartım olarak dinini de değiştirip benim dinimi benimse de, bu düğün hediyen olsun" der.

Müslüman coğrafyasının namı şanı Doğuyu ve Batıyı kaplamış ünlü Şeyh-i San'ân'ı, gele gele sonunda Hıristiyan bir domuz çobanı olup çıkmıştır.

Öyküyü, bu ülkenin III. Ahmet'ten bu güne kadar süren coğrafi adıyla "batılılaşma", akidevi adıyla "bâtıllaşma" süreciyle olan benzerliğini bir bir ortaya serecek değilim. Bu köşenin okuyucularının, kıssadan hisse çıkaracak akliyyete sahip olduklarını biliyorum.

Osmanlı Batıya fetih için girmişti. Viyana önlerine istihkam kazan Osmanlı, kendi değerlerinden emindi. Yoksa oralara varamazdı. İnanmazsanız, Viyana'nın ortasından nazlı nazlı akan Tuna'ya sorun.

Bu yaşlı bilge fetih için girdiği topraklarda rastladığı genç dilbere vuruldu. Bu bir aşk-ı memnu idi. Söz konusu aşk-ı memnu, orada gerçekleşen ve dünya tarihini alt üst eden değişim ve dönüşümü anlayıp da Osmanlı'ya aktarsın diye Fransa'ya gönderilen "Yirmisekiz" lakaplı Çelebi Mehmet Efendi ile başlar.

Yirmisekiz Çelebi, Batı Aydınlanması'nın dinamiklerini okuyup tahlil ederek bir toplumsal yeniden inşa projesi üzerinde duracak yerde, kucağında Kağıthane'ye inşa etmek üzere XIV. Lui Versailles'inin projesi ve portakal fidanlarıyla dönmüştü.

Sonrası bildiğiniz hikaye.

Şimdilerde, bu yasak aşkla başlayan lanetli sürecin hazin sonunu yaşıyoruz. Ve tepemizde "itikadi çöküşü" yok sayarak, "iktisadi çöküşü" durdurmaya çalıştığını sanan zavallılar... 'Ne yok sayması, itikadi çöküşü planlı bir biçimde hazırlayan ve uygulayan zavallılar...

Şeyh-i San'ân'ın müthiş hikayesini anlatan kaynaklar, bu hikayenin mutlu sonla bittiğini söylüyorlar. Hikayeye göre, müritlerinin ısrarlı duaları sonuç verir ve domuz çobanlığında karar kılan Şeyh-i San'ân gördüğü bir rüya ile tekrar ihtida eder. Aşkını istismar ederek domuz çobanına dönüştürdüğü şeyhi yüzüstü bırakan Hıristiyan dilberi de, onun telkinleriyle ihtida eder.

Ama bizim işimiz, bir rüya ile halledilecek kadar kolay gözükmüyor.

İSTİKRAR KİMİN İŞİNE YARAR?

1856 yılında *Islahat Fermanı* ilan edildiğinde, batıcı bir bürokrat olan Mehmetpaşazade Said Bey, namaz kılmaya giden bir hoca efendiye şöyle der:

"Niçin namaz kılıyorsun hoca efendi? Ferman okundu, görmedin mi? Artık gayrı müslim teb'a ile beraber olacağız!"

Ahmet Cevdet Paşa'nın *Tezakir*'inden öğrendiğimiz bu olaydan da anlıyoruz ki, 143 yıl öncesinin batıperest kafasıyla günümüz aydın makulesinin Avrupa Birliği'ne adaylık ilanını müslümanların kurban ibadetlerinden kurtulmak için bir fırsat telakki eden tavrı arasında, mahiyet farkı bulunmamaktadır.

Bir buçuk asır öncesiyle günümüz arasındaki benzerlik, yalnızca Islahat Fermanı taraftarları olan Osmanlı batıcılarıyla Avrupa Birliği taraftarı olan Cumhuriyet batıcıları arasında görülmüyor. Aynı zamanda bu iki olaya muhalefet edenlerin bakışaçısında da çok yakın bir benzerlik müşahade ediliyor. Yine *Tezakir*'den öğrenelim Islahat Fermanı'na yönelik tepkileri:

"Aba ve ecdadımızın kanıyla kazanılmış hukuk-u mukaddese-i milliyemizi bugün kaybettik. İslam milleti hakim millet iken böyle bir mukaddes haktan mahrum kaldı. Bugün, ehl-i İslam'ın ağlayacak ve matem edecek günüdür."

Ne garip, halkın ağzından bu satırları aktaran büyük İslam hukukçusu Ahmet Cevdet Paşa'nın kız torunu din değiştirip rahibe olacaktır; tıpkı Tevfik Fikret'in oğlu Haluk'un din değiştirerek papaz olduğu gibi.

Çoğumuz sanırız ki, Osmanlı aristokrasisinin İslam'la ilgisi Cumhuriyet aristokrasisinin İslam'la ilgisinden daha sıcak, daha yakındır. Öyle olmadığı malum. Meşrutiyet seçkinleriyle Cumhuriyet seçkinlerinin kafa yapıları birbirinin aynısıdır. Ve problem Avrupa'yla ilişkilerimizde değil, 'kendimizle', 'kendi değerlerimizle' ilişkilerimizde aranmalıdır.

Bu tarihi tecrübeden yola çıkarak baktığımızda, Avrupa Birliğine giriş sürecinde korkması gerekenlerin biz müslümanlar olmadığı kanaatindeyim.

Bu saatten sonra kimse, başımıza bir musibet olarak sarılan 'ulus devlet'in savunmasını bize ihale etmeye kalkmasın. Bu topraklar başta olmak üzere, mazlum coğrafyamızın bir çok yerinde 'kurtuluş savaşı' adı verilenler de dahil tüm savaşlarda kimlerin 'savaşıp' kimlerin 'kurtulduğunu' unutmak mümkün mü? Davulu halkın boynuna asıp da tokmağı halka yabancılaşmış bir avuç seçkinin eline veren modelleri savunmamız beklenmiyor her halde bizden.

Bu ülkede, "ulus devlet de olmasa ahlakın şu şu surları da yıkılırdı" diyebileceğimiz hiçbir şey kalmamıştır. Ticaret, iş ve siyaset ahlakı artık irtifa kaybedemeyecek kadar dibe vurmuştur. İslam ahlakının kendilerinde tecessüm ettiği birey ve aileler, bunun en küçük zerresini dahi devlete ve onun her hangi bir kurumuna borçlu değillerdir. Belki, sisteme rağmen korudukları duruşları sayesinde ahlaki davranış geliştirmeyi başarabilmişlerdir. Hepsinden öte, ahlaki duruşlarını böylesine köhne ve böylesine ayartıcı bir yağma düzeninde koruyabilenler, kendi içerisinde tutarlı bir ahlak normuna sahip olan Avrupayla eklemlenmiş bir Türkiye'de daha rahat koruyacaklardır.

Din adına zaten bir korkum olamaz. Çünkü din cazibesini sizden, bizden, onlardan değil, doğrudan kendi ilahi kaynağından alır. O, bizatihi 'yüce' ve 'korunmuş'tur. Şimdiye kadar dini iktidar eliyle koruduğunu söyleyen her sistem, bunu dindarı köleleştirme ve koyunlaştırma yolunda bir rüşvet olarak kullanmıştır. Cumhuriyet dönemi Türkiye'si de bunun dışında değildir.

Müslümanlara gelince; bunun en bariz örneği Avrupa'daki işcilerin durumudur. Bunun nedeni açıktır: Kimlik, 'öte-kiyle' karşılaşıldığında daha bir değer kazanır ve kendini gösterme ihtiyacı hisseder. Bugün, resmi sistemin eğitim kurumlarında zihni ve yüreği yeniden formatlanarak kimliğini yitirmiş ve kişiliksiz hale gelmiş bir çok insanımızın, 'öteki'yle yüz yüze gelince bir kimlik arayışına girmesi ve çoğunlukla bu arayışın kendi özüne dönüşle neticelenmesi boşuna değildir.

İnsan hakları, özgürlükler vs...

Bu alan, dövüşe dövüşe, alın, yürek ve bilek teriyle kazanılacak bir alandır. Başkalarının koltuğuna sığınarak, bir ulufe gibi dağıtılacak ya da dilenilecek bir alan değildir. Batılılar ya da onların yağmacı yerli taşeronları, size hak ve özgürlüklerinizi kolay kolay vermeye yanaşmayacaklardır. Zaten bunu beklemek de abesle iştigaldir. Kaşıkla verip sapıyla göz çıkaracağı gün gibi aşikar olanların eline bakma safdilliğine düşmemek gerek. Özetle, ağanın çomarıyla değil de ağanın bizzat kendisiyle muhatap olmayı istemekten daha doğal ne olabilir?

Biliyorum ki, tarih devam ediyor ve yarının üstte olacak olanları bugünün ya da dünün alttakileri arasından çıkacaktır. Üç asırlık 'yalan çevrimi' tamamlansın ve 1400 yıllık tarihimizin acılı-tatlılı engin birikimine dayanarak yepyeni bir hayatın inşası için önümüz açılsın.

Yapabilir miyiz bunu?

Neden olmasın?

En büyük güvencim kendimiz değil, fakat ait olduğumuz inanç sistemi.

O'na güveniyorum.

SİYONİSTLERLE SABATAİSTLER EL ELE

Yahudi sorunu, yeni bir sorun değildir. Bu sorunun geçmişi 3000 yıllıktır. Bu sorunun, neden "dünyanın en uzun süren müzmin sorunu" olduğunu anlamak için, sadece yahudi inanç sistemini ve tarihini bilmek yetmez. Aynı zamanda yahudi felsefesini de çok iyi bilmek gerekir.

Hayatının yarısını yahudi felsefesini kavramaya ayıran ve bu konuda yüzyılın en çaplı ansiklopedisini yayımlayan Prof. Dr. Abdulvahhab el-Mesiri, yahudi felsefesinin arkasında yatan nihai amacın *"küresel değersizleştirme" (tahyidi'l-'âlem/neutralization of the world)* olduğunu söyler.

El-Mesiri'nin bu yargısı, çalakalem varılmış bir yargı değildir. Geçmişi binlerce yıla uzanan yahudi dini metinlerinin tamamını, bu metinlerden doğan Talmud, Mişna, Gemara ve Kabbala'yı, Kabbala'dan doğan Zohar Ekolü'nü ve bu ekolün efsanevi ismi İzak Luria'yı ve onun simgesel eserini iyiden iyiye incelemiştir.

Bu dev eseri inceleyince dönmelerin ünlü 'mehdi'si Sabatay Zvi'nin tüm haramları helal kılan laik-mistik 'her şey mübah' anlayışıyla, çağdaşı yahudi filozof Spinoza'nın laik-felsefi 'naturalits panteizmi' arasındaki ilişkiyi, hepsi de Yahudi olan Freud'un psikolojik, Marx'ın siyasal ve ekonomik, bizdeki 'milliyetçilerin' fikir babası Durkheim'in sosyolojik tezlerinin arkasındaki temel mantığı anlamakta zorlanmıyorsunuz.

Tabiî anlamakta zorlanmadığınız bir başka konu da Yahudiler'in tarihte neden bu kadar kanlı olayların muhatabı oldukları; toplu kıyımlara, sürgünlere, jenositlere ve baskılara maruz kaldıkları.

Sadece 'maruz kalmalarını' mı?

Aynı zamanda zulümlerini, değer yıkıcılıklarını, insanlığın başına bela oluşlarını, birlikte ya da komşu olarak yaşadıkları hemen hemen tüm ülkelerin halkları tarafından nefretle hatırlanıp ilk fırsatta üzerlerine çektikleri bu nefretin gazabına uğramalarını, başka insanlara ve uluslara karşı acımasızlıklarını da...

Ve bir de Filistin'de Filistinliler'e karşı yaptıkları katliamları... Deyr Yasin, Hayfa, Sabra ve Şatila, Beyrut, Gazze, Eriha ve Ramallah...

Siyonizm'in ve Sabataizm'in kendisinde birleştiği ana halka, Luria'nın Zoharcı yorumudur. İsrail'in kuruluş felsefesi olan Siyonizm ve tarihleri bilinmeden Türkiye Cumhuriyeti tarihi yazılamayacak olan Sabataizm, "tikun (=onarım) felsefesi" adını verdikleri bir felsefeye dayanırlar.

Bir tür Yahudi metafiziği olan bu felsefe, bizce Eski Mısır Hermetizmine aittir ve putperest bir kökene dayanır. Aslen Mısır Yahudisi olan Haham Luria da zaten bu felsefenin en ünlü yorumcusu sayılmaktadır.

Tikun felsefesine göre, âlemin yaratılışında bir miktar tanrısal ışık (=nur) kaynağına geri dönememiştir. Hatta, fiziki dünyanın varlık sebebi de budur. Bu hapis kalan tanrısal ışıkların kaynağına dönmesi için sıkışıp kaldığı 'vazonun' kırılması gerekmektedir.

Bu felsefenin sahipleri, bu ışığın kurtarılması görevinin "kutsal kavim" yahudilere verildiğini düşünmektedirler. Onun için de ışığın serbest kalması için her türlü kırıp-dökme, yakıp yıkma, asıp-kesme mübahtır. O halde yakın-yıkın, dünyaya yalan söyleyin, günah işleyin, kan dökün, dünyayı zulme bulayın!..

Yani, amacınıza ulaşmak için her şey mübah, her şey helaldir.

Mesih'lik iddiasıyla çıkan Dönmeler'in lideri Haham Sabatay Zvi'nin "her şey mübah" yaklaşımı Tikun Felsefesi'ne dayanır. Konunun uzmanları onun fuhuş yaptığı bilinen bir kadınla beraberliğini de bu felsefesine bağlarlar. Sabetaycı yazar Ilgaz Zorlu da eserinde "serbest seks" dediği "mum söndü" geleneğini bu felsefeyle ilişkilendirir.

Bugün Filistin'de olanlar, "Tikun felsefesinden" bağımsız anlaşılamaz. İsrail nasıl olur da 21. yüzyılın Naziliğine soyunur? İsrail'i yönetenler nasıl binlerce insanı bir arada katlettikleri kanlı katliamlara imza atarlar?

Dün mesaj kutuma dört kare fotoğraf düştü, ABD'nin günahlarının tamamını yüklendiği korsan İsrail devletinin askerlerinin işlediği korkunç bir cinayete ilişkin...

Birinci karede bir Filistinli delikanlı görülüyor. Askerler üzerini arıyorlar, silahı yok.

İkinci karede elbiselerini soyuyorlar. Neredeyse çırıl çıplak.

Üçüncü karede, çıplak haliyle yere yatırılıp kafasına silahlar dayanmış.

Ve dördüncü kare: Otomatik silahla beyni parçalanmış, kanlar içinde bir ceset.

Bütün bu cinayetleri işleyen Siyonist İsrail'le, Türkiye'yi korsan bir biçimde halkından çalıp yöneten Sabataistler şimdi el ele. İsrail'e bir milyar dolarlık bir ihale vererek korsan devletin terörünü finanse ediyorlar.

Ve biz ABD'deki Yahudi örgütü Jinsa'nın bir generalimize verdiği "LİDERLİK" ödülünün neyin liderliği olduğunu ve ne karşılığı verildiğini yeni yeni anlıyoruz.

Alan Makovski'nin Washington Enstitüsü'nde hitabetme şerefinin kendisine niçin bahşedilip Yahudi İnsan Hakları örgütü "ADL"i neden ziyaret ettiğini de...

Osmanlı sonrası "uzun fetret dönemi"nde olan bitenlerin hiçbirinin hesabı görülmedi. Hafızasıyla dalga geçilen bu millet, bunu da hafızasının bir tarafına kaydediyor.

UNUTMAYACAĞIZ!

Bazı anlar olur, içinizden ağlamak gelir, fakat ağlayamazsınız. Ya öfkeniz tavana vurduğu için, ya da yaşadıklarınız karşısında nutkunuz tutulduğu için...

Yumruklarınızı ve dişlerinizi sıkarsınız. Göğsünüz daralır, gözünüz kararır, bir hoş olursunuz. Bu toprakların bunca ihanete sahne olması karşısında söz dağarcığınız tükenir.

"Bunu da mı görecektik?" dersiniz.

"Bu milletin günahı bu kadar mı büyük Allahım!" dersiniz.

"Bu ülkenin kaderi sırtından hançerlenmek midir?" dersiniz.

"Bu ülkeyi hasbelkader eline geçiren azgın azınlığın, 65 milyonun yüzünü kızartmaya ne hakları var?" dersiniz.

Ta ciğerden bir "âh!" çeker ve hepsini Allah'a havale edersiniz.

50 yıl öncesinin Haganah terör çetesinin azılı bir üyesi, şimdilerde işgalci İsrail'in Başbakanı *Ariel Şaron*'un Türkiye'ye gelişi, bu ülke için yüz karasıdır. İşgalci Fransa'ya karşı verdiği kurtuluş savaşı sırasında, Türkiye'yi yönetenler, Cezayir halkına da ihanet etmişti. BM'de, Mazlum Cezayir'i değil, zalim Fransa'yı desteklemişti.

Fransa'ya karşı verdiği kurtuluş mücadelesinde, bir milyon şehit vermişti Cezayir. Sadece Setif katliamında 100 bine yakın insan hunharca katledilmişti. Türkiye'yi yönetenler Fransa'nın yanında yer almakla, bu bir milyon şehidin ruhunu sızlattılar.

Türkiye'nin müslüman halkı, yönetenlerin bu ihanetini hiç tasvip etmedi. Hep nefretle andı. Bu reddinin bir nişanesi olarak, o yıllarda doğan çocuklara "Cezayir" adını verdi.

Fakat bu ülkeyi yöneten sınıflar, kendi halkına karşı Fransız kalmış bir avuç azınlıktı. Kültürel devşirme idiler. Onun için de halkın duygularını ezip geçtiler. Kendilerini devşirenlerin safında yer aldılar. Cezayir'e karşı entelektüel ataları Fransa'yı desteklediler. Bu ülkenin 'kurtuluş savaşı' sırasında, Cezayirli, Libyalı, Hindistanlı müslüman kadınların bileziklerini ve alyanslarını gönderdiklerini görmezden geldiler. Cezayir'in büyük âlimi Abdulhamid b. Badis'in, Türk-Yunan savaşı sırasında nasıl çırpındığını zaten hiç bilmediler.

Türkiye'yi yönetenlerin tavrı yalnız Cezayir halkını değil, tüm İslam toplumlarını şaşkına çevirdi. Sıradan insanlar bunu anlamakta zorlandılar. Türkiye'nin din değiştirdiğini, toptan irtidat ettiğini düşünmeye başladılar. Oralarda yaşayan orta yaşın üstündeki birçok sıradan insan, hâlâ bu düşüncededir.

Bu ihanet yıllarca unutulmadı. En sonunda, Türkiye halkı adına, Turgut Özal Cezayir halkından özür diledi. Kabahat bu halkın değil, devleti halka rağmen yönetenlerindi. Ve devlet, halkının yüzünü kızartan bu suçtan dolayı özür diliyordu Cezayir halkından. Fakat, devletin özür dilemesi gereken birileri daha vardı: Kendi halkı.

Çünkü, onun yüzünü kızartmıştı. Onun duygularını incitmiş, inancını ve hatıralarını hiçe saymıştı. Hâlâ bu halkın bir "özür" alacağı var. Ve bu alacak, şimdi ikiye katlandı; Sabra ve Şatila katliamının sorumlusu olan bir savaş suçlusunu bu ülkeye davet edenler sayesinde...

Şaron, çoluk çocuk, kadın ihtiyar 2000 Filistinli mültecinin hunharca katlinden sorumluydu. Şaron'un İşgal altındaki Mescid-i Aksa'ya girerek gerçekleştirdiği provokasyon, 500 Filistinli'nin canına malolmuştur.

O Şaron ki, işgal altındaki Kudüs için, "Birleşik Kudüs" ve "Ebedi başkent" laflarını edebilmiştir. Dünyanın başka hiçbir yerinde söylemeye cesaret edemeyeceği bu sözleri söylemesine, Ankara izin vermiş, adeta teşvik etmiştir. Bu bir suç ortaklığı, katliama yardım ve yataklıktır. Bu, İsrail'in işgalini reddeden BM kararlarını ve uluslararası kamuoyunu da hiçe saymaktır.

Bu cesareti ona verenleri bu millet unutmayacaktır. Bu millet, savaş suçlusunu bağrına basan Ankara'ya er-geç özür diletecektir.

Bu milletin bir ferdi olarak ben kendi payıma, "çevresi mübarek kılınan" esir Kudüs'ten ve Mescid-i Aksa'dan özür diliyorum. Bizim halimizi en iyi Kudüs anlar, diyorum.

Çöplük haline getirilen Hz. Süleyman'ın inşa ettiği İslam mabedini temizletip inşa ederek tekrar ibadete açan Hz. Ömer'in ruhundan özür diliyorum. Hz. Ömer ne kadar Hz. Musa'nın ve Süleyman'ın varisiyse, Şaron da, bir o kadar Firavun'un ve mabedi yerle bir eden İmparator Titus'un varisidir.

Kudüs'ü tarihin kara bir vaktinde işgalden kurtararak tüm İslam ümmetinin yüzünü ve bahtını ağartan Selahaddin Eyyubi'nin ruhundan özür diliyorum.

Filistin'in büyük mücahidi ve şehit müftüsü Emin el-Huseyni'nin ruhundan özür diliyorum.

Sabra ve Şatila mülteci kamplarında bir gece yarısı hunharca katledilen Filistin'in mazlum çocuklarının, analarının, ihtiyarlarının ruhlarından özür diliyorum.

Daha 17'sinde, körpe bedenini İsrail tanklarına kurban veren "Güneyin Gelini" Sena Haydali'nin ruhundan özür diliyorum.

Henüz birkaç ay evvel, babasının kucağında kurşun yağmuruna tutulup dünyanın gözü önünde canice katledilen 12 yaşındaki Muhammed Cemal ed-Durra'nın ruhundan özür diliyorum.

VAKIF MEDENİYETİMİZ VE VAKIF DÜŞMANLARI

Vakıflar Haftası, 1400 yıllık medeniyetimizin en kalıcı kurumlarından olan vakıfların sıkboğaz edildiği bir zaman ve zeminde yad edildi.

Medeniyet tarihimizde, Cumhuriyetle başlayan resmi "toplum mühendisliği" projesi, bir kırılmayı temsil eder. Vakıf kurumu, bu kırılmaya rağmen kendisini ayakta tutmayı başaran ender İslami kurumlardan biri olmuştur.

Vakıf müessesesi ayakta kalabilmiştir kalmasına da, bu süreçte hem dışardan hem de içerden bir hayli yozlaştırıcı ve işlevsizleştirici müdahaleye maruz kalmıştır. Bu nedenledir ki vakıflar iki cephede birden saldırıya maruz kalmıştır: Hem fiziki varlıklarına yönelik saldırı, hem de işin ruhunu temsil eden amaçlarına ve muhtevasına yönelik saldırı...

Vakıfların varlığına son vermeyi kendi çıkarları açısından rasyonel bulmayan egemenler, İslam medeniyetinin bir kurumu olan vakıfların İslami içeriğini boşaltmaya ağırlık verdi. Öyle ki, İslam'la savaşmak için yola çıktığını söyleyen kişi ve zümreler, bu savaşı yürüttükleri kurumlara "vakıf" adını vermek gibi bir densizliği dahi irtikap edebildiler. Tam bir kara mizah örneği olarak işi İslam'la savaş olan -sözüm ona- 'vakıflar' dahi kurulabildi.

Türkiye'nin son dönemde sokulduğu "postmodern darbe" sürecinde, yukarıdaki türden saldırılar yeterli bulunmamış olacak ki, vakıflara ve onların İslami ruhuna yönelik saldırılar gemi azıya aldı. Öyle ki, mahut süreci başlatan metnin bir maddesi de vakıflara ayrılmıştı.

Yönetme tekelini üç çeyrek asırdan beri ellerinde tutan yabancılaşmış seçkinin denizi tüketip ülkeyi açlığa ve sefalete mahkum ettiği şu günlerde, vakıflara duyulan bu korkuyla karışık kinin nedeni daha iyi anlaşılıyordu. Çünkü İslam'ın yoksulla varsıl, muhtaç olanla ihtiyaç gideren arasında kurduğu köprüler olan hayır vakıfları, yaptığı hizmetlerle müslüman milletin gönlünde taht kuruyordu.

Farklı farklı vakıfların yöneticileriyle görüşmelerimizden çıkardığım sonuç şuydu: Düne kadar vakıflar, yoksula, aça, yetime, düşküne, muhtaca "devletin yapamadığını" yapıyordu, bugün ise "devlet adına çıkarılan bin bir türlü engele rağmen" yapıyor.

Konuştuğum bir vakıf yöneticisi, Ramazanda, mahalle mahalle muhtarlar eliyle yoksul tesbiti yaptırıp 1500 yoksula içerisinde 4 kişilik bir ailenin en az iki aylık erzakı bulunan ağır ve değerli erzak paketleri dağıttıklarını söylüyordu. Aynı yetkili, bu yıl aldıkları tepkinin geçen yıllardan çok farklı olduğunu hem gözleri sevinçten parlayarak, hem de buruk bir ses tonuyla aktarıyordu.

Gözleri parlıyordu, çünkü tuzu kuru yönetici seçkinler marifetiyle bir ekmeğe muhtaç edilen yoksulların, kimsesiz ihtiyarların, yetimlerin derdine kısmen de olsa derman olmuşlardı. Buruktu, çünkü bu sefalete, açlığa, yoksulluğa milleti mahkum eden yönetici zümreler, bir yerde kendi ayıplarını örten vakıfları sıkboğaz ediyor, onları korkutup sindirerek işlevsizleştirmek için elindeki devlet (aslında "millet") imkanlarını kullanarak görünürde İslami vakıflara, esasta ise milletin yoksullarına ve muhtaçlarına karşı savaş veriyordu.

Sözün özü; vakıflar yoksullukla, bürokratlar vakıflarla mücadele ediyordu.

İşin trajikomik yönlerinden biri de ne, biliyor musunuz? Bu bürokratların, pasaporttan tapuya, egzoz ölçümünden sağlık karnesine, sabıka kaydından nüfus cüzdanına, devletle ilgili her bir işte cebren ve hile ile vatandaşın sırtına bir sülük gibi yapışıp para emen hortumcu "kamu vakıflarının" mütevellileri arasına yerleşip, bir şekilde bu sözüm ona 'vakıflardan' uçlanıyor olmaları...

Bu da "sözün özünün özü": İslami hayır vakıfları milletin derdine derman olup onun yardımına koşarken, devlet kurumları adına kurulan "kamu vakıfları", hiç kimseye sormadan "zorunlu bağış" adı altında cebimize saldığı hortumla, vatandaşın ensesine yapışmış bir sülük gibi kanını emiyordu. Bürokratlar, bir yandan bu vakıflarda biriken trilyonların (geçenlerde bir haber bülteninde sadece tapuyla ilgili böyle bir kamu vakfında biriken miktarın 75 trilyonu aştığı, güvenlikle ilgili bir 'vakfın' varidatının ise 100 trilyonları bulduğu duyuruluyordu) nereden-nasıl gelip nereye-nasıl gittiğini denetleyecek olanların önüne gerilirken, bir yandan da hayır vakıflarını "kılık-kıyafetle mücadele" kapsamında çifte kıskaç altına alıyorlar.

"Tavşana kaç tazıya tut" demeyi siyaset haline getiren hükümetin vakıflardan sorumlu devlet bakanlığını uhdesinde tutan ortağının tuzu kuru genel başkanı da, vakıfların sıkboğaz edilmesinden -güya- şikayet ediyor.

Kimi kime şikayet ediyor acaba? Bu ülkede, biri görünen biri de görünmeyen iki hükümet var da, görünen hükümet, ecinni gibi görünmeyen hükümetin icraatlarından mı yakınıyor? Aynı isim, "kamu vakıflarının toptan kapatılması" gibi hayırlı bir cümleyi sarf ettiğine göre, ilk teşebbüsün de kendi grubundan gelmesini beklemek hakkımız değil mi? Hiç olmazsa bu milletin cebine indirdikleri sayısız hortumun bir tanesi eksilirdi.

Her şeyden önce, eğer hükümetin muhalefet ağzıyla konuşan ortağı samimiyse, yoksulların, kimsesizlerin, dulların, yetimlerin yardımına koşan ve kötü yönetimden dolayı ülkeyi açlığa mahkum eden tuzu kuru yönetici seçkinlerin açtığı yaraları bir nebze olsun saran hayır vakıflarının yakasından, bürokratlarının şaibeli -ve kimi zaman da kirli- ellerini çektirmeli.

Hoş, çekmeseler ne yazar?

Bu millet kimin ne olduğunu, kimin kim adına hizmet ettiğini, kendi geleceğini yok edenlerin kimler olduğunu bilmeyecek kadar aptal mı?

HERKESİN TAKVİMİ KENDİNE

Bizim olan her şeyin devrilerek yerine Batı'nın "eski"lerinin (sözün gelişi değil, sahiden eski) ikame edildiği yıllarda, kaşla göz arasında takvimde de değişiklik oldu. Aslında olan şuydu: Müslüman zamanının hıristiyan zamanıyla değiştirilmesi.

'Devrileni' ve onun yerine ikame edileniyle her iki takvim de kendisine dini bir olayı referans almıştı. Hicri takvim Hz. Peygamber'in hicretini başlangıç olarak alırken, onun yerine resmi takvim ilan edilen Gregoryen takvimi, Hz. İsa'nın doğumunu (!) başlangıç tarihi olarak almıştı. Laik Türkiye'nin resmen kabul ettiği takvime ismini veren de Kilise'nin başıydı: Papa III. Gregorius...

Bunun anlamı şudur: Her takvim kendi zamanıyla, kendi değerleriyle ve kendi dini-imanıyla gelmektedir. Anlayacağınız, birilerinin dediğinin aksine, paranın olduğu gibi takvimin de dini-imanı vardır. Bu sadece adı geçen iki takvim için değil, Musevi, Maya, Mısır, Hint, Aztek vb. gibi diğer takvimler için de geçerlidir. Bütün bu takvimlerin de, kendilerini ortaya çıkaran halkların inanç sistemiyle bire bir alakası vardır.

Bizde bir çok şey gibi "zaman" da, bir yerinden yırtılıp ikiye ayrıldı. Onun için zaman tasavvurumuzu kaybettik. Kendi zamanının dışında yaşamaya "anakronizm" diyorlar. Biz de, toplum olarak anakronik olduk.

Bana sorarsanız, sorun şu ya da bu takvimin kutsallığıyla, ya da iyiliği-kötülüğüyle (!) ilgili değil. Sorun doğrudan zaman algısıyla ilgili. Dahası, zamanı algılayamamakla ilgili. Birileri tutsun, canları öyle istediği için size ait olan zamanı bir yerinden yırtsın ve o yırttığı yere başkalarına ait olan bir zamanı zamklasın ve buyurun size "yeni zaman" desin; ne olur bunun sonu?

Bunu kendi bireysel zamanınız için de düşünebilirsiniz. Ömrünüzü, bir başkasının gelip size sormadan ve rızanız hilafına bir yerinden yırttığını düşünün. Bu aslında sizi ikiye biçmekten farksızdır ve artık siz "zamanı yırtık" birisiniz. Sadece zamanı değil, kişiliği yırtık, kimliği yırtık, hafızası yırtık, tarihi yırtık, aklı yırtık biri...

Zaman algısındaki bu kökten kırılma, kendi üretip kutsadıkları ideolojilerin arkasına sığınan egemen sınıfların giderek zamanı kaybetmelerine yol açtı. Bu ülkede kendini "çağdaş" sanan bir sürü "çağdışı" kafalının, kendini "modern" sanan bir yığın "pre-historik çağ" yabanının, kendini "ilerici" sanan bir dolu "antik çağ yobazının" varlığı, ancak zaman algısındaki bu kökten kırılmayla açıklanabilir.

Adam sırtına akademik unvan kıyafeti olarak, başka bir kültürün kendi zamanına ait papaz cübbesini geçirmekle iftihar ederken, kendi vatandaşının kendi zamanına ait cübbesini görünce cinleri-şeytanları tepesine çıkıyorsa, bunu neyle açıklarsınız?

Putperest kuzey kültürüne ait bir hurafe olan Noel Baba efsanesinin kahramanının sakalına hayran olup kukuletasını başına geçirirken, kendi zamanlarının yırtılmasına izin vermeyen insanların sakalına ve sarığına olan düşmanlık ve kinini nasıl izah edeceksiniz?

Dahası Papa III. Gregoryus'un takvimini savunurken içine düştüğü komikliği göremeyen bu zavallının, kendi zamanına karşı duyduğu bu akıl dışı nefret ve başkalarının zamanına duyduğu bu abartılı hayranlığı hangi psiko-patolojiyle teşhis edeceksiniz?

Zaman algısındaki bu kırılma, oradan mekan algısına da sirayet etti. Zaten bu beklenen bir sonuçtu. Çünkü zaman, mekanın hareketinden başka bir şey değildi. Takvim de, asli dili olan Arapça'da, "ölçme, değerlendirme, kıymet biçme, konum belirleme" anlamlarına geliyordu.

Kendi zamanlarını kaybedenler, aslında sadece zamanı değil, başta mekan olmak üzere, insanı, eşyayı ve hayatı doğru bir biçimde ölçme-değerlendirme yetisini kaybetmeye adaydırlar.

Bugün de yaşanan budur.

MUSHAF YA DA LAİLA

Tam da şairin dediği gibi:

Şarkı görmez garbı bilmez görgüden yok pâyesi
Bir utanmaz yüz yaşarmaz göz bütün sermayesi

Dinsiz olabilirler. İmanı ya da küfrü, hakkı ya da batılı seçme özgürlüğünü Allah bahşetmiş. Paşa gönülleri bilir. Fakat bu ülkenin tepesine musallat olmuş malum kesimin tercihi "dinsizlik" değil, "din düşmanlığı".

İslam'a karşı kan davaları var. Din karşıtlığını ideoloji haline getirmiş bu zümrenin tek dini var: Kin... Dinin her tür tezahürüne karşı çılgınca bir hınç ve gayzla saldırıyorlar. Kimi bu saldırıyı "hard" bir biçimde yapıyor, kimi "soft" bir biçimde.

Eli kalem tutanların saldırıları ikinciye giriyor. Taşların bağlanıp bilumum muzır varlığın salındığı bir ortamda "Sen şeriatçı mısın?" sorusu, basbayağı kuzuyu yemeyi gözüne kestiren kurt sorusudur.

Şeriat, İslam hukukunun adıymış... Her dinin bir şeriatı olurmuş... Ölülerini getirip attıkları musallada kılınan cenaze namazı da o kin kustuğu şeriatın parçasıymış... Bu halkın tasavvurunda "şeriat" sözcüğü "hak ve hukuk" anlamına gelir ve işte bu yüzden "Şeriatın kestiği parmak acımaz" dermiş...

Bütün bunları kim anlar, kim dinler?

Kinini din edinmiş bu güruhun gerçeği aramak ve öğrenmek gibi bir amacı yok. Üç beş kelimenin ardına sığınıp muhalif sesleri susturmak... Hepsi bu.

Bu güruh, yeşil gözlü kadınları, içine cin girmiş gerekçesiyle her halükarda yakmayı gözüne koymuş Engizisyon cellatlarıyla aynı mantığa sahip. "Falancaya soru sorulamaz mı?" imiş... Peh! Soru soranlara bakınız? Postmodern darbenin şakşakçıları, yaptıklarının hesabını verdiler mi ki, başkalarını sorgulama hakkını kendilerinde görüyorlar.

Bu ülkede dine karşı estirilen terörün alkışçıları onlar değil miydi? Hâlâ da değiller mi? Şu mesajı okuyunca ne demek istediğimi daha iyi anlayacaksınız:

"Ben 24 yaşında askerliğini yeni bitirmiş bir endüstri mühendisiyim. Ve şu kriz ortamında iş aramakla meşgulüm. Şu ana kadar bir şirketle olumlu bir görüşme yaptım ve anlaşma aşamasına gelmiştik. Ben dostane sandığım bu ortamda namaz kılmak için gün içinde 10-15 dakika müsaade isteyeceğimden bahsedince şirket anlaşmayı bozdu. Şu an yine birkaç şirketle görüşüyorum. Ancak namaz konusunda yine problem çıkaracaklarından eminim. Bu sefer işin başında bahsetme yolunu seçmeyip işe girdikten sonra bir çözüm aramayı düşünüyorum. Türkiye'nin içinde bulunduğumuz ortamında namazı kaza edebileceğim konusunda çok fazla tavsiye aldım ama pek itimat etmedim. Sizin görüşlerinizi de öğrenmek istiyorum. Emin olun amacım kendimi kandırmak ve içimi rahatlatmak değil. Aynı durumda bir de İmam-Hatip mezunu arkadaşım var. Askerden sonra iki yıl iş aradı ve şu an bulabildi. Namazlarını kılamıyor şu an ve stres altında. Tavsiyeleriniz için şimdiden teşekkür ederim."

"Topyekün savaş" ilanının sadece gazete manşetlerinde durmadığının sayısız örneğinden biri bu. Başörtüsüne karşı estirilen terörün onunla sınırlı olmadığının en çarpıcı göstergesi. "Topyekün savaş" naralarıyla hedefe konulanlar arasında namaz da var, diğer ibadetler de...

Bunun anlamı şu: Namaz kılıyorsan açlıktan öl.

Laila ideolojisi bu... "Benim hayat tarzıma karışırsan ağzını karışlarım, fakat ben bu ülkede adama ağız tadıyla namaz bile kıldırtmam" demeye getiriyorlar işi.

Postmodern darbe, Laila'nın yanında durup Leyla'nın örtüsüne karşı açılmış bir savaştı...

Postmodern darbe, alkolün yanında fakat namazın karşısındaydı...

Okullarda örtülü kız görmektense, tuvaletlerden cenin toplamaya razıydılar...

Ara sıra alışveriş yaptığımız bir bakkal bunca yıl sonra içki şişelerini dizmişti tezgaha... "Ne oldu da böyle oldu" diye sorduğumuzda, *"Bize içki satma dışında para kazanacağımız alternatif bırakmadılar"* diye yakınmıştı. Besbelli, kendisi de tiksinerek yapıyordu bu haram işi...

Her gün önünden gelip geçtiğim oto aksesuarcısı, birden bire işi biracılığa dökmüştü. O da konjonktüre uymuş ve resmi ideolojinin kutsallarından biri olan "alkol"e sarılmıştı...

Geçenlerde ailece Çanakkale Şehitliğini ziyarete gittik. Abide'nin altındaki savaş müzesinde bir Kur'an'ı Kerim sergileniyor. Yanındaki notta, bu Mushaf'ın şehit olan zenci bir askerin göğsünden çıktığı yazılı. Mushaf'ı bulan Osmanlı subayının kimliği de...

Şehitliğe varıyoruz. Her bir taşın üzerinde şehidin adı, baba adı, memleketi ve yaşı yazılı. Üsküp, Medine, Gostivar, Bağdat, Selanik, Kudüs, Şam... Bu taşlar "Ümmet nedir?" sorusunun cevabı sanki. Her biri Osmanlı İslam coğrafyasının bir yanından gelip burada can vermiş...

Ne uğruna diyorum, hangi değerler adına burada can verdi bu insanlar?

O savaşta komutanları, ölüm tarlası haline gelmiş bu yerde *"Taarruza geçmelerini değil, ölmelerini emrettim"* diyor...

Ve kendime dönüp soruyorum: Bor'lu Mehmed'e, Medine'li Muhammed'e, Piriştine'li Hacı'ya, Ezine'li İsmail'e ölmeyi emreden komutan bu emri neye referansla vermişti? "Muasır medeniyet seviyesi"ne ulaşmak için mi bunca insan kendilerine verilen "öl" emrini göz kırpmadan uygulamışlardı?

Bir gün gelip uğruna can verdikleri değerlere karşı savaş açılacağını bilseler, yine de ölüme böylesine pervasız giderler miydi?

Şimdilerde göğüslerinden çıkan Mushaf suç aleti..
Laila ise resmi ideolojinin yeni mabedi...

IV. BÖLÜM

HOŞ GELDİN AMA HOŞ BULMADIN

Ey Ramazan!

Ey içerisinde "bin aydan daha hayırlı bir geceyi" barındıran ay!

Ey Kur'an'ın doğum ayı, ayların en çok gül kokanı!

Ey vahyin dirilten soluğunu hayata, Muhammed'i müebbet bir muhabbete, varoluşun anlamını Allah'sızlaştıkça anlamsızlaşan çağa, insanın yitirdiği insanlığı, rahmeti, bereketi, atıfeti, hidayeti ve şefkati insana taşıyan ay!

Hoş geldin!

14 asırdır her yıl geldiğin gibi, bin umudu bağrında saklayarak geldin. Hep olduğu gibi, getirdiklerine karşılık bulacağını umarak geldin. Hepsinden öte, hoş bulduklarını daha hoş etmek, nahoş olanları da tekrar hoş etmek için geldin!

Kim bilir, geçmişte ne hoş gelişlerin ve hoş buluşların olmuştu!

Başı dik, alnı açık, eli açık, yüzü ak, yüreği dolu, gözü pek, sözü kavi, özü doğru mü'minlerin karşılamıştı seni.

Sen hoş gelmiş, onları da hoş bulmuştun.

Kur'an ellerinde, dillerinde, gönüllerinde ve dahası hayatlarındaydı. Onlar önce Kur'an'ı öldürüp, sonra doğum ayını kutlamıyorlardı. Her Ramazan'ı, vahiyle yapılan yıllık bir sözleşme biliyorlardı.

Kur'an onların tasavvurlarını, akıllarını ve şahsiyetlerini inşa eden bir özneydi. Onlar ise hayatı, hayatın yıkılan, tahrip edilen, tahrif edilen alanlarını inşa eden birer özne...

Senin hoş bulduğun nesiller, hayatın hangi yatakta akacağını kendileri belirliyorlardı. Başkalarının belirlediği yataklarda çer çöp gibi akmıyorlardı.

Onlar hayatın kölesi değil efendisiydiler...

Onlar, mallarının kölesi değil efendisiydiler...

Onlar, şartların çocuğu değil anasıydılar! Çünkü şartları onlar doğururlardı...

Ve sen yine geldin, hep olduğun gibi yine hoş geldin. Fakat, biliyorum ki hiç hoş bulmadın, on yıllardır, hatta yüzyıllardır bulmadığın gibi.

Kim bilir bu hoş bulmadığın on yıllarda, yüz yıllarda ne vahim bir halde buldun mü'minlerini? Kim bilir ne acılara, sancılara, yangınlara, kundaklamalara şahit oldun? Ne yaralar ve yaralı yürekler gördün?

Fakat ey Ramazan, hiç bugünkü gibisini gördün mü?

Hiç bir buçuk milyarlık bir aileyi böylesine perişan, dağınık, bozgun, yılgın, bıkkın, umutsuz, iradesiz, işlevsiz, cansız, iz'ansız gördün mü?

Ey Ramazan! İnanç coğrafyandan böylesine oluk oluk kan gittiğine hiç şahit oldun mu? Mü'minlerinin bu denli ezildiğini, itildiğini, kakıldığını, horlandığını hiç hatırlıyor musun?

Bak mü'minlerine! Gönülleri harap, haneleri harap, beldeleri harap, hepsinden beteri akılları ve bilinçleri harap olmuş. Seni karşılamaya ne yüzleri var, ne de mecalleri.

Artık senin mü'minlerin çağın öznesi değiller! Onlar belirlemiyor zaman ırmağının yatağını. Onlar akan yataklarda birer çöp olmuş, sağa sola savruluyorlar. Kimileri ise, sana ve senin temsil ettiğin değerlere ihanet etmeyi daha "akıllıca" buluyorlar.

Bir zamanlar küffarın açlarını doyuranlar, şimdilerde küffarın ekmeğine muhtaç... Bir zamanlar başkalarının yaralarını saranlar, şimdilerde kendi yaralarını saracak dermandan mahrum... Bir zamanlar imanı yudum yudum farklı iklimlere taşıyanlar, şimdilerde yüreklerinin işgalini önlemekten aciz...

Senin varlık sebebin olan Kur'an'la yücelmeyi beceremeyenler, bu ayıplarını saklamak için, zaten yüce olan Kur'an'ı yücelterek, ona rüşvet verme çabasındalar. Düşünebiliyor musun ey Ramazan; Kur'an'ın doğum ayını kutlayacaklar, ama Kur'an hayatlarında, ellerinde, evlerinde, sokaklarında, topraklarında olmayacak!..

Ve ey Ramazan! Bu ezilmişlik, bu kırılmışlık, bu dökülmüşlük, bu yenilmiş ve şaşırmışlık içindeyken tam zamanında geldin!

Hoş geldin, fakat hoş bulmadığın ortada! Fakat senin gelişinin amaçları arasında hoş bulmadıklarını hoş etmek de bulunmuyor mu?

Haydi getirdiğin cennet kokusuyla, topraklarımızdaki ufunetin kokusunu bastır! Çöle dönmüş yüreklerimize bir rahmet rüzgarı gibi es, yanık dudaklarımıza su değsin, çöller göle dönsün!

Sök mü'minlerin arasındaki kin, nefret ve düşmanlık tohumlarını; onların yerine iman kardeşliği ek!

Çağın öksüz ve yetimi olan ümmet coğrafyasındaki kanayan yaralara merhem olacak bir bilinç getir! Açları doyuracak, susuzları suvaracak, açıkları giydirecek bir şefkat ve merhamet sağanağı taşı! Zilleti izzete, ataleti gayrete, mahrumiyeti servete dönüştürecek bir ruh ver!

Öz ellerimizle nesneleştirdiğimiz Kur'an seninle yeniden özneleşip bizi inşaya dursun! Bizler, çağın imha ettiği bencil bireyler değil, Kur'an'ın inşa ettiği mü'min şahsiyetler olalım! İnsanın varoluş amacına uygun bir hayatı yeniden inşa etmenin sancısına tutulalım! Yeniden imanı bir saadet sakası gibi yürek yürek insanlara taşıyalım. Öyle ki, bizi öldürmeye gelen bizde dirilsin! Dostların, oturduğu yeri yeşerten birer "hızır", hidayeti iman doğuran birer "mehdi" olsun!

Biliyorum ki, bu duama "âmin" diyeceklerin en başında sen geliyorsun ey Ramazan!

Kur'an'ın da elini tutup geldin; hoş geldin!..
Hoş buldukların arasında olmayı ne kadar da isterdim!..

'GELDİ YİNE GÜL MEVSİMİ'

Toprak ne demişti:

"Ben bir gül ağacının altının toprağıyım. O koku benden değil güldendir. Üstümdeki gülün kokusu bana sindi. Onun için gül kokarım."

Handiyse bir asırlık uzun bir kışı yaşayan bu gül toprakları kenef haline getirip kokutanlara inat, yine Ramazan geliyor, geldi. Burcu burcu kokan o gül kokusuyla geliyor. Kuruyup çöle dönen yüreklerimize rahmet getiriyor, bereket getiriyor, atıfet getiriyor, muhabbet ve hidayet getiriyor.

Hatırlar mısınız; bu gülistanı kenef haline getirenlerin güle ve gülü andıran her şeye karşı başlattıkları son taarruz da, yine bir Ramazan ayında başlamıştı. Kapıları kırarak dalmışlardı birilerinin yatak odalarına. Silahlarını ve kameralarını çekmişlerdi. Bu kadim gülistanı yüreklerinden taşan kinle fosseptik çukura dönüştürmek istemişlerdi.

Kara yürekleriyle, kara kafalarıyla, kara vicdanları ve kapkara yüzleriyle rüyalarımızı ve hülyalarımızı karartmak için seferberlik ilan etmişlerdi. Bin yıl sürecek savaşlar ilan etmişlerdi. Endülüs'e çevireceklerini söylemişlerdi gülistanımızı.

Bir Ramazan'da gelişleri, sanki Ramazan'a nisbet gibiydi. O meşum savaş bana, Ramazan'a ve Ramazan'ın sahibine açılmış gibi geldi. Ramazan'ın getirdiği ruhu çarmıha germek için birileri can atıyordu. Parmaklarını gözümüze doğru uzatıp, bir gestapo şefi gibi "Hey sen!.. sen de!" dedikçe, içimizdeki 'Ramazan'a' sığınıyorduk. Tüm kinlerini, sanki bize değil de, içimizdeki 'Ramazan'a' yöneltmişlerdi.

O meşum günlerde hepimiz Ramazan'dık onlar için; hâlâ da öyleyiz.

İçimizde canımız gibi sevdiğimiz, koruduğumuz Ramazan'ı versek, başka hiçbir şey istemezler sanıyorduk. Nitekim bazılarımız, yavrusunu canavara atınca canını kurtaracağını sanan izansız bir baba gibi, içindeki Ramazan'ı bu canavarların önüne attı. Meğer onlar sadece içimizdeki Ramazan'la ilgilenmiyorlarmış. Onlar, perde gerisinde başka işler de yapıyorlarmış; soygun gibi, vurgun gibi, talan gibi, boşaltmak ve doldurmak gibi...

Korkmuştum, bu lanetliler yüzünden bir daha Ramazan hiç gelmeyecek diye. Fakat o küsmedi, geldi, boynu bükük, gönlü kırık, gözü yaşlı da olsa hep geldi. Her gelişinde, ekmeğimiz aşımız gibi, yolda yoldaş, darda kardeş, zorda arkadaşımız gibi, yanında bir parça umut da getirdi. Kıtlık ekmeği gibi paylaştık aramızda. İçimizdeki Ramazan'ı besledik onunla. İkisi buluşunca, samanlık seyran, zindan gülistan oluyordu... Belki siz de yaşadınız...

Her Ramazan'ın ardından, "Bununla on bir ay daha gideriz!" diyorduk... ve gidiyorduk da... O zaman anlıyorduk orucu sadece bizim tutmadığımızı: orucun da bizi tuttuğunu; sımsıkı, dimdik, kavi ve onurlu...

O zaman anlıyorduk, Ramazan'ın beslenme ve diyet festivali olmadığını. Hatta, Ramazan'ı öyle takdim edenlerin, gerçekte bize ne büyük kötülük ettiğini. Anlıyorduk Ramazan'ın acıkan ruhun doyurulup, doyan ve doydukça azgınlaşan içimizdeki hayvanın aç bırakılarak terbiye edilmesi demeye geldiğini. Ruh aleyhine bozulan insani dengemizi, tekrar kuruyorduk.

Bu tablo, bizim Ramazan'a değil Ramazan'ın bize ikram ettiğinin bir göstergesi. Ramazan elbette ikram eder. Çünkü o, bir gök sofrası olan vahyin insanlığın kararan ufkunu aydınlattığı ayı temsil ediyor. O, Kur'an vahyinin doğum ayı olduğu için kutlanıyor. Bunun anlamı açıktır: Ramazan tüm bereketini, tüm kutsiyetini, tüm hikmetini vahiyden alıyor!

O halde, vahiysiz Ramazan düşünülemez. Ramazan'ın illeti olan vahye sırt dönerek nasıl Ramazan ihya edilebilir? Ramazan'ın hikmeti olan Kur'an'la tanışmadan Ramazan'la tanışmanın hazzına nasıl varılabilir? Ramazan'ın aslı olan ilahi mesajla bütünleşme çabamız, onun fer'i olan Ramazan'ı anlamamızı daha bir kolaylaştıracaktır.

O halde, haydi hep birlikte bir seferberlik başlatalım! Ona karşı savaşan kara ruhlu adamlara inat, Kur'an'la daha bir içli dışlı, daha bir samimi olmak için bir fırsat bilelim Ramazan'ı. Göreceksiniz, Kur'an kendisiyle yakınlaştıkça daha fazla şeyler fısıldayacak size; o da size yaklaşacak ve iki ayet, kenetleneceksiniz; tohumla toprak, etle tırnak gibi. Bu ikisini ayırmak isteyenler asıl o zaman hezimete uğrayacak.

Ramazan'la tanışıp da onun vesilesi olan vahiyle tanışmamak olur mu? Olmaz. Fakat, her şeyin bir vesilesi olduğu gibi, vahyin de bir vesilesi var. Doğrusu Kur'an'ın vesilesiyle tanışmadan da Kur'an'la tanışma tam gerçekleşmez. Kur'an'ın vesilesini biliyorsunuz: Muhabbet'in öbür adı olan Muhammed.

RAMAZAN FESTİVAL DEĞİLDİR!

Din insan içindir. İbadetlerden Allah'ın değil insanın çıkarı vardır. Çünkü muhtaç olan insan, ihtiyaç giderense Allah'tır.

Allah-insan ilişkisinde ibadet insandan Allah'a ulaşan bir bilinçtir. Bu, "takva"nın ta kendisidir. İzutsu'nun yerinde tesbiti, Esed ve Fazlur Rahman gibi muasır âlimlerin ona katılarak kullandıkları karşılığıyla "sorumluluk bilinci"...

Bu bir miraçtır. Her miraç bir "uruc"un, yani "yüceliş ve yükselişin" eseridir. İbadetlerle insan bilinci, insanlık evreninin ufkuna yükselir. Bu yükselişi Allah karşılıksız bırakmaz. Ubudiyyetiyle kendisine yönelen kula, O da rububiyyetiyle yönelir ve rahmetiyle "nüzul" eder.

Allah tarafından gerçekleştirilen her nüzul, aynı zamanda bir tenezzüldür. Onun rahmetiyle insanlığa tenezzülü, peygamberlerde vahiy suretinde tecelli etmiştir.

Tüm vahiylerin zirvesi olan Kur'an vahyi, işte böylesine bir ilahi tenezzülün eseridir. "Nüzul" sözcüğünün Arap dilinde, *"misafirin önüne çıkartılan mükellef ziyafet sofrası"* anlamına geldiği hatırlanacak olursa, vahyin nüzulünün ne demeye geldiği daha iyi anlaşılır.

Evet, vahiy Allah'tan insana indirilen bir "mâide", muhteşem bir gök sofrasıdır. Bu sofra insana, insan tarafını geliştirecek gıdalar sunar. İnsanın diğer canlılarla paylaştığı hayvânî boyutunu değil, onun insânî boyutunu besler.

Vahiy, ilahi bir inşa projesidir. İnsan olmanın asgari sorumluluğunu fark ederek bilincini yücelten insanda muhteşem bir tasavvur, akıl ve şahsiyet inşa eder. Tıpkı ilk muhatabı olan Sevgili Peygamberimizin tasavvurunu, aklını ve şahsiyetini inşa ettiği gibi...

İnsan yeryüzündeki varoluş amacını, ancak vahyin inşa ettiği bir bilinçle en iyi biçimde gerçekleştirebilir. Bu bilince ulaşması için insanın önce kendi anlam ve amacı üzerinde ciddi bir biçimde düşünmesi gerekmektedir.

Sahi insan hiç amaçsız olabilir mi? Ortalama ömrü 60-65 gün olan bir arının dahi bal yapmak gibi muhteşem bir amacı olsun da, yaratıklar evreninin şaheseri olan insanın bir amacı bulunmasın mı?

Kendisini diğer canlılardan ayıran fıtrat, akıl, irade ve diğer yetenekleriyle insan başıboş bırakılacağını, dünya bahçesinde ipsiz yayılıp, eline verilen bunca iç ve dış imkanı keyfinin istediği gibi tahrip ve tarumar edeceğini mi düşünmektedir?

İnsanın yaratılış gayesi, "yeryüzünde varoluş amacına uygun bir hayatı inşa" etmektir. Vahiy, bu inşanın ustası olan insanın kullanma kılavuzu, prospektüsüdür. İnsan, kendi varoluş amacını doğru ve maksimum düzeyde gerçekleştirmek istiyorsa, öncelikle kendisini vahyin inşasına açmak zorundadır.

Yoksa mı? Yoksa, işte yaşadığınız çağda olduğu gibi, insan yok olur. Onun yerini insan kılığına girmiş cilalı ve maskeli nesneler alır. Siyasal ve ekonomik krizlerin tamamının kendisinden neşet ettiği "adam krizi" kronikleşir. Gerçeğin yerini yalan, hakikatin yerini imaj, değerin yerini fiyat, işlevin yerini simge, adaletin yerini güvenlik sendromu, devletin yerini dev, milletin yerini canavarlaşmış bir oligarşi alır.

Peygamberlerin çağrısını diriltmekten başka çıkar yol yok. Tüm peygamberlerin çağrısı, insanın varoluş amacını gerçekleştirme çağrısıydı. Bu çağrıya sırt dönmek, aslında insanın insanlığa yapacağı en büyük zulüm ve küresel bir ahlaksızlıktı. Bu çağrının zirvesini teşkil eden Kur'an'ın çağrısı da buydu.

Ramazan, işte bu çağrının öznesi olan Kur'-an'ın doğum ayıdır. Bu doğumun oruçla kutlanması, aslında vahyin çağrısının ruhuyla mükemmel bir uyum arz eder. Çünkü oruç, insanın insan tarafını geliştirmek için hayvan tarafına "dur" demektir. İnsanın ruhunu zenginleştirip içgüdülerini dizginlemektir.

Bu amacın gerçekleşmesi, yeryüzünde varoluş amacına

uygun bir hayatı inşa etmek için yaratılan insanın, yani "usta"nın eğitilmesi demektir. Bunun için de, Ramazan hem oruç ibadetiyle bir nefis ve ruh terbiyesine, hem de vahiyle bir tasavvur ve akıl terbiyesine dönüşmelidir. Ancak o zaman amacını gerçekleştirmiş olur.

İbadetler insan-Allah ilişkisinde, insanın Allah'a gönderdiği birer mektuba benzerler. İçi boş bir zarfın adresine ulaştığını düşünsek bile, bu, muhatabı tarafından kâle alınacak bir mesaj olmayacaktır.

İşte içi boşaltılmış ibadetler, böylesi içi boş bir zarfa benzerler. Bu, en azından ciddiyetsizlik olarak telakki edilecek, dahası, amacını hiçbir zaman gerçekleştirmeyecektir. Ramazanı, Osmanlı'nın kanında mikropların gezdiği çöküş dönemlerinin eseri olan "direkler-arası eğlencelerle", onun modern versiyonu olan "konserlerle" kutlamaya kalkmak, Ramazana bir iyilik değil, onun ruhunu öldürüp cesedinin üzerinde festival yapmaktır.

Bu anlayış, bireysel planda Ramazanı varsıl şişmanların bir "diyet ayı", yoksul zayıflarınsa bir "beslenme ayı" gibi algılamalarından daha vahim bir algı biçimidir.

Ne olursunuz, hangi faaliyeti yapıyor olursanız olunuz, önce tasavvurunuzu, aklınızı ve kişiliğinizi vahyin ellerine teslim ederek, kendinize bir istikamet açısı çizdiriniz. Vahyin elleriyle bir temel attırınız. Dine, dünyaya, insana, eşyaya, Allah'ın "gör" dediği yerden bakmanız ancak buna bağlı... Müslümanlığınızın Allah tarafından ciddiye alınması ancak buna bağlı...

ORUCUN BAŞINI DİK TUTMAK

Şemseddin Sami, *Kamus-ı Türkî*'sinin "oruç" maddesinde şu malumatı verir: "Farsça ruze'den gelir. Türklerin 'r' ve 'le' ile başlayan kelimeleri olmadığından, böylelerinin başına daima kelimenin harekesiyle müteharrik bir hemze ilave etmeleriyle uruze ve badehu oruc olmuştur. (Urus, Iramazan gibi)"

Oruç kelimesinin kökenine ilişkin bu malumattan yola çıkarak, eski Türklerde orucun olmadığını, bu ibadetin İslamiyet yoluyla önce Farslara sonra da Türklere geçtiğini söyleyebiliriz.

Oruç, Kur'an lisanındaki *savm*'ın karşılığıdır. Savm, en büyük Arap dil ansiklopedilerinin verdiği bilgiye göre terk, 'direnç' ve sabır anlamlarına gelmektedir. Savm'ın kök anlamlarından yola çıkarak, orucun 'tutmak' ve 'bırakmak' gibi birbirine zıt iki anlamı birden taşıyan bir ibadet olduğunu kolayca anlayabiliriz. Orucun amacı da, bu anlamın insan hayatında aktif hale gelmesini sağlamaktır: 'tutmaya değer olanları tutmak' ve 'bırakılması gerekli ve yararlı olanları bırakmak'.

Orucu emreden Kur'an ayetinin, bu emrin gerekçesi olan şu hitapla bitmesi, yukarıdaki sonuçla bire bir örtüşmektedir: *"leallekum tettukûn: umulur ki sakınır/korunursunuz."*

Sonuçta, yalnızca 'sakınanlar korunurlar'. Ancak 'terketmeyi' bilenler 'direnebilirler'. Kalıcı ve iyi birşeyler 'tutmak' için, geçici ve kötü şeyleri 'bırakmak' şarttır. Bazen 'tutabileceğiniz' şeylerin sayısı, 'bırakabileceğiniz' şeylerle orantılıdır.

Ya da, bu tesbitleri şöyle de dile getirmek mümkündür: Terketmeden elde etmeyi istemek, bedel ödemeden kazanmakla aynı anlamı taşır. Tuttuğunuzun kendi amacını sizde gerçekleştirmesi, neleri bırakabileceğinize bağlıdır. Korunmanız, sadece Allah bilinciyle sakınmalarınızın bir ödülü olacaktır.

Şu soruyu, inandığınız değerlerin ne kadar kalıcı ve hakiki olduğunu anlamak için kendi kendinize sormalısınız: "Bin tane 28 Şubat süreci olsa, topu tek bir Ramazan'ın bu toplumda oluşturduğu manevi atmosferi dağıtmaya yeter mi? Kalıcı değerlerin yerine, yönetici seçkinlerin devlet imkanlarını da seferber ederek zorla ikame etmeye çalıştığı sahte ve sentetik değerler uğruna, kaç kişi nesinden vaz geçer?"

Canından mı? Malından mı? Yemesinden, içmesinden mi? Zevkinden, sefasından mı?

İslami değerlerle "bin yıl da olsa mücadeleyi sürdüreceğini" söyleyenlerin görmediği, ya da görmek istemediği, matruş suratlarında tokat gibi patlayan gerçek işte bu. Ve onlar, savaş açtıkları insanlığın değişmez değerlerini temsil eden İslam'ın, bugünlere bin yıllardır şeytan ve hempalarının her tür ve cinsine rağmen geldiğini unutmuş görünüyorlar.

Ramazan ilahi bir gündem. Tüm sahte gündemlerin ortasına, karanlığın ortasına düşen bir ışık topu gibi düşüverdi. Yazık; bu ışık topunun gönüllere nur, gözlere sürur, dizlere derman, yüreklere ferman olan ışığından kalplerinin gözleri kör, kulakları sağır, ağızları dilsiz olanlar yine yararlanamayacaklar. En çok onlara acımak gerek.

Ramazan, ruhun beslenmesi için bedenin aç bırakıldığı aydır. On bir ayın yürekte bıraktığı kiri, isi, pası temizlemek için yüreğin bakıma alınmasıdır. Yüreğinin çeperlerine tutunarak kendine doğru tırmanmak isteyenler için bulunmaz bir fırsattır Ramazan. Umutların kuşlar gibi göç ettiği, tüm baharların gıyabında ölüme mahkum edildiği, gül yüzlü yarin güzel kokusuna kurşunlar sıkıldığı, ak saçlı sevdaların intihar eden yunuslar gibi kıyılara vurduğu, ihanet kasırgalarının mamur yürekleri harabeye çevirdiği, güneşe karşı uluyanların terör estirdiği bir zaman ve mekanda Ramazan sadece bir imkan değil, bin imkandır.

Ramazan'ı 'beslenme festivaline' dönüştürmek, bu imkanı hovardaca israf etmekten başka bir şey değildir. Ramazan'ı festivale dönüştürenler orucu diyete, *'ibadeti adete'* dönüştürürler. İbadeti adete dönüştürenlerin kaçınılmaz olarak yaptıkları ikinci yanlış *'adeti ibadete'* dönüştürmektir.

Toplumsal çürüme ve sosyal çözülmeden rahatsız olanlar, sorunun bir parçası olmaktan çıkıp çözümün bir parçası olmak istiyorlarsa, tıpkı Hz. Peygamber'in yaptığı gibi, önce kendileriyle tanış olacakları, biliş olacakları bir atmosfere 'hicret' etmek durumundadırlar. İşte Ramazan, böyle bir 'hicret' için bulunmaz bir 'Hira'dır.

Kendi şahsiyetini yeniden yoğuracak ve doğuracak bir varlık sancısının gül yüzlü meyvelerine, en güzel ebeliği ancak bir Ramazan yapabilir.

Oruç tutmakla iş bitmemektedir. Asıl yapılması gereken orucun başını dik tutmaktır. Orucun başı, haram yiyerek beslenen haramzadelere ve haramilere inat, bu ülkede helalin, hakkın, adaletin ısrarlı temsilcisi olmakla dik tutulur. Haramilerin gasbettiği bu ülkenin öz kaynaklarının gasıpların elinden alınarak mustaz'aflara iade etme azminin, orucun tamamlayıcı bir boyutu olduğuna inanarak dik tutulur.

Orucun başı, yüreğinizi paylaştığınız gibi, sofranızı ve ekmeğinizi, yoksullarla, yetimlerle, evsiz, işsiz ve aşsızlarla paylaşarak dik tutulur. Her gün iftarda ve sahurda yemeyi düşündüğünüz envai çeşit yiyeceğin bedelini, iman ve özgürlük mücadelesi veren gönül coğrafyanızın sakinlerine ayırıp, sofranızda bir depremzede standardına razı olmakla dik tutulur.

Orucun başı, yeryüzünün tüm açlarını, açıklarını, mazlumlarını, mağdurlarını yüreğinize alıp, onlara donattığınız gönül sofranızı iç geçirerek izlerken açlığınızı unuttuğunuz zaman dik tutulur.

Siz orucun başını dik tutarsanız, elbet oruç da sizin başınızı dik tutacaktır.

Orucun başını dik tutanların ve başını oruçla dik tutanların Ramazan'ı bereketli olsun.

İÇKİLİ ORUÇ YA DA "TÜRK MÜSLÜMANLIĞI"

Takip etmişsinizdir; biri soruyor: *"Yılbaşı gecesi içki içersem orucuma halel gelir mi?"* Resmi müftü (gayrı resmisi pekala olur) cevap veriyor: *"İlle de içeceğim diyen kurallara uymalı."*

Verilen cevaba geçmeden önce, sorulan sorunun mantığı üzerinde duralım.

Bu soru, devlet destekli "Türk müslümanlığı" tezini hatırlattı bana. Türk müslümanlığı'ndan dem vuranlar, bununla neyi kastediyorlar pek açık değil. Fakat benim aklıma, Noel ile Ramazan'ı birlikte kutlayan, orucunu rakısıyla açmakta bir sakınca görmeyen, beden ülkesinin başkenti olan yüreğini şeytanla meleğin koalisyonuna (!) dayalı hilkat garibesi bir iktidara teslim etmiş, 'iman garibi' bir tip geliyor.

Bunun nasıl mümkün olabileceği sorunuzu haklı buluyorum. Mümkün olmadığını söylemeniz halinde, haklı olduğunuzu da açık ve net bir biçimde söylemekten çekinmem. "Eşyanın tabiatı" diye bir şey olduğunu, bunun eşyanın tabiatına aykırı olduğunu da biliyorum.

Ve yine biliyorum ki soğukla sıcak, kışla yaz, ateşle su, dere ile tepe birbirinin zıddıdır. İmanla küfür, hak ile batıl, melekle şeytan, iyi ile kötü, güzelle çirkin, doğruyla yanlış, sevapla günah da öyle. Fakat yine biliyorum ki, imanla ilgili alanlarda 'beyaz ve siyah' geçerli olduğu halde, eylemle ilgili alanları 'beyaz ve siyah' dilemması çerçevesine soktuğumuzda, içinden çıkılamaz bir takım sıkıntılar başgösterir.

İşte bunun için bu konuyu, ortak kabul etmeyen akide alanının 'beyaz ve siyah' çerçevesine sokmadan değerlendirmek gerekir. Ama, böyle müşevveş bir zihnin, sadece 'ameli' bir sapmayla açıklanamayacak kadar da kökü derinlerde yatan bir problem taşıdığını düşünüyorum.

Meraka değer; bu sorunun sahibi orucu niçin tutuyor?

Oruçtan bir beklentisi var mıdır? Oruç onun için bir 'adet' midir, bir 'ibadet' midir? Değilse Maun süresinde "yazıklar olsun o (tür) ibadet edenlere!" ayetinin muhatabı olan "dindar (!) müşrikleri" hatırlatırcasına, "dini yalanladığı" halde oruç tutup, bunu da kültürel müslümanlığın bir gereği olarak mı değerlendiriyor? Ki burada "dini yalanlamak", dinin bütüncül bir hayat projesi olduğunu kabullenmemek anlamına geliyor.

Böylesi bir tip, orucu emreden ayetin bu ibadetle neyin amaçlandığını da söylediğini, buna göre orucun amacının insanda Allah'a, insana, çevreye ve kendisine karşı "sorumluluk bilinci" uyandırmak olduğunu bilse, yine böylesine problemli bir mantığa saplanır mıydı? Yine o insana içki yasağından amacın da "insanın kendi elleriyle aklına zulmetmesi, onu örtme çabası" olduğu anlatılsa, böylesine çelişkili bir mantık sergiler miydi?

Hepsinden öte, bir ibadeti ibadet yapan şey onun imandan kaynaklanan bir yükümlülük olduğunu kabul etmek, dolayısıyla sahibine hak ve ödevler yükleyen bir imanın da, insanla Yaratıcı arasında bir sözleşme olduğunu bilmektir. Soru sahibi bu gerçeği bilseydi, sorduğu sorunun yaman bir çelişki, hatta saçma denecek kadar anlamsız olduğunu farketmez miydi?

Sözün burasında verilen cevaba dikkat çekmekte yarar var. Fetvada, soru sahibini aydınlatacak, onun ve onun gibi düşünenlerin cehaletini giderecek, düştüğü çelişkiyi görmesini sağlayacak bir ipucu yok. Aksine, soruyu normal kabullenen vahim bir algı yoksunluğuyla karşı karşıyayız.

Bu soruya cevap veren müftünün durumu, işte bu yüzden, soruyu sorandan daha vahim bir problemdir. Öncelikle Türkiye'deki resmi 'din görevlilerinin' algı problemi, acil çözüm bekleyen hayati bir mesele olarak önümüzde durmaktadır.

Bu problemi "din tasavvurunun tahrifi" başlığı altında ele almak gerekir. Gerçekten bu ülkede, sokaktaki sıradan insanların değil, kendini 'din görevlisi' olarak gören zümrenin din tasavvurunda ciddi çökmeler, bozulmalar ve tahrifler oluşmuştur.

"Yeni bir din dili" elbette gerekli. Mevcut din dili modern insanın anlayamayacağı garip bir 'kuş dili'ne dönüşmüş durumda. Onun için de iletişim kurulamıyor. Konuşması gerekenlerin susup susması gerekenlerin konuşmasının temelinde yatan en büyük sebep de budur.

Fakat, tahrif edilmiş bir din tasavvurunun üzerine yeni bir dil dili inşa etmeye kalksanız ne olacak?

Olsa olsa bir tek şey olur:

*"Sosyete şeyhülislamlığı"*na bir nevi katkı.

RAMAZANIMIZI ZEHİR EDENLER

Din yalnızca entelektüel bir faaliyete indirgendiğinde, ilim demagojiye, âlim demagoga dönüşür.

Medya, ele aldığı her şey gibi, dîni de magazine indirgeyip sulandırıyor. Bunu, dîne ve dînî değerlere düşmanlık amacıyla yapıyor olabileceği gibi, tabiatı gereği "eğlence ve şov aracı" olmanın dayanılmaz hafifliğiyle de yapıyor olabilir. Ama sonuçta ikisi de aynı kapıya çıkıyor ve din asli fonksiyonlarının dışında çirkin emellere alet edilmiş oluyor.

Laik medyanın çirkin emellerine alet olan 'dinci'ler, kendilerine verilen rolleri bihakkın oynuyorlar. Bilgi vermek yerine poz veriyorlar. Güven vermek yerine güven zedeliyorlar. Aşk vermek yerine nefret uyandırıyorlar. Sorunları ve ihtilafları çözmek yerine sorunun ta kendisi oluyorlar ve ihtilafları daha da derinleştirip içinden çıkılmaz hale getiriyorlar.

Tıpkı Çin atasözünde olduğu gibi, birisi bunlara "Allah sizi ilginç etsin!" bedduasında bulunmuş olmalı ki, ilginç, çok ilginç, daha ilginç, pür-ilginç olmak için ne lazım gelirse yapıyorlar. Birisi kalkıyor, ilim erbabınca öteden beri zaten bilinmekte olan sıradan malumatı orijinal 'ictihatmış' gibi sunuyor. Bir başkası haddini bilmeden boyundan büyük laflar edip, dibini görmediği bulanık sularda 'avcı' edasıyla kulaç sallıyor ve tabii ki avlanıyor.

Şov ayrı, ilmî tartışma ayrıdır. İlmî tartışma ilim adamlarıyla, ilmî usul ve üslupla yapılır. Televizyon allameleri ne usul bıraktılar, ne âdâp ve ne de erkan. Ortalık sulandı sulandı ve balçıktan geçilmez oldu. Bir de bu balçığı birbirlerinin orasına burasına sıvamaları yok mu; ruhu muazzep eden görüntülere dayan dayanabilirsen!..

Televizyon "teşhir" aracı. Televizyonu kullananlar, eğer iyi şeyleri teşhir etmiyorlarsa, olumsuz anlamda 'teşhirci' konumuna düştüklerini unutmamalıdırlar. Bir yerde teşhirciler varsa, elbet 'röntgenciler' de olacaktır. Bu anlamda seyircinin 'ahlakını' sorgulamıyorum bile.. Çünkü o bahis içler acısı.

Fakat seyirci, kötü olanı kötü olduğunu bile bile izliyor ve izlemesi onun kötü hakkındaki kanaatini değiştirmiyor. 'Televizyon tebliğlerini' kaçırmayanlara "Aşk olsun size! Ruh sağlığınız bozulmuyor mu?" diye soruyorum. Beni haklı buluyorlar fakat yine de seyirci olmaktan kendilerini alamıyorlar. Kuyuya atılan bir yığın taşı, sonunda gelip bize çıkartmaya kalkıyorlar. Bundan dolayı bütün bu yapılanlar, istesek de istemesek de gelip bizi buluyor.

Oysa ki içimizin kurak yerlerini yeşerten şu güzel Ramazan günlerinin, bu tür iç karartıcı manzaralara kurban edilmemesi gerekmez mi? Ramazanın sağaltıcı soluğunu kesmek için bu ülkede sırf Ramazanlarda uygulamaya konulan sabotaj çeteleri mi var? Bu da mı derin devletin işi? Birileri çıksa da üç çeyrek yüzyılın Ramazanlarında başlatılan suni kampanyaları bize bir bir tesbit etse.

Bu milletin diniyle imanıyla uğraşmayı birinci görev addeden egemenlerin, bu millete dinini öğretmek gibi bir kaygısı hiçbir zaman olmadı. Onlardan din adına hiç hayır sadır olduğu görülmedi. Onların belirlediği gündemler, olsa olsa, yönetici sınıfların ellerinde ufku karartılan bu ülkeye ilahi gündemin taşıdığı ışığı engellemeye yönelik olabilir.

İnsanımız bunlardan usanmıştır. İnsanımız bunların ipliğini pazarda görmüştür. Yüzyılın en kötü yönetilen ülkesinde deniz bitmiştir. Din bu ülkenin tek yükselen değeridir ve böyle olması kaçınılmazdır. İnsanımız, kendisine verilen yalancı emziklerin kendisini beslemeyeceğini geç de olsa anlamaktadır. İdeolojilerin iflas ettiği bir dünyada, ideoloji taslağıyla yönetilen ender ülkelerden biri bu ülkedir. Fakat bu durum, mukadder akibeti değiştirmez.

Ölü yüzü pudralayarak, ideoloji cilalayarak iktidarlarını biraz daha uzatmayı deneyen çıkar çeteleri, "biz battık, bari dînî değerleri de batıralım" mantığıyla hareket ediyorlar. Bir yandan dînî değerlere savaş açıyorlar, öte yandan bu savaşın beşinci kolluğu görevini televizyon allamelerine yüklüyorlar.

Ramazanımızla hasret gidermemizi bile çok görüyorlar.

Ramazanımızı zehir etmek istiyorlar. Fakat, bu taktik de yalama oldu. Gördüğüm o ki, millet bu çirkin oyunu da anlamış bulunmakta.

Ramazanına sahip çıkıyor. Ona sahip çıkanlara sahip çıkıyor. Orucunu bozmak isteyenleri iyi biliyor. Namazını ifsat etmek isteyenlerin üzerine çizgi çekiyor. Yine biliyor ki din hainleri gerçek vatan hainleridir. Dîne ihanet edip de millete sadakat göstermiş bir tek ismin olmadığını bu milletten daha iyi kim bilebilir?

Bu millet huzur ve saadet için çok bedel ödedi ve hâlâ ödüyor. Bu bedel onu İslam'ın yüce kapısının önüne getirip bırakacaktır. Bu topraklara ruh kökünden bağlı olan herkesin beslendiği tek sahici damar İslam damarıdır. O damardan beslenmeyenin bu ülkeyle sahici bir bağı olmadığını, olamayacağını bir gün herkes anlayacak.

İlahi gündeme sahip çıkın, Ramazanınızı kurda kuşa yem etmeyin. Maneviyat dünyamızın yer altı babalarının sömürülerine hep karşı oldum. Şimdi de "din çeteleri" çıktı. Bunların maneviyatınızı hortumlamasına izin vermeyin.

Dininizi, imanınızı, Kur'an'ınızı ciddiye alınız ki dininiz, imanınız ve Kur'an'ınız da sizi ciddiye alsın.

KADİR GECESİ

el-Kuddus, Allah'a ait bir sıfattır. İslam vahyinin zirvesi olan Kur'an, bu sıfatı yalnızca Allah için kullanır. Sözcüğün gramatik yapısı gereği, anlamı hem "özünde mutlak mukaddes olan"a, hem de "kutsal kılma yetkisi yalnızca kendisine ait olan"a tekabül eder.

Bunun birinci anlamı, Allah dışında kutsayıcı bir otoritenin reddidir. Böyle bir davranış, Allah'a has bir niteliğin başkalarına yakıştırılması anlamına gelen "şirk"e tekabül eder. İkinci anlamı ise, "mutlak dokunulmazlık" mânasındaki kutsalın sınırlandırılmasıdır. K-d-s kökünden gelen kelimelerin Kur'an'daki kullanımı üzerine yapılacak kısa bir araştırma, eski vahiylerden Kur'an vahyine gelinceye kadar kutsalın alanının nasıl daraltılıp, en sonunda yalnızca Allah'a has kılındığını açıkça ortaya koyacaktır.

İslam zaman-mekan tasavvurunda, mutlak iyi ya da kötü bir zaman yoktur. Zamanın ya da mekanın iyi-kötü olması, insana nisbetledir. İyi kullanılan zaman-mekan, kötü kullanılan zaman-mekan vardır. Farklı bir ifadeyle, uğurlu ve şanslı, ya da uğursuz ve şanssız bir zaman-mekan bulunmamaktadır. Zamanı ve mekanı iyi ya da kötü kılan insanın duruşudur. Hz. Peygamber'in, her "uğurlu" ya da "uğursuz" (tıyera) nitelemesini cahiliyye aklıyla özdeşleştirip reddetmiş olması, bundandır. Çünkü böylesi bir akıl, insanın ruhsal donanımını iflasa götürmekte, manevi güç ve yeteneklerini köreltmektedir.

Eğer yeryüzünde bizzat kutsal (dokunulmaz) bir mekan olsaydı, bu "Kâbe" olurdu. Oysa ki tarihte onlarca kez Kâbe'nin doğal âfete maruz kaldığını biliyoruz. Konunun otoritesi Ezraki Kâbe'nin altmış küsür kez yıkıldığından söz eder. Yemenli Hıristiyan komutan Ebrehe Kâbe'ye saldırdığında ilahi bir cezaya çarptırılırken, Kâbe'yi mancınıkla yıkıp-yakan Haccac engellenmemiştir. Müşrikler Kâbe'nin içerisine tüm şirk sembollerini doldurabilmişlerdir. Kâbe'nin başından geçen bu zıt olaylar, kutsalın mahiyeti konusundaki İlahi Takdir (kadir/kader)'i tesbit amacıyla küllî bir okumaya tâbi tutulmalıdır.

Eğer zamanlar içerisinde mutlak mukaddes bir zaman olsaydı, bu *Kadir Gecesi* olurdu. Çünkü, Kur'an vahyi, kendi beyanına göre o gece inmeye başlamıştı. Yine kendisi bu iniş gecesinin bir Ramazan ayına tekabül ettiğini ifade buyurmaktadır. (2.185) Kur'an Kadir Gecesi'ne bir tam sûre ayırmıştır. (97. Sûre) "Kadir Gecesi", "değer gecesi"dir. Allah tarafından değerli kılınmış bir gecedir (krş. 44.3). Bu değer ayette rakamla ifade edilmiştir: "Kadir Gecesi, bin aydan daha hayırlıdır!"

Bin ay, yaklaşık seksen üç yıl eder. Bunun anlamı, dolu dolu yaşanış bir insan ömrü demektir. O halde bu ayet şöyle de okunabilir: "Kadir gecesi bir ömürden daha hayırlıdır!" Kadir Gecesi'ne atfedilen bu değer, bizzat geceden mi kaynaklanmakta, yoksa geceye değerini veren başka bir unsurdan mı?

Bu sorunun cevabını birinci ayet açıkça vermektedir. Buna göre, bu muhteşem gece, tüm değerini Kur'an'dan almaktadır. Çünkü Kur'an, bu gecede inmeye başlamıştır. Bir geceyi 30.000 kat daha değerli kılan unsurun geceye/zamana ait olmadığı, bu gecenin sabit bir zamana tekabül etmemesinden de anlaşılır. Zira, üzerinde konuşulan zaman, Kameri takvime ait bir zamandır ve Kameri'yi Şemsî takvimden ayıran en tipik özellik de sabit değil sürekli değişken olmasıdır. Buna göre, Kameri yıl içerisinde kutsal kılınan her tür zaman parçası (Ramazan, Kadir Gecesi, İsra ve Mirac Gecesi gibi) kutsallık ve bereketini, bizzat kendilerinden değil, kendi dışlarındaki bir 'değerden' almaktadırlar. Kur'an'ın ay takvimini zaman belirleme ölçüsü olarak zikredip (10.5), bunu Güneş yılıyla eşitlemek için yapılan bir sahtekarlık olan "nesi" uygulamasının mantığını eleştirmesinin nedeni de bu olsa gerektir. (9.37)

Kadir Gecesi'ne, otuz bin kat değer getiren unsurun Kur'an olduğu anlaşıldıktan sonra, tüm kutsallık ve bereketin herhangi bir sabit zaman parçasına/geceye değil Kur'an'a izafe edilmesi doğru ve makul olandır. Bunun anlamı da şudur: *Ey insan! İndiği zamana dahi otuz bin kat değer yükleyen bir Kitab, kendi halinde bir çöl kasabası sakini olan Abdullah'ın oğlu Muhammed'i 'Âlemlere rahmet' olan bir elçi eden, sıradan bir çöl kasabası olan Mekke'yi, 'Kentlerin Anası' olan mübarek ve muhterem belde kılan bu vahiy, eğer senin yüreğine, zihnine, hayatına ve dünyana da inerse, sana bir gecesi bir ömür kadar bereketli bir hayat bahşeder, senin duygu, düşünce ve eylem potansiyelini binlerce kat artırır!*

Ashabtan bazı kimseler rüyalarında Kadir Gecesi'nin Ramazan'ın son yedi gününde olduğunu görüp bunu Rasul'e haber verince, Rasulullah "Görüyorum ki rüyalarınız Ramazan'ın son yedi gecesi hakkında birbirini tutuyor. Artık kim Kadir Gecesi'ni arayacaksa onu Ramazan'ın son yedisinde arasın" (Buhari ve Müslim) buyuracaktır. Yüzyıllardır müslüman geleneği, rivayetlerin de katkısıyla, Ramazan'ın 27. gecesini Kadir Gecesi niyetine ihya etmekte, yüz milyonların yanık yürekleri Rablerinin rahmet ve şefkat pınarına binbir umutla kurumuş dudaklarını dayamaktadır.

Bu sembolik kutlamada tek yürek olmuş yüz milyonların biricik arzusu şu muştuya nail olmaktır: "O gece boyunca melekler, Rablerinin izniyle (ölü canlara) hayat taşımak için bölük bölük inerler; her çeşit barış, huzur, saadet ve güven taşırlar...ta şafak sökünceye dek!.." (97.4-5)

Çünkü, vahyin taşıdığı barış, huzur, saadet, güvenlik ve özgürlük (selam) tek çeşit değildir; duygu, düşünce ve eylem olarak bireyin tüm hayatını kapsar. Sadece bireysel değil toplumsal barış, huzur, saadet ve güvenin de tesisi fıtratla aynı kaynağa ait olan vahyin diriltici soluğuna (ruh) muhatap olmakla gerçekleşir.

Biz bu gecede, başta bu toprakları vahiyden mahrum edenlerin hidayeti ve ıslahı olmak üzere, herkes için dua edeceğiz. Çünkü çok susadık.

GÜVENLİK VE ÖZGÜRLÜK EVİ

Kur'an'ın Kâbe için kullandığı isimlerden ikisi *"Beytu'l-Haram"* ve *"Beytu'l-Atik"*. Yani, *"Güvenlik Evi"* ve *"Özgürlük Evi"*. Güvenlik ve özgürlük, insanoğlunun en temel iki sorunu. İnsanın tüm iç ve dış çatışmaları, neticede bu iki temel soruna irca edilebilir.

İnsanlığın değişmez değerlerini temsil eden İslam'ın farklı zaman ve mekanlara hitabı olan kutsal kitapların tümü, insanoğlunun bu iki ezeli sorununun çözümü için adres göstermiş. Güvenlik ve özgürlük evi Kâbe'nin gösterdiği adres de aynı.

Ben, "o" adrese ölümsüz bir mesaj gönderen İbrahim Halilullah'ı sözkonusu mesaj için kullandığı özge bir 'zarf'ın yani Kâbe'nin tam karşısında kaleme alıyorum bu satırları.

Kâbe; yani aşkın merkezi.
Kâbe; tevhid inancının mimariye dönüşmüş biçimi.

Bu yapı, kendisini her görene, insanın Allah karşısındaki acziyetini haykırıyor. İnsanın Allah'ın büyüklüğünü takdir etmedeki acziyetini...

Kâbe, insanoğlunun Allah için yaptığı ve yapacağı her şeyin, Allah gerçeği karşısında ne denli sembolik, ne denli değersiz kaldığını temsil ediyor.

İbrahim nasıl teslimiyetin ve aşkın insana dönüşmüş biçimiyse, Kâbe de teslimiyetin ve aşkın mimariye dönüşmüş biçimi. Mekanın üç boyutu-artı zamanla birlikte Kâbe, aşkın ve aşkının mimarisi.

İbrahim'in tecessüm etmiş duası Kâbe. Dört bin yıl öteden koyverilmiş sayhanın yedi iklim dört bucaktaki milyonların gönlünde yankılanışı, bunun en güzel belgesi değil mi?

Küfrün, şirkin, modern puta tapıcılığın, kutsal karşıtlığının, dünyevileşmenin cırtlak ve çatlak sesi karşısında ürkenler, korkanlar, pusanlar, susanlar, umut kesip yakasına küsenler!

Buraya gelin, İbrahim'in dört bin yıl öteden çağları aşıp yankılanan sayhasına gelin!

Yüreğimizin gözü aydınlansın, içinizdeki kanadı kırık kuş tekrar kanat çırpsın. Meleklerin kanat seslerini duysun gönül kulağınız!

Bin yıl yaşayacak olanın küfür ve ilhad narası değil İman ve hilkat sayhası olduğunu gözlerinizle görün.

O zaman anlayacaksınız Ebrehe'nin çocuklarının İbrahim'in 'Kâbe'sine hiçbir şey yapamayacağını.

O zaman anlayacaksınız ateşin imanı yakmayacağını.

Ve o zaman anlayacaksınız hiçbir küfür imparatorluğunun ebedi olmadığını.

İşte o zaman, İbrahim'in en sadık evladı Hz. Muhammed'in, elinden zorla gasbedilen 'Mekke'sine yaşlı gözlerle bakıp söylediğini, siz de gasbedilen 'Mekke'lerinize dönerek haykıracaksınız:

"Birgün elbet buluşacağız!"

"SELAM OLSUN İBRAHİM'E!"

"Selam olsun İbrahim'e!" (Saffat 109)

Bu selam Allah'ın selamı. Yani sıradan bir selam değil. Üç büyük davetin atası Hz. İbrahim, "kurban" sınavından alnının akıyla çıkması üzerine alemlerin Rabb'i olan Allah'ın selamını hak etmişti.

Allah'ın selamı ahirette "cennet" demektir, bu kesin. Peki, Allah'ın selamı dünyada ne anlama gelir? İşte bu sorunun cevabını yazıya dökemem. Dökmek istesem de beceremem. Çünkü bu anlatılacak bir şey değil. Ancak yaşamakla bilinir. Ben, şu satırları yazdığım kutlu belde Mekke'de, Allah'ın İbrahim'e selamının ne demeye geldiğini bir kez daha yaşayarak müşahede ediyorum.

Hz. İbrahim'in 4000 yıllık çağrısının yüz milyonların yüreğinde yankı bulmasının, onlar içerisinden milyonlarca müminin yeryüzünün iman merkezi olan Kâbe'ye hasretle, hürmetle, minnetle, muhabbetle koşmalarının, söz konusu ilahi selamdan bağımsız anlaşılamayacağını düşünüyorum.

Bu büyük iman hamlecisi nasıl bir çığlık salmış ki gök kubbeye, üzerinden 4000 yıl geçtiği halde o ses hâlâ milyonları peşinden sürüklüyor? Bu davet nasıl bir davet ki, her biri de ebediyyen yaşayacağı iddiasıyla kurulan nice saltanatlar, bir nice debdebeli Nemrut ve Firavun uygarlıkları, yerle bir olup tarihin çöplüğüne atılırken, o hâlâ yaşamakta, ışımakta, aydınlatmakta?

İbrahim Halilullah'ın iktidarını böylesine ölümsüz kılan iksir nedir? İnsanlık tarihi 4000 yılda, hiç sarsılmaz sanılan nice zulüm sitelerinin, kaç küfür merkezinin, kaç zulüm başkentinin kütür kütür yıkılışına, hâk ile yeksân oluşuna şahit oldu. Fakat İbrahim'in Kâbe'si, yeryüzünün bu en sade, en şaşaasız yapısı, tüm o küfür merkezlerine inat bir "özgürlük evi" (beytu'l-atik) ve "Allah güvencesindeki güvenlik merkezi" (Beytullahi'l-haram) olarak dimdik ayakta durmakta. Tüm çağların Nemrutlarına, Ebrehelerine, Ebu Cehillerine meydan okumayı sürdürmekte.

Allah adına bu kubbeye salınmış hiçbir ses zayi olmaz!

Allah'tan bağımsız bir başarı planlaması sonu hüsran ile bitecek bir ütopyadır.

Allah'ın yücelttiğini kimse alçaltamaz, Allah'ın alçaklığa mahkum ettiği ise, hangi zorbalık kullanılırsa kullanılsın ilelebet yüceltilemez.

Hacc ibadeti yapılageldiği sürece, bu gerçekleri insanların gözünden saklamak mümkün olmayacaktır. Sırtına kefenlerini giyip Allah'la yaptığı kula kul olmama sözleşmesini yenilemeye koşan milyonların, haccın ne demeye geldiğini anlayarak bir gün dirilebilecekleri, güç merkezlerinin korkulu rüyası olsa gerektir.

Evet, dünyayı haraca kesen, gözyaşı kan ve alın teri üzerine saltanat kuran egemenler, hacc ibadetinin bir gün dirileceği ve milyonları dirilteceğinden ne kadar korksalar yeridir.

Düşünün bir: Şu anda bu kutlu beldeyi dolduran milyonlar sırtlarına geçirdikleri ihramlarından başka kaybedecek bir şeyleri olmadığını anlarlarsa ne olur? *"Ölmeden evvel ölünüz"* sırrını anlarlar da, artık ölüm korkusuna karşı bağışıklık kazanırlarsa ne olur?

Onları ölümle korkutarak zulüm gemisini yürütmeye çalışan korsanların telaşını gözünüzün önüne getirebiliyor musunuz?

Düşünün bir: Ya Arafat'a çıkan milyonlar marifete erer de kendi sınırlılığını ve Rabbinin sınırsızlığını, güç ve kudretini tanırsa ne olur? Tanırsa ve Arafat "vakfe"sini Allah karşısında esas duruşa çevirirse, istikamet açısındaki sapmaları düzeltip Allah'la yeni bir kulluk sözleşmesi yaparsa ne olur?

Meş'ari'l-Haram'da (Müzdelife) varlık şuurunu yakaladığını düşünün Allah konuklarının. Dahası şeytan taşlamanın sembolik bir "atış talimi" olduğunu anlayıp bu sembolik talimin sembolize ettiği hakikati kavradıklarını düşünün! Gerçekten şeytanı ve şeytansıları taşlamanın bir yaşam biçimi olarak algılandığını düşünün!

Evet, eğer bunları düşünürseniz, haccın ne muhteşem bir potansiyeli bünyesinde barındırdığını siz de fark edeceksiniz.

Fark edecek ve var gücünüzle milyonların sesine ses katmak için o lahuti sloganı haykıracaksınız:

"Lebbeyk Allahumme lebbeyk!.."

"Buyur Allah'ım, emrine âmâdeyim, buyur!.."

Haccın 'ölüsü' bile "dünyalara bedel" diyeceksiniz.

Ya 'dirisi' neler etmez ki?

ORADA BİR DÜNYA DAHA VAR!

İki şık vardı: Ya Kâbe'ye yüreğimi koyacaktım, ya da yüreğime Kâbe'yi. "Gittiğim topraklarda yüreksiz neylerim?" dedim ve ikincisinde karar kıldım.

İyi ki öyle yapmışım.

Geldiğim günün akşamı, 14 günlük bir aradan sonra ilk defa haber bülteni izlemek için ekran karşısındaydım. Haber bülteninin, Harem-i Şerif'te, Arafat'ta, Meş'ari'l-Haram'da onardığım ruhumun üzerinden vahşi bir tank gibi geçtiğini hissettim. Onardığım yerleri tarumar ettiğini, diktiğim körpe fidanları hoyratça çiğnediğini farkettim.

İlk haber, 14 gün öncesinde hacca gidene kadar hiç duymadığım bir isme ayrılmıştı. Haber sorumlusunun, bu ismi birkaç dakika boyunca defalarca tekrarlayarak zorla hafızama sokmaya çalışmasından, bu ülkeyi gasbedenlerin yeni bir 'kurtarıcı' ithal ettiklerini anlamakta gecikmedim.

Son 150 yıldır izlediğimiz filmi, oyuncu değişikliğiyle yeniden izliyorduk. İşin garibi ülkeyi batıranlar da, kurtarıcı ithal edenler de aynı ellerdi. Bu son cümlenin aktörlerini kukla sayın. Ülkeyi batıran kuklaların ipi de, onların batırdığını temizlemek için hîn-i hâcette kullanılmak üzere hazır bulundurulan "kurtarıcı"nın ipi de, aynı küresel güç odağının elindeydi. Kur'an'ın tabiriyle *"Bise'r-rifdu'l-merfud"!..*

İkinci haber, Meclis'in ortasında bir milletvekilini yumruklayarak ölümüne sebep olanların kan tahlili sonucunda kanında bulunan maddenin alkolle ilgisi üzerineydi. Milletin milletliği gövdesine indirgenince, vekil de vekilliğini gövdesiyle yapıyordu. Aklıyla yapacak değildi ya! Milletin aklına bunun için mi zeval vermişlerdi yöneten sınıflar? Millet de aklını değil gövdesini çalıştıran vekiller mi göndermişti iradesinin sözümona 'tecelligahına'?

Üçüncü haber, bir babanın ekonomik sıkıntı yüzünden bunalıma girerek karısını ve öz çocuklarını ekmek bıçağıyla doğraması üzerineydi...

Dördüncü haber, bir futbol maçında seyircilerin üzerine rastgele açılan ateş sonucu yaralananlarla ilgiliydi.

Beşinci haber, fırlayan dolarla ilgiliydi...

Yedinci haber...

Sekizinci haber...

Buraya kadar dayanabilmiştim. Eşime dönüp *"Ne memleketimiz var be!"* dediğimi hatırlıyorum.

Tekrar içime döndüm. İçimin mutena yerlerinden hâlâ Haceru'l-Esved'in mis gibi kokusu geliyordu. İçimin aydınlık sokaklarında usulca, kirlenmiş ayaklarımla oranın sakinlerini rahatsız etmeden, bir "firari" utangaçlığı içinde ilerlemeye başladım.

Bir köşede, elinde baltası, put kırmak için bekleyen İbrahim'i gördüm. Gümüş gibi ağarmış saçları binlerce yılın ötesinden insana nasıl da itimat telkin ediyordu. Tarihin şahit olduğu ender iman hamlelerinden birinin kahramanı olan bu kutlu peygamberin neden ellerinde yeniden inşa için harç değil de balta olduğunu anlayamadım. Fakat, ta uzaklardan, bana Nuh'un sesiymiş gibi gelen bir ses "Kötü imha olmadan iyi inşa olmaz", "enkaz kalkmadan imar olmaz" diyordu.

Doğruya ne denirdi ki?

İbrahim Peygamber'in hemen ötesinde Hacer duruyordu. Müebbet hicretin siyah gelini Hacer, 'İsmail'ini büyüttüğü halde hâlâ koşuyor gibi geldi bana. Önce niçin koştuğunu anlayamadım. Baktığı tarafa baktığımda, onun kimler için koştuğunu anlamıştım. Belli ki, uzaktan silüeti görünen milyonlarca susuz evladı için koşuyordu anaların anası Hacer. Bir yandan da kadınlığına aldırmadan şeytanları taşlıyordu, yavrularına ilişmesinler diye...

"Anaların öfkesi göğü yere indirir" diyordum gayr-ı ihtiyari. O usul ses büyüyor, büyüyor ve yankılanıp bana dönüyordu:

Anaların öfkesi!..

Anaların öfkesi!..

Hacer adı bana yürümem gerektiğini telkin ediyor. Şimdi daha bir güçlü, daha bir şevkle yürüyorum. İsmail görünüyor. Yanından her geçene, "Siz de kendi topraklarınızı 'harem' yapın!" diyor. Bunu bir vasiyet gibi söylüyor. "Nasıl?" diyenler oluyor, "Varlığınızı O'na adayarak!" diyor. "Tıpkı senin gibi mi?" diyecek oluyorum, sui edep olacağını düşünerek vazgeçiyorum. Fakat o, daha ilerisini işaret ediyor; "Yürümeyi sürdür, sorunun cevabı orada" dercesine.

Ben de yürüyorum ve önüne gelip durduğum kapı Âlemlere Rahmet, iki ayaklı merhamet, Rasulullah Muhammed'in kapısı...

Müebbet muhabbetin, ebedi risaletin kapısı...

O kapıdan gül kokusu alıyorum.

Bir lanetliler güruhu tarafından kenef haline getirilen zavallı topraklarıma unuttuğu gül kokusunu yeniden hatırlatmak için...

Uyuşan hafızasını uyarıp bir zamanlar "gülistan" olduğunu hatırlaması için...

Belki gülistan olma özlemi yeniden içinde depreşir de bahçıvan arar diye...

Bir de, kendisini kenef haline getiren dünyaya mahkum olmadığını bilmesi için.

Çünkü, orada, öylece, ilk günkü gibi ter u taze duran, zamanını bekleyen, gül kokulu bir dünya daha var...

Unutmayın: Orada bir dünya daha var!

MEKKE, MEDİNE, KUDÜS, İSTANBUL

Amman, Cidde, Mekke ve Medine'yi kapsayan, ışıklarını uzaktan hüzün ve hasretle temaşa ettiğimiz işgal altındaki Kudüs'e teğet geçen dolu dolu bir ziyaretin buğusu hâlâ yüreğimde tütüyor.

Bu yazıyı, söz konusu buğunun gümüş tülleri altında 'gurbet' ve 'sıla', 'hasret' ve 'vuslat' kavramlarının anlamlarını takas ettiği, sözün sınırlarına sığmayan eleğimsağma duygular eşliğinde kaleme alıyorum.

Mekke nedir, İstanbul ne?
Medine nedir, Kudüs ne?

"Ne?" diye sordum, "Neresidir?" demeye dilim varmadı. Kurban kuşakların zihninde, yüreğinin haritası Misak-ı Milli'den ötesine uzanamayan küçük adamların zihninde bu isimler sıradan bir "mekana" indirgenmiş olabilir.

Değil, vallahi değil. Mekke'yi, Medine'yi, Kudüs'ü, İstanbul'u yalnızca mekanlardan bir mekana indirgemek; Kâbe'yi mimarinin konusu olan kübik bir taş yapıya, Haceru'l-Esved'i jeolojinin konusu olan bir granit parçasına, Fuzuli'nin Su Kasidesi'ndeki 'su'yu $H^{2}0$'ya, Nesimi'nin Gül Gazeli'ndeki 'gül'ü botaniğin konusu olan bir 'bitki'ye, 'Osman' adını "yılan yavrusu" mânasına gelen etimolojik anlamına indirgemek kadar abes ve komiktir.

Bu şehirler sıradan şehirler değil; ruhu var bu şehirlerin, onu ruhunu karartmamış olanlar fark eder ve onlarla diyalojik bir iletişime girebilir. Kalbi var bu şehirlerin; onların nabız atışını duyabilecek bir kulağı olanlar bilir. Söyleyecek çok sözü var bu şehirlerin, tabi ki dilinden anlayana...

Eğer, gerçekten duysaydık bu şehirlerin sesini, ahu enininden yanına yaklaşmaya cesaret edebilir miydik dersiniz?

Bendeniz, sanmıyorum. Çünkü bu şehirlerin ruhuna yapılan tecavüzler, hatırasına yapılan ihanetler kitaplara sığmaz. Amma ki bir ana kucağı gibi; haşarı çocuklarının ihanetlerine aldırmadan onlara şefkat ve merhamet kucaklarını açmayı sürdürüyorlar. Bağırlarına basıyor, onları rahmet memelerinden kana kana emziriyorlar.

Mekke'nin Kur'an'daki adlarından biri de "Ummu'l-kura". "Kentlerin Anası" anlamına gelir. Onun için İstanbul Mekke'nin manevi çocuğudur. Üsküdar, onun için "Harem"dir. Harem adının kendisine Harem-i Şerif'i hatırlatmadığı insanların İstanbul'a bakışı, sıradan bir Gebze-Harem hattı dolmuş şoförünün bakışından ne kadar derin, ne kadar anlamlı olabilir ki?

Ya Kudüs?

Kudüs adı ne anlam ifade ediyor bu günün *"Şarkı görmez garbı bilmez görgüden yok vayesi/ Bir utanmaz yüz yaşarmaz göz bütün sermayesi"* dizelerinde tasvir edilen tuzu kuru kuşakları için?

Kudüs ki, bir değil bin 'ah' ile anılsa yeridir; yüreğe saplanmış bir hançerin acısı gibi bir acı Kudüs acısı. Osmanlı İslam ordularının yenilgisi üzerine Şam'a giren Fransız ordu komutanının Kudüs fatihi Selahaddin Eyyubi'nin sandukasını tekmeleyerek *"İşte döndük ey Selahaddin!"* dediğinin üzerinden 80 küsür yıl geçti. Fakat Selahaddin'e ve onun çocuklarına olan kin hâlâ bitmiş değil.

Bu kini, İsrail sınırından içeriye adım attığınızda eğer müslümansanız bir terörist muamelesi görmenizden anlıyorsunuz. Bu kin bana bir yerlerden tanıdık geldi; bulmak için zihnimi fazla zorlamadım: Kendi öz vatanımdan...

Kendi kendime şunu sordum: Türkiye'yi imanlı insanlar için yarı açık bir cezaevi haline getiren yönetici akılla İsrail'deki yönetici akıl arasındaki benzerlik huydan mı, soydan mı? Sahi, hangisi hangisinden besleniyor? Doğrusu ben bir karar veremedim.

Mekke-Medine acısı daha farklı bir acı; İstanbul acısına biraz benziyor. Faslı bir entelektüelle Harem-i Şerif'te sohbet ederken, benim yakındığım hususu o benden önce dile getirdi: Ümmetin kalbi burada atıyor, fakat buraya gelen ümmetin seçkin çocuklarını burada birbirinden haberdar edecek, bir araya gelerek müşterek sorunlarını konuşacak ortak bir mekan dahi yok.

Mukaddes mekanların emaneti geçmişte başkalarındaydı, şimdiyse Suûdilerde. Eğer emanete sadakat gösterilmezse emanetçi değiştirilir. Bu Allah'ın değişmez yasasıdır.

En azından Mekke'de Medine'de, ümmetin müşterek sorunlarının konuşulacağı ortak mekanlar tahsis edilmeli. Oraya gelen alim, mütefekkir ve aydınlar birbirlerini tanımalı, düşüncelerini paylaşmalı, fikir alışverişinde bulunmalı. Bunu gerçekleştirmenin, eğer istenirse çok zor olmadığını düşünüyorum. Haremeyn'e hizmet, Kur'an'ın da ifade buyurduğu gibi müşriklerin de yapıp öğündüğü bir şeydi; asıl olan Allah'ın en muhteşem 'harem' olarak yarattığı yüreğin sahibi olan insanın ve insanlığın sorunlarına çözüm üretmektir.

Her şeyden önce, bu mazlum ve mağdur ümmet birgün tekrar dirilecekse, bu dirilişte en büyük rolü Haremeyn ve tabii ki hacc ve umre ibadeti üstlenecektir. İstanbul'un, Kahire'nin, Tahran'ın, Kudüs'ün geleceği Mekke ve Medine'nin rolünü gereği gibi oynamasına bağlı.

Mekke hüzünlenirse, İstanbul ağlar: Siz duymuyor musunuz hıçkırık seslerini?

HAC ÜZERİNE KONUŞMAK

Modern zamanların afetlerinden biri olan 'televizyon uleması'nın son dönemdeki tartışma konusu hac ibadetiydi.

Maksadı hacıların güvenliğinin sağlanması olan "Hac bilinen aylardadır" (2.197) ayetinden yola çıkarak, mahşerin provası olan haccı bireyselleştirmeye davetiye çıkaranlar oldu.

Oysa ki yukarıdaki ibareyi bilenler, gayet tabi ki *"fi eyyamin ma'dudât"* (=sayılı günlerde 2.203) ibaresini de biliyorlardı. Fakat bilmezden gelmek, moda söylemlerin akıntısına kürek çekmek, galiba değeri artırmasa da fiyatı artırıyordu.

Nedense televizyon ulemamızın tümünün ortak bir yanı vardı: Kendi verdikleri fetvalarla amel etmemek.

Biri kalkar Türkçe ibadetten dem vurur, fakat bu ultra fetvasını uygulamalı olarak göstermeye yanaşmaz.

Bir diğeri "bireysel hac"dan dem vurur fakat bu fetvasını pratiğe dökmeyi bir türlü akıl etmez.

Tabiî ki yukarıdaki ayet hac güvenliğiyle ilgili bir ayetti ve hacıların güvenliğini sağlamak için "bilinen ayları" yani "savaşmanın yasak olduğu ayları" güvenlik şemsiyesi altına alıyor ve süreli bir güvenlik garantisi sağlıyordu.

Kim bilebilirdi ki, Kur'an'ın tarihin yatağını belirleyen özne olduğu çağlarda "güvenlik" amaçlı bir ibare, modern zamanlarda, haccın ruhunu berhava edici bir tekilliğe kurban verileceğini?

Konu burada kalmadı. Bu kez de kurban girdi gündeme. Girdi girmesine de, tam anlamıyla sap samana, şap şekere karışmıştı.

Şöyle ki; doğruları yanlış adamların söylemesi, doğruyu yanlıştan ayıracak mümeyyiz bir akla sahip olamayan kimselerin doğrudan kuşku duymaları sonucunu doğuruyordu. Bu o kadar böyleydi ki; sırf doğrular yanlış ağızlardan çıktı diye, bir çok insan -tabi ki tasvip edilemeyecek bir tavırla- yanlışlarına sıkı sıkıya sarılıyordu.

Yanlış adamlara duyulan tepki ters kutupta bir başka yanlışa kapı aralıyordu: Yanlış söyleyen doğru adamların hatırına söyledikleri yanlışın kutsanması...

Tabiî en doğrusu bu iki marazi tavrın da dışında olan seçip ayıklayan bir akla sahip olmak. Yanlış adamdan çıktı diye doğruyu süpürüp atmamak, ya da doğru adamdan sadır oldu diye yanlışa kapılanmamak...

Fakat, bir de doğruyu doğru zamanda, doğru ortamda, doğru bir üslupla söylemek gerek.

Diyelim ki ille de haccı tartışma gündemine taşıyacağız. Bundan hayırlı sonuçlar istihsal etme niyetindeyiz. Niyetimiz iyi. Peki, bu işe burasından mı başlanır? Söyleyenine sistem nezdinde en ufak sıkıntı getirmeyecek, hatta dinle imanla alakası olmayan kesimlerin alkışını alacak bir söylemle mi dile getirilir?

Bu zatlar, bu ülkede hac gibi İslam'ın temel direklerinden biri olan ibadetin sırtından korkunç bir yağma sektörü oluşturulduğunu neden tartışmazlar?

Neden Amerika'da geçirilecek bir haftalık tatil 700 dolara gelirken, bir hac binlerce dolara gelmektedir? Bu paralarla kimler beslenmekte, hangi kurumların cebi şişirilmektedir? Oysa ki bir İranlı'ya hac hava yoluyla 300 dolara malolmaktadır. Peki bu başta seyahat ve din özgürlüğü olmak üzere birçok özgürlüğe birden yöneltilmiş bir tecavüz değil midir?

Tabiî bu soruları sormak risklidir.

Bu soruları sormayanların ise, yukarıdaki cevapları vermeye kalkmaları tek kelimeyle samimiyetsizliktir, istismarcılık ve statükoculuktur.

Eğer haccı tartışacaksak, gerçekten de tartışılacak çok şey var.

Mesela, hac yükümlülüğünü sadece "mali yeterlilik" şartına bağlayan klasik tanımlar... Bari bu tanımların doğruluğunu tartışın. Sorun mesela: "Hacca, sadece binlerce doları olan mı gitmelidir?" diye. Ardından da Alu İmran 97. ayeti okuyun:

"Ona bir yol bulabilen insanın haccetmesi Allah'ın insanlar üzerindeki hakkıdır."

Ve şimdi bir daha sorun: Binlerce doları olana mı, yoksa "ona bir yol bulana" mı? Adamın binlerce doları yok ama "ona bir yol" bulma fırsatı var; şimdi bu adama "Senin haccın olmaz" mı diyeceksiniz? Evet, klasik tanımı ayetin yerine geçirenler bunu böyle diyorlar.

Yine haccı tartışacaksanız, haccı "dinsel turizm" gibi algılayan sakat tasavvurları tartışın. Onlara haccın, bir ümmet kongresi olduğunu anlatın. Haccın bir zarfının, bir de mazrufunun olduğunu anlatın. İçi boş zarfların yerine ulaşıp ulaşmayacağını tartışın.

Binlerce hacı Arafat'ı nasıl "piyango" mahalli olarak algılıyor onu tartışın. Giden din görevlilerinin, "Acaba haccım kabul oldu mu diyen günahkar olur" türü söylemlerle Allah'ın kesesinden hacılara nasıl rüşvet dağıttığını ve bunu cehaletlerinin üzerine bir şal gibi nasıl örttüklerini tartışın.

Bunları tartışın ki, hem sizin hem başkalarının işine yarasın. Haclar turistik seyahat olmaktan çıkıp Allah'la sözleşme tazelemeye dönüşsün.

KÂBE'NİN ÇAĞRISI

MEKKE-Kâbe'nin çağrısı, insanoğlunun değişen zaman ve mekanla değişmeyen iki temel sorununa yöneliktir: Özgürlük ve güvenlik. Kur'an'da Kâbe bu iki niteliğiyle öne çıkar.

Kâbe'nin özgürlük ve güvenlik çağrısı yalnızca müslümanlara yönelik bir çağrı değil, tüm insan soyuna yönelik bir çağrıdır. Onun içindir ki Kur'an'da tüm ibadetler "inanan insanlara" (mu'minîn, ellezine âmenû) yönelik bir talimat içerirken, hac yalın olarak inananların "insanlığına" (alen-nâs) yönelik bir talimat içerir:

"Ona bir yol bulabilen herkesin haccetmesi, Allah'ın insanlık üzerindeki hakkıdır." (3.97)

Çünkü özgürlük ve güvenlik, teolojik değil ontolojik bir ihtiyaçtır. Yani insanın sonradan tercih ettiği inanç sistemiyle değil, doğuştan taşıdığı fıtrî değerlerle; bir diğer ifadeyle "insanın insanlığıyla" alakalıdır.

Konuyla ilgili İslam kaynaklarında, insanlığın en eski mabedi olan Kâbe'nin bulunduğu mekanın, yeryüzündeki canlı hayat ve özellikle insan hayatı için müstesna bir rol üstlendiği kayıtlıdır.

Buna göre yerküre daha soğumamış bir ateş topuyken, ondan ilk soğuyan yer Kabe'nin bulunduğu bölgedir. Modern jeoloji, insanlık hafızasının nesilden nesile taşıdığı bu rivayeti doğrulayan veriler sunmaktadır. Yapılan ölçümler sonucunda, yerkabuğunda ilk kristalleşmenin bu bölgede gerçekleştiği tesbit edilmiştir.

Yine aynı kaynaklara göre, tufanın ardından yeryüzünde ilk kuruyan yer de bu bölgedir. İspatlanması da, yalanlanması kadar zor olan bu bilginin sıhhati bir yana, Kâbe'nin insanlık için taşıdığı sembolik değerin işaret ettiği derin bir hakikat olduğu, imanî bir husustur. Bölgeyi ziyaret ederek ifâ ettiği hayâtî rolün hatırasına saygı, hürmet ve minnet duymanın "Allah'ın insanlık üzerindeki hakkı olması" ancak böyle açıklanabilir.

"Allah'ın insanlık üzerindeki hakkı" insana, güvenlik ve özgürlüğünü koruma yükümlülüğü getirmektedir. Bu adeta "haktan" da öte, bir "ödev"dir. Vahyin yalnız Allah'a kul olma, kula kul olmama çağrısı, bu ödev ekseninde algılanması gereken bir çağrıdır.

Vahiy baştan sona insana, kendi güvenliğini kendi elleriyle ya da başkalarının ayartmasıyla tehlikeye atmaması gerektiğini telkin eder. Bu bilincin onda artık "melek" halini almış bir "melekeye" dönüşmesini ister. Güvenliğini kaygılarının başına oturtmuş bir insana "mü'min", bu kutlu melekenin kendisine de "iman" adını verir.

Ancak gerçek bir iman sahibini özgür kılar. Çünkü iman "şehadettir". Şehadet "tanık olma"dır. Tanık olan ve "ben şehadet ederim ki..." diyen biri önce bir "ben idrakine" sahip olmalı, özgür bir iradeye malik olmalıdır. Değil mi ki her tanıklık, mutlaka bir tanık olan, bir de tanık olunana ihtiyaç duyar.

Peki, bu satırları kaleme aldığım "harem bölgede", özgürlük ve güvenlik evi olan Kâbe'nin etrafında pervane olan ve bir buçuk milyarlık bir aileyi temsil eden milyonlar, bu iki ontolojik değer açısından ne durumdalar?

Elbette bu soruya olumlu cevap vermek mümkün değil. Fakat siz bu satırları okuduğunuz sırada, bir insan seli halinde gecenin imana şahit kılındığı Müzdelife'den, iç ve dış her türlü şer odağı temsil eden şeytanların sembolik olarak taşlandığı Mina'ya akan insanlar, her görene şu gerçeği hatırlatacaklar:

"Haccın ölüsü dahi çok şey eder; ya dirisi?"

Milyonların sırtlarına geçirdikleri kefeni temsil eden ihramlarla mahşerin provasını yaşadıklarını düşünün bir... Arafat'ta marifete erdiklerini, Müzdelife'de şuura ulaştıklarını, Mina'da taşladıkları büyük, orta ve küçüğüyle tüm şeytanların gerçek hayattaki mümessillerini keşfettiklerini, kestikleri kurbanla Allah'a adanma bilincini kazandıklarını, tavafla kozmik besteyi söyleyen evrensel koroya katıldıklarını, sa'y ile çaba ve çalışmanın başarının şartı olduğunu öğrendiklerini düşünün...

Hayali dahi cihana değer, değil mi?

HAC VE SUUDİ YÖNETİMİ

Hac ibadetinin, Ümmet-i Muhammed'in yıllık kongresi olma fonksiyonu, bu ibadetin boyutlarından biridir. Kur'an'da Beytullah'ın insanlık için bir kıyam ve diriliş yeri kılındığının ifade edilmesi bundandır.

Ancak haccın, uluslar arası bir kongre olma işlevi hep gözardı edilmiştir. Bunun siyasal, sosyal ve konjonktürel sebepleri vardır. Fakat her ne sebeple olursa olsun haccın bu işlevinin gerçekleşmemesinin ceremesini, sayısı bir buçuk milyara ulaşan İslam ailesinin üyesi olan tüm kavimler çekmektedir.

Bu ceremenin en görünür yanı, müslüman toplumların git gide birbirinden uzaklaşması; ortak hafızalarını, tarihlerini, kültürlerini ve hedeflerini yitirmeleridir.

18. yüzyıldan bu yana topraklarına zorla ya da hileyle girerek altını ve üstünü soyduktan sonra bir yığın naylon devletçik, yapay sınır ihtilafları ve sentetik sorun bırakarak çekilen Batılı kolonyal güçler, kendi aralarında çıkardıkları iki dünya savaşına rağmen AB çatısı altında birleştiler. Fakat İslam coğrafyası hala aşiretten bozma yönetimlerin, ilkel monarşi ve zorba yöneticilerin, bazen ise demokrasi kılıfı altında saklanan oligarşi ve otokrasilerin ceberut iradesi altında inim inim inlemektedir.

Hepsinden öte, İslam Dünyası dediğimiz dünyanın dün var olan ortak kültür ve hafızası, aklı selim sahibi olmayan yönetimlerin hoyratça politikaları sonucunda tarumar edilmektedir. Ümmetin birlik ve dirliği için gösterilmesi gereken çabalardan eser bulunmadığı bir zaman ve zeminde, bu hac mevsiminde Mekke'de toplanan Uluslararası Hac Kongresi'ni bir umut ışığı sayabiliriz.

Suudi basını, kongreyi "75 yıl sonra ilk defa" sürmanşetiyle verdi. Bununla, 1926 yılında, Osmanlı'nın külleri dahi henüz soğumadan İngilizler nezaretinde akdedilen ve müslüman azınlıkların konumunu ele alan toplantıya atıf yapıyorlardı. Anlaşılan o ki, aynı yıl Kahire'de toplanan Hilafet Kongresi'ni yok sayıyorlardı.

Olsun... Bu bile bir adımdı ve Mekke'deki Hac Kongresi iki ana gündemle toplanmıştı. Birincisinde "Nasıl bir hac?" sorusuna cevap olabilecek "Haccın edebi" başlığı altında ele alınan hacla ilgili sorunlar; ikincisinde ise, müslümanlara ve İslam'a karşı 11 Eylül olayları bahane edilerek basın yayın yoluyla açılan propaganda savaşına müslümanların cevabı tartışıldı. Yani, 11 Eylül olaylarının gölgesi buralara kadar uzamıştı.

Bu kongrede bir ilk de gerçekleşti ve Suudi yönetiminin mukaddes beldede yaptığı bu kongreye akademik kariyer sahibi olan birkaç bayan da tebliğleriyle iştirak etti.

Elbet bu kongre "yasak savma" kabilinden bir niyetle hazırlanmış olabilir. Fakat bu, Suudi yönetiminin, hac ibadeti dolayısıyla her yıl yaşanan tatsız olayları ve bunun arefesinde ortaya çıkan tartışmaları kulak ardı edemeyeceğini gösteriyor.

Suudilerdeki bu yumuşama belirtisi, resmi yetkililerin demeçlerinde de kendini gösteriyor. Londra'da yayınlanan *El-Hayat* gazetesinin *Vakıflar ve İslami İşler Bakanı* Salih b. Abdülaziz ile yaptığı mülakatta bakan, "Suudi tarzı selefilik" diyeceğimiz "uyumlu" bir çerçeve çizmeye çaba gösteriyordu. Bunu yaparken de ABD'li bazı yetkililerin İslami eğitime yönelttikleri haçlı ağzından yakınarak şöyle diyordu: *"Bazı insafsız yazarlar Suudi Arabistan'daki İslami eğitimi ve diğer İslam topraklarındaki İslami tedrisatı itham ediyorlar. Eğer bu genellemeci mantık doğruysa, biz de Oklohama'daki saldırıyı yapanların milli ve dini kimliğine bakarak tüm Amerikan eğitim sistemini suçlayabilir miyiz!"*

Bakan, bu önemli tesbitine çok daha önemli olan şu sözleri de ilave ediyordu: *"Bütün bu çıkışlar eğitim ilkelerinin ve öğrenim sisteminin bir sonucu değildir. Aksine, bütün bunlar genelde tüm dünyada, özelde Filistin gibi sıcak coğrafyalarda müslümanların yaşadıkları zulüm ve acıların doğurduğu ortak hislerin yol açtığı infial ve tepkilerdir."*

Bakan, Bin Ladin ve El-Kaide tarzı selefiliğin gerçek selefilikten bir sapma olduğunu, bunun da cehalet ve taassuptan kaynaklandığını söylüyor ve şu çarpıcı tespiti yapıyordu: "*Cahilin dindarlığı arttıkça, sapma açısı ve yanlışı da artar.*" Ve bu tür "aşırılıklara" selefiliğin gerçek önderi saydığı İmam Ahmet bin Hanbel'in, Abbasilerin "Kur'an'ın yaratılmışlığı" tartışmasında sisteme muhalif kaldığı halde muhalefetini sadece fikri ve entelektüel alanda sınırlandırdığını örnek gösteriyordu.

Evet, anlaşılan o ki, 11 Eylül olayları tüm dünyada olduğu gibi Suudilerde de kapsamlı bir özeleştiriye ve sorgulamaya yol açmış. Tabi ki bu eleştirilerin sınırlarının Suudi monarşisinin çıkarlarının başladığı yere kadar geçerli olduğunu da unutmamak gerek.

Her şeye rağmen Suudilerin özellikle hac ibadeti konusundaki olumlu eleştirilere kulak kabartmaları ve mümkün olduğunca "Allah konuklarını" rahat ettirmeye çalışmaları takdire değer.

Uluslararası Hac Kongresi'nin hayırlı bir başlangıç olması, tüm müslümanların ortak duasıdır. Umarız bu dua tutar ve "Kentlerin Anası" olan Mekke merkezli bir kongre her yıl hac mevsiminde toplanarak bir buçuk milyarlık bir öksüz ve yetimler kitlesi olan Ümmet-i Muhammed'in gerçek sorunlarını ele alıp onlara makul ve maruf çözümler üreten kurumsal bir yapıya kavuşur.

KURBAN NEYİ TEMSİL EDER?

Kurban, "yakın olmak" anlamındaki kurbiyyet, ya da "yaklaşmak" anlamındaki takarrub mastarına izafe edilir.

Bu anlamıyla kurban, "yabancılaşma"nın zıddı bir anlama ve işleve sahiptir.

Uzun insanlık destanı boyunca insanoğlu, kendisine, çevresine ve Yaratıcısına karşı böylesine vahim bir biçimde yabancılaşmış mıdır, bilmiyorum. Yabancılaşma çatışmayı getirir, çatışma ise tahrif ve tahribi.

İnsanoğlunu bu korkunç akıbetten korumanın yolu onun kendisinden, yani doğasından uzaklaşmasını önlemektir. İnsanlığın değişmez değerlerinin öbür adı olan İslam vahyinin amaçlarından biri, belki birincisi bunu gerçekleştirmektir.

Nasıl ki kendisine karşı yabancılaşan çevresine ve Rabbi'ne karşı yabancılaşırsa, kendisine yakın olan, kendisiyle tanışık ve barışık olan da, Rabbi'ne yakın, O'nunla tanışık ve barışık olur.

Kurban işte bu yakınlaşmanın, biliş, tanış ve 'barış olma'nın sembolik araçlarından biridir. Kurbanın sembolize ettiği bu ruhu göz ardı ederek, onun verdiği soylu dersi ihmal ederek, kurban kesmeyi "zoolojik bakış"la tartışmak, olayı "kedi gözüyle" algılamaktır ki; o zaviyeden bakanın gözüne elbette et, kan, ciğer, kemik ve deri görünecektir. Oysa ki Kur'an enfes üslubuyla, *"kurbanın ne kanının ne de etinin Allah'a ulaşacağını, O'na ulaşacak olanın yalnızca takva olduğunu"* dile getirmektedir.

Şeytanın gör dediği yerden değil de, Allah'ın gör dediği yerden bakanlar, kurban sembolunun ardında "Halilullah" olan İbrahim'in, "Hibetullah" olan İsmail'in, hicretin ölümsüz gelini Hacer'in dillere destan teslimiyetlerini görürler.

Önce ateşle can sınavından geçen ve imanın yanmadığını, hiçbir Nemrud'un ateşinin imanı yakamayacağını isbat eden İbrahim'in, canan sınavından da geçerek Allah'a adananların harcanmayacağını isbat ettiğini görürler.

Bu ilahi temsilin şahsında, hiçbir varlığın insan iradesine Allah kadar hürmet edemeyeceğini; ve yine insanın teslimiyetini istismar etmeyen tek otoritenin ilahi otorite olduğunu görürler.

Herkes bir şey uğruna kurban olmaktadır. Günümüz dünyası, insanın ucuz değerlere kurban edildiği bir mezbahayı andırıyor. Tarihin hangi döneminde insan böylesine bir istatistik malzeme haline gelmiştir? Yüce kapıya sırt çevirenlerin nasıl bozuk para gibi harcandığını görüp de içi yanmayan hamiyyet erbabı olabilir mi?

Harcanıyorlar; çünkü adanamıyorlar, adanmıyorlar.

Adanamıyorlar; çünkü kendilerine ait değiller.

Sahibiyim iddiasında bulunduklarının gerçekte sahibi değiller. Özgürlükleri sanal, duruşları sahte. Mallarının sahibi değiller, malları onların sahibi. Makamlarının efendisi değiller, aksine kölesidirler. "Bana ait!" dediklerine bakmayın siz; onlar hiçbir şeye malik değiller ve hiçbir şey onlara ait değil. Onun için veremezler, bağışlayamazlar, adayamazlar.

Köle efendisini nasıl azad eder?

Bu kölelik içselleştirilmiş bir köleliktir: Zincirlerini gerdanlık, kelepçelerini kolye, prangalarını halhal sanmışlardır.

Onun için de anlayamazlar İbrahim'i, anlayamazlar İsmail'i, anlayamazlar Hacer'i, anlayamazlar kurbanı. Ve tabii ki anlayamazlar şu andı telkin eden Kur'an'ı:

"De ki: Tüm yalvarıp-yakarışım, tüm ibadetlerim, hayatım ve ölümüm alemlerin Rabbi olan Allah içindir!"

Her kurban değerini kurban olduğu kapıdan alır. Bir başka ifadeyle: Adağın değerini adandığı kapının değeri belirler.

Kurban ibadeti, inanan insanın varoluşunu neyle ve nasıl anlamlandırdığını sembolik bir yolla Allah'a arz etmesidir. Bu adayış sonucunda, insan eşyanın ve özbenliğinin tutkulu ve tutuklayıcı kayıtlarından kurtulur.

V. BÖLÜM

MUHAMMED MUHABBETTİR; MUHABBET MÜEBBETTİR

Aşk ehli taşı gediğine koymuş:

Muhabbetten Muhammed oldu hasıl
Muhammed'siz muhabbetten ne hasıl?

Çölde açan bir güldü o. Rengi solmaz, kokusu tükenmez bir gül. Sevginin bedelini ödeyen Yakub gibi, uzaktaki Yusuf'u koklayan bir yürekle gözlerini takas edenler alabilirdi o gülün kokusunu.

Aşkı ve acıyı ondan öğrendik. Yaşamanın ve ölmenin, ölmeden önce ölüp öldükten sonra yaşamanın sırrını o öğretti bize. Göklerin sofrasını o açtı önümüze. Onun sayesinde tenezzül buyurdu Allah yüreklerimize.

Evet, aşkı ondan öğrendik: Sevdi ama sevdaya "kara" çalmadı. Sevdanın yüzünü karartmadan sevmeyi beceremeyenlere, "ak sevda"yı öğretti. Aşka istikamet açısı verdi. Sadece o açıyı takip edenler aşkın sırrına erdi.

Başkalarının öğrettiği aşk, sahibini tutuklayan bir tutkuya dönüşüyordu. Onun aşk öğretisi ise sahibini özgür kıldı. O aşk çizgisini izleyenler sevdikçe özgürleştiler, özgürleştikçe sevdiler ve sonunda hayatı bir demet muhabbete dönüştürdüler; muhabbete, yani insanın harcadıkça çoğalan tek sermayesine...

"İman etmedikçe cennete giremezsiniz" diyordu; fakat daha müthiş, insanı iliklerine kadar sarsan bir şey daha söylüyordu: *"birbirinizi sevmedikçe de gerçekten iman etmiş sayılmazsınız!"* Bu, imanı yetiştiren toprağın sevgi olduğunu ifade etmekti. Muhabbetin yürekte istikrar bulmuş hali olan iman, ancak sevgi toprağında boy verebilirdi.

Dahası *"Mü'min, seven ve sevilen dost olan ve dostluk*

kurulandır, sevmeyen ve sevilmeyende, dost olmayan ve dostluk kurulmayanda hayır yoktur!" diyordu. Sadece demekle kalmıyor, bu sözün nasıl hayata dönüştürüleceğinin en güzel örneklerini de veriyordu.

Onun sevgisi, canlıları aşıp cansızları dahi kuşatıyordu. Uhud için diyordu ki; *"Uhud, o bir dağ; ama o bizi sever, biz de onu severiz!"*

Dağla sevişen, dağı seven ve dağ tarafından sevildiğini farkeden bir yürek nasıl bir yürektir? Bu insanı yürekten sarsan muhabbet dersinin, bizim özlemeyen, sızlamayan, yanmayan, inlemeyen, sevmeyen, duyarsız, taşlaşmış ve hatta taştan daha da katılaşmış yüreklerimizde yaptığı yankı nedir?

Modern birey anlayabilir mi bu tavrı? İçinde yürek yerine taş taşıyan modern insanda nasıl bir karşılık bulur bu davranış? Şairin "Şarkı görmez, garbı bilmez, görgüden yok payesi/Bir utanmaz yüz yaşarmaz göz bütün sermayesi" dediği bedeviden bozma, köylülüğe müptela, varlıkla sınanınca lümpen kaprislerine, yoklukla sınanınca aşağılık komplekslerine kapılanlar, nasıl anlar ve anlatır, nasıl yaşar ve yaşatırlar bu muhabbeti/Muhammed'i?

Muhabbeti Muhammed'den öğrenenler ölmemenin sırrını da öğrenmiş oldular. İşte onlardan biri, bu sırrı şu dizelerle açığa vurdu:

Âşık öldü diye salâ verirler
Ölen hayvan imiş âşıklar ölmez

Âşıkların ölmeyeceğinin ondan güzel delili olur mu? Muhabbetin merkezi olan gönülden yola çıkarak anlayın bunu: Birine "alçak" derseniz hakaret etmiş olursunuz, "alçak gönüllü" derseniz iltifat. Çünkü gönül öyle yüce bir makam ki, kendisine ilişen alçaklığı bile elinden tutup katına yüceltir, "alçak gönüllülük" bir yücelik olup çıkar.

Acıyı da "Ben hüzünlerin peygamberiyim!" itirafında bulunan o Ufuk İnsan'dan öğrendik: Saçları sevdiklerinin ölümüyle değil, Allah'la ilişkisini örselememek uğruna gösterdiği çabayla ağaran yüce önder, kutlu rehberden. Çağların günahını yıkamak için gece yarıları saldığı gözyaşları, yattığı şilteyi ıslatıp Aişe'yi uyandıracak kadar sel olup çağlayan ayaklı Kur'an'dan.

Bu soylu acı değil miydi, Hira'da kendi ruhunu yeniden doğuracak bir sancıya ebelik eden? Buna insanın oluş sancısı da diyebilirsiniz. Baksanıza o okyanus misali kutlu sancıdan payına bir damlacık düşenler, 'nükleer güç merkezlerinin' yanında yaya kaldığı birer 'gül ve güç merkezi' oluyorlar!

Çağın Ebu Cehillerinin onu anlamasını, onu sevmesini kimse beklemesin. Değil mi ki o, atası İbrahim gibi insanlığa şeytanı, şeytanları taşlamayı öğretti. Şeytan ve dostları da o gülü ve onun gül yüzlü dostlarını taşlayacaklardır.

Ben modern Ebu Cehillerin yaptığından daha çok, ona ümmet olduğunu söyleyenlerin yaptıklarının onu üzdüğünü düşünüyorum. Onun mirasına sahip çıkması gerekenler, sadece sakalına ve hırkasına sahip çıkıp onun öğretisini çağın dışına atmakla onu daha fazla üzüyor olsalar gerek.

HER KİTAP BİR DOĞUMDUR

Her kitap bir doğumdur. Kimisinin sancısı kısa, kimisininki uzun sürer. Kimisinin bedeli küçük kimisininki büyük olur. *Üç Muhammed*'in sancısı biraz uzun sürdü, ama sonunda o da doğdu.

Üç Muhammed'i kaleme almama neden olan olay herkesin her zaman duyduğu klişe bir hitaptı:

"Allahımız bir!
Kitabımız bir!
Peygamberimiz bir!"

İşte tam burada durmuştum. Bu duruş hayli uzun sürdü. Üzerinden yedi yıl geçti.

O ses hâlâ kulaklarımda çınlıyor: "Peygamberimiz bir!.."

Bu ne güzel temenni, fakat şu soruların cevabı hiç de bu temenni kadar iç açıcı değil: Bir, bu temenni yaşanan gerçeğe tekabül ediyor muydu? Bunun aktüel karşılığı var mıydı? Sahi, gerçekten bir miydi peygamberimiz?

Sorular bunlarla sınırlı değildi: Müslümanların tümü aynı peygambere mi inanıyorlardı? Farz-ı muhal, inandıkları peygamber kabrinden kalkıp gelse, "peygamberimiz bir" diyenler ona karşı kaç tür tavır ortaya koyardı? Bir tel alabilmek için saçına sakalına hücum edenlerin yüzdesi, bir parça koparabilmek için elbisesine üşüşenlerin oranı ne kadar olurdu?

Ya hiç tanımayacak olanların yüzdesi? Yoksa, "Benim zihnimde oluşturduğum imaj aslından daha iyi" deyip, gerçeğine sırt mı dönerlerdi? Peygamberlerini taşlayarak öldüren İsrailoğulları gibi taşlayanlar da çıkar mıydı?

Her şey için geçerlidir: Bir şeyin gerçeği kaybolunca, imajı oluşturulur. Oluşturulan imaja "tasavvur" denir. Müslümanların zihninde oluşan peygamber tasavvurlarını merak edip araştırsak, birbirine hiç uymayan kaç peygamber tasavvuru çıkardı dersiniz?

Melek peygamber?

Yeryüzünde değil gökyüzünde yaşayan, dolayısıyla iz bırakmayan, iz bırakmadığı için de izlenmeyen, hayattan yüceltme bahanesiyle dışlanmış, dolayısıyla hayata taşınması mümkün olmayan, bir masal kuşu gibi hep "Kaf Dağı"nı mesken tutan, hayatın içinde ve hayata müdahil olmayan bir peygamber...

Ya da "vahiy postacısı"?

Kur'an'ı bir ara kablosu hüviyetiyle iletip, müminlerin hayatından usulca geri çekilen bir peygamber... Bu durumda o, artık tarihin malıdır. Misyonu yaşamıyla sınırlıdır. Dolayısıyla bu misyonun taşınması, yaşanması, üretilmesi, ihya edilmesi, örnek alınması söz konusu değildir.

İkisi de aynı kapıya çıkmıyor mu: hayattan dışlamak... Ne ki, birincisi bu sonucu yüceltme adına gerçekleştirirken, ikincisi indirgeme adına gerçekleştiriyor.

Birinciler peygamberlerine, Hz. İsa'yı yücelteceğim derken yarı-ilah haline getiren Hıristiyanların yaklaşımını sergilerken, ikinciler peygamberlerini taşlayan ve onlara sıradan biri muamelesi yapan Yahudilerin yaklaşımını sergiliyor.

Şu bir gerçek ki, bir peygamber iki tür yaşar: Birincisi fiziki varlığıyla, ikincisi misyonuyla. Bir peygamber iki tür öldürülebilir: Birincisi fiziki varlığını ortadan kaldırarak, ikincisi misyonunu ortadan kaldırarak.

Eğer peygamberin fiziki varlığı ortadan kaldırılmış fakat misyonu yaşıyorsa, o gerçekte yaşıyor demektir. Çünkü peygamberi peygamber yapan bedeni değil mesajıdır. Fakat, eğer ortadan kaldırılan misyonu ise, işte peygamber asıl o zaman ölmüş ve öldürülmüş demektir.

Bu problemli tasavvurların sağlamasını neyle, nasıl yapacaktık? Yani, doğru bir peygamber anlayışına nasıl ulaşacaktık?

Elbette Kur'an'la!

Çünkü, nasıl Kur'an'ı onunla tanıdıksa, onu da Kur'an'la tanıyabilirdik. O nasıl Kur'an'ın aynasıysa, Kur'an da onun aynasıydı. Allah'ın gör dediği yerden bakanlar, onu Kur'an'da Kur'an'ı onda görürlerdi.

Kur'an onu "tarihsel bir değer" olarak değil, aktüel bir değer olarak tanıtır ve her müminin "şimdi ve burada"sına taşır. Kur'an'a göre o aktif, kurucu ve inşa edici bir öznedir. Kur'an onu bir 'iletişim aleti" gibi, ya da "melekleştirilmiş bir efsane varlık" gibi gören anlayışı dışlar.

En iyisi onu Kur'an'dan öğrenmek. Nasıl ki Kur'an'ı en iyi o anlatmışsa, onu da en iyi Kur'an anlatmıştır.

O veda hutbelerinde "büyük şahit" olmanın endişesiyle kendisini dinleyen kalabalıklara önce "Tebliğ ettim mi?" diye soruyor, ardından aldığı cevabı Allah'a arz ederek "Şahid ol Yarab!" diyordu.

Ondan 14 asır sonra dünyaya gelen sıradan bir kulun şahadetinin onun nezdinde bir değeri varsa, ben de şahidim ki o, Risalet görevini bihakkın yerine getirmiştir.

KUR'AN ALGISINDA SEYYİD KUTUP FARKI

Şehadetinin yıldönümünde Seyyid Kutub'u rahmetle anıyoruz. Kutup, 29 Ağustos 1966'da Stalin-Hitler karışımı nasyonal sosyalist bir diktatör olan Cemal Abdunnasır tarafından, siyasi sistemle uzlaşmaz muhalefeti nedeniyle idam edilmişti.

İdamının üzerinden 35 yıl geçmiş. Merhum Kutub, yazdıkları, söyledikleri, özellikle de yaşadıklarıyla, hâlâ günümüz İslam düşüncesi ve müslüman nesilleri üzerinde etkisini sürdürüyor.

O, aksiyoner kimliğiyle öne çıktı ya da çıkartıldı. Belki bunda, onun dramatik bir biçimde ortadan kaldırılışının rolü büyüktür. Fakat kanaatimiz o ki, Kutub'un aksiyoner kimliğinin öne çıkartılması, onun fikir ve ilim adamı kimliğini bir parça geriye itti, hatta perdeledi.

Biz Seyyid Kutub'un şehadet yıl dönümü anısına kaleme aldığımız bu yazıda, *Fî-Zılali'l-Kur'an* yazarını emsallerinden farklı kılan önemli bir boyutunu ele almak istiyoruz. Bu boyut, onun "nesneleşmiş Kur'an" algısının hakim olduğu bir dünyada, inşa edici bir "özne olan Kur'an" anlayışını yeniden kurmaya yönelik inkar edilemez katkısıdır.

Bu katkının önemini anlamak için, öncelikle Kur'an'ın inşa etmek istediği hayatla Batı modernitesinin inşa ettiği modern hayat arasındaki fark üzerinde kısaca durmamız gerek.

Günümüz dünyasında carî olan hayat, büyük oranda Batı modernitesi eliyle inşa edilmiştir. Bu inşanın, inşadan çok bir imha olduğu ortadadır. Çünkü Batı modernitesi, bir İslam mütefekkirinin ifadesiyle, insanlık tarihinde "bir yol kazası"dır.

Vahyin öznesi olduğu inşa sürecinin hedefi ise, insanın yeryüzündeki varoluş amacına uygun yepyeni bir hayatın inşasıdır. Böyle bir hayat, bu hayatı inşa edecek öznenin inşasıyla mümkündür. Böyle bir öznenin inşası ise, onun aklının ve o aklın çalışma biçimini ve istikamet açısını belirleyen tasavvurun inşasından geçer. Bütün bu inşa süreci sonunda elde edilmek istenen amaç şudur:

İnsan merkezli bir hayat.
İman merkezli bir insan.
Bilgi merkezli bir iman.
Hakikat merkezli bir bilgi.
Hakikatin merkezi ise zaten bellidir: "el-Hak" olan Allah?

İnsanlığın değişmez değerlerinin öbür adı olan İslam'ın inşa edeceği bir hayata insanlığın duyduğu şiddetli ihtiyaç, kendisini müslüman olarak niteleyen insanların omuzlarına ağır bir sorumluluk yüklüyor. Bu sorumluluğu hissetmek için, "müslümanım" demek yetmiyor. Gerçekten kişinin müslüman olması ve İslam'ını ciddiye alması gerekiyor. Bu da ancak tasavvurunu, aklını, şahsiyetini vahye inşa ettirmiş bir insan olmasıyla mümkündür.

Böyle bir insanın inşasından söz edilmeden, insanlığa kaybettiği umudu yeniden verecek bir medeniyetin inşasından söz edilemez.

Çünkü Medine olmadan medeniyet olmaz. Medenî olmadan, Medine kurulamaz. Zira Medine, medenilerin ellerinde inşa edilen sitenin adıdır. Din olmadan gerçek anlamda medeni olunamaz. Çünkü edna olan dünyaya meyletmeye yatkın olan beşeri alıp medeni kılmayı amaçlayan tek sahici kurum, din kurumudur. Sorumluluk bilinci olmadan da din olmaz. Çünkü din, insana, Allah'a borçlu (deyn) olduğunun, dolayısıyla Allah'sız bir gelecek tasarlayamayacağının bilincini kazandıran kurumdur.

Şimdi bize düşen, vahiyden yola çıkarak vahyin inşa modelini, bu modelden yola çıkarak da vahyi anlamaya çalışmaktır. Bu anlamda vahiy "okunan peygamber", Efendimiz "yürüyen Kur'an" idi.

Bu ikisini doğru anlamak, ancak vahyin inşa ettiği bir tasavvur ve akılla mümkündür. Vahyin bir tasavvuru ve aklı inşa edebilmesi ise, uzun zamanlar boyunca bir "nesne" olarak algılanan vahyin tekrar inşa edici bir "özne" olarak algılanmasıyla mümkündür.

İşte "Seyyid Kutub farkı" dediğimiz şey de burada gündeme gelmektedir. Seyyid Kutub, tefsirine *Fî-Zılali'l-Kur'an* (Kur'an'ın gölgesinde) adını verirken, bununla "Kur'an'ın gölgesi altında bir hayatı" kastediyordu. Bunun anlamı açık: Seyyid Kutup, Kur'an'ın nesneleştirilmesinin acısını ta yüreğinde duyuyordu. *Fî-Zılali'l-Kur'an* adlı tefsirinin mukaddimesinde okuduğumuz şu sözleri ona söyleten, işte bu acı ve sancıdır:

"Kur'an'ın gölgesinde yaşamak bir nimettir; sadece onu tadanın farkına varacağı bir nimet; insan hayatını yücelten, onurlandıran, arındıran bir nimet! Kendisi de Allah'ın bir eseri olan insanoğlu, fıtrat binasının kilitli hücrelerini ancak Allah yapısı anahtarlarla açabilir. Varoluşsal hastalık ve bunalımlarını sadece Allah Teala'nın takdim ettiği ilaçlarla tedavi edebilir."

Ya *et-Tasviru'l-Fenni fi'l-Kur'an* adlı eserini annesine ithaf ederken yazdığı şu satırlar:

"Ey Ana, sana ithaf ediyorum!

Küçük yavrun, büyük delikanlın için gösterdiğin uzun çabanın hasadı bu! Her ne kadar o, küçüklükteki Kur'an'ı tilavet güzelliğini yitirmişse de, Kur'an'ın anlamını derinliğine kavrama güzelliğini yitirmeden kalmak, onun en büyük arzusu olacaktır."

Evet, Seyyid Kutub'un aksiyoner kimliğinin gölgesinde kalan bu boyutuna, günümüz müslümanı her şeyden daha fazla muhtaçtır. Çünkü günümüz müslümanlarının çoğu Kur'an'ı şahsiyetini inşa eden bir özne olarak değil, kimi zaman *"mücevher kutusu"*, kimi zaman *"fetiş"*, kimi zaman üzerine binilip Allah'a ulaşılacak *"uçan halı"*, kimi zaman *"tarihi bir hatıra"* gibi, ama hep *"kutsal bir nesne"* olarak görüyor.

İşte *Fî-Zılali'l-Kur'an*'ın misyonu, bu yanlış algıya Kutub'ça bir itirazdır.

HANGİ GAZZALÎ?

İslami Araştırmalar dergisi son sayısını Gazzalî'ye ayırdı. Çıktığı günden beri özel sayı üzerine bir yazı yazmayı düşünüyordum, kısmet bugüneymiş.

"Neden Gazzalî?" sorusu, anlamsız kaçacaktır. Gazzalî etkisi, sonuçları açısından müsbet ya da menfi yönleriyle tartışılmış, fakat onun İslam ümmeti üzerinde bıraktığı derin iz hususunda, herkes ittifak etmiştir.

Denilebilir ki, Gazzalî'nin genelde Osmanlı, özelde Anadolu coğrafyası üzerindeki etkisi, tüm diğer İslam toprakları üzerindeki etkisinden kat kat fazladır. Katip Çelebi'nin onun İhya'sı hakkında *"Eğer İslam hakkındaki bütün kitaplar kaybolsa ve sadece İhya kalsa, bu kitap diğerlerinin boşluğunu doldururdu"* gibi abartılı bir hükme varması, bunun bir göstergesidir.

İşte bütün bu nedenlerden dolayı Gazzalî hakkında değil bir, binlerce özel sayı hazırlansa yeridir. Bir takım noksan ve kusurları olmasına rağmen, *İslami Araştırmalar* bu açıdan tebrike şayan bir iş yapmıştır. Keşke müsamere diliyle yazılan, içerisinde güya nesnellik adına Kur'an için "Tanrı'nın sözü olarak değerlendirilen bir metin" gibi yakışıksız nitelemeler bulunan makalelerin yerine, daha ciddileri konabilseydi.

Emek mahsulü özel sayıyı okuyup bitirdiğinizde, onca kalın hacmine rağmen, ele aldığı konuların içini doldurmada umulan düzeyi yakalayamadığını müşahade ediyorsunuz. Bunun faturası elbette dergiyi hazırlayanların üzerine yıkılamaz. Katma değerle ve bu ülkenin ilmi mirasıyla alakalı bir husustur bu. Bir de gönül, İslam ilim camiasının tanınmış isimlerinin makalelerini de görmek isterdi. Mesela M. Abid Cabiri, Nakip el-Attas, Hasan Hanefi vd. gibi...

Tabii ki işin zorluklarını teslim etmek gerek. Yukarıda dile getirdiklerim bu zorluğun bir boyutu. Bir de Gazzalî'yi konuşmanın, hele de bu coğrafyada konuşmanın zorluğu var.

Gazzalî'den söz ederken belki de en çok ihtiyaç duyulan sözcük "hangi" sözcüğüdür. Evet, "Hangi Gazzalî?" Karşımızda kelimenin tam anlamıyla ele-avuca sığmaz, bir yerde durmaz, müebbed bir ilim ve fikir yolcusu var. Hocası Cüveyni'nin ellerinde *Beyan bilgi sisteminde* zirve olmuş, *Burhan bilgi sisteminde* Aristo'dan Farabi ve İbn Sina'ya kadar bütün bir sistemi önce didik didik etmiş, işine geleni aldıktan sonra sistemin üzerine bir çarpı çekmiş, en sonunda gele gele *İrfan bilgi sistemine* demirleyip, aradığı hakikatin orada olduğunu söylemiş...

Bu baş döndürücü yolculuk 55 yaş gibi genç denebilecek bir yaşta noktalanmış. Ben, Gazzalî gibi ömrünü "aramaya" adamış müebbet bir yolcunun bir son durağı olacağını sanmıyorum. Eğer yaşasaydı sanırım o "buldum" dediği noktayı da aşıp yeni ufuklara yelken açacaktı. Nitekim bazıları, onun göğsünde Buhari olduğu halde vefat ettiğini söylerler. Eğer doğruysa bu giderayak yolculuğunun yeni etabına hazırlandığının bir göstergesidir.

İslam aklını "mahsus"tan "makul"e taşımaya, ilk yaratılan olarak gördüğü aklı dengeli bir konuma oturtmaya, mantığı ilimlerin temeline yerleştirmeye çalışan Gazzalî, kimi zaman eklektizme varacak kadar *"sentezci"*, kimi zaman indirgemeçiliğe varacak kadar *"analizci"*, kimi zaman tüm dengeleri alt-üst edecek kadar *"dengeci"* görünmektedir. Ama her şeyden öte, onun insanı hayran eden yönü, bilgiyi ve aklı varoluşsal bir okumaya tabi tutmasıdır. Onun entelektüel yolculuğu bana Peygamberimizin şu duasını hatırlatır: "Faydasız bilgiden Sana sığınırım!" Bu yanıyla Gazzalî, *hayatı Allah'tan arındırmaya çalışan seküler akla karşı savaşmış biri* olarak nitelendirilse yeridir.

O eleştiriyi hak edenlerdendir. Çünkü çok şey yapmıştır. Eserlerinden birinin adını "denge" (el-İktisad) koyacak kadar denge arayıcısı olan Gazzalî de, dengesiz ve ölçüsüz yaklaşımların konusu olmaktan kurtulamamıştır. Övgücüler ve sövgücüler, ifrat ve tefrit, aşırı yüceltenler ve aşağılayanlar...

Bunların başında indirgemeci aklın mümessili Oryantalistler geliyor. *"Peygamber'den sonra yaşamış en büyük müslüman" lafı da onlara ait, "İslam düşüncesini bitiren kişi"* lafı da... Onlar da öyle de, bizde farklı mı? Her şey ya "mükemmel"e, ya "berbat"a ayarlı.

Gazali'nin zirve olduğu doğrudur. Fakat kendisinin kullandığı bazı araçları imha ettiği de doğrudur. Fakat "İslam düşüncesini bitiren adam" lafı haddi de, maksadı da aşar. Bizce Gazzalî değil, "Gazzalîcilik" yapan, onun açtığı eleştirel çığırı sürdürmek yerine, onun gölgesinde yatmayı marifet bilenler suçlanmalıdır.

"İbn puşt"(!)...

Siz, üstadın ruhundan özür dileyerek buraya aldığım bu hakareti duymamış olabilirsiniz. İmam-Hatip Lisesi'nde felsefe dersimize giren hoca, Gazali'nin ardına sığınarak İbn Rüşt için onlarca genç insanın gözlerinin içine baka baka, bu hakareti ederdi. Ben onun "Tehafüt"leri okuduğunu hiç sanmıyorum, anlayacak kapasiteye sahip olduğunu da...

Evet mevzi bir örnek, fakat hiç de görmezden gelinecek bir örnek değil. Bizzat yaşadığım bu olumsuz şartlandırmanın etkisiyle yazdıklarını okumadığım, fikirlerini bilmediğim, düşüncelerini anlamadığım islam semasının bazı yıldızlarına, bir zamanlar ben de düşman edilmiştim.

Max Horten Gazzalî için *"İslam düşüncesini bitiren adam"* derken yanılıyordu. Gazzalî de, İbn Sina ve Farabi gibi İslam filozoflarını tekfir ederken, *el-İktisad fi'l-İ'tikad*'da kendi koyduğu ölçüye aykırı davranıyordu. Çünkü orada tekfirin ölçüsünün akıl değil nakil olduğunu söylüyordu. Bunun anlamı, "mutlak inkarı içermiyorsa, yorumdan dolayı kimse tekfir edilemez" demekti.

Ve *Gazzalî Özel Sayısı*'nın aklıma getirdiği bir soru: Eğer Gazali günümüzde yaşasaydı, *İhya-i Ulumi'd-din*'i mi yazardı?

CEHL-İ MÜREKKEB

YÖK'ün yasakçılığıyla ünlü başkanı *"Gazzalî'nin İbn Rüşt'ü yenmesine bir kez daha izin vermeyeceğiz"* gibisinden oldukça garip bir şeyler söylüyordu. Farabi ve İbn Sina'yı da diline dolayan aynı şahsın özel "görevi" ve kamuoyundaki imajı gözönüne alındığında, böyle ilmi konuların ağzına hiç yakışmadığı takdir edilecektir.

YÖK Başkanı Gazzalî'den, aleyhinde rapor düzenlediği, işinden etmekle tehdit ettiği 657 sayılı yasaya tâbi bir öğretim görevlisinden söz eder gibi söz ediyordu. Bir an, İnönü'nün Gazzalî hakkında Meclis'te yaptığı nakledilen açıklama geldi aklıma. İsmet İnönü, o günün muhalefet lideridir. TBMM'de dönemin Başbakanı Süleyman Demirel'i eleştirirken, şöyle bir laf eder: *"Süleyman Demirel'i destekleyen üç sacayak var: Biri Said Nursi, biri Konya müftüsü, biri de Gazzalî'dir."*

İnönü bu lafı kinaye olarak da söylemiş olabilir. Çünkü Gazzalî, 30 yılı aşkın bir zamandır Türkiye'de en çok okunan isimlerden biri. Onunla YÖK Başkanı'nı birleştiren nokta Gazzalî düşmanlığı. Muhaliflerinin şahsında Gazzalî'yi görüyorlar besbelli...

Sahi sizce YÖK'ün başındaki zat Gazzalî'yi, ya da safında taraf tuttuğu İbn Rüşd'ü okumuş mudur? Gazzalî'nin İbn Rüşd'ü yenmesinden söz ederken, sakın onları rakip takımlarda top koşturan futbolcu, ya da birbirine rakip iki boksör falan sanıyor olmasın?!

Olur a! İslam semasının iki felsefe devinin (Gazzalî'yi okuyanlar onu neden "felsefe devi" olarak nitelendirdiğimizi de anlarlar) arasındaki oldukça verimli ilmi tartışmayı "yenmek-yenilmek" sözcükleriyle anlıyorsanız, sizin maksadınızın başka olduğu ortaya çıkar.

Buna, tarihi şahsiyetleri istismar, derler. İdeolojik bakış açısı insanın gözünü bu kadar döndürmemeli. Geçen yazımızda da değinmiştik: Gazzalî'nin en büyük çabalarından biri, Allah'tan bağımsız bir alan tasavvurunun yalan ve yanlışlığını isbattır. O bu hakikati felsefe de dahil tüm bilimlere tasdik ettirmeye çalışırken, kimi zaman kendi koyduğu ölçülerin dahi dışına çıkacak kadar kendini bu meseleye kilitlemiştir.

İşte bu, sekülarizmin en çok bozulduğu şeydir. Gazzalî'yi dünyevileşmenin, dolayısıyla laisizmin önündeki engellerden biri olarak görmekte haksız da sayılmazlar laikçi jakobenler. Aslında bunun için bozulacaklarsa Allah'a bozulmaları gerekir. Gazzalî ne yapsın? O varlığı ve Allah'ı okumaya çalıştı, hepsi bu.

Tabii ki gerçek de bu. Yani Allah'tan bağımsız bir alan tasavvurunun bir yanılsama, bir aldanış olduğu... Bu ülkenin Allah'la olan bağını ısrarla koparmaya çalışan kafaların bu gerçeği inkar etmeleri, hakikatin özünü değiştirmiyor; her nasılsa elde ettikleri gücü bu inkarı yaygınlaştırmak ve kurumlaştırmak için hiçbir kural ve ölçü tanımadan kullanmaya kalkışmaları da...

Peki İbn Rüşd'den, YÖK'ün tepesindeki zatın ve o kafadakilerin istismarına elverişli bir şeyler çıkar mı?

Hiç ama hiç sanmıyorum. Yine bilmeden, öylesine edilmiş bir laf bu. Görüldüğü kadarıyla bu lafı eden kişi, daha Gazzalî'nin (öl. 1111) İbn Rüşd'le (doğ. 1126) aynı çağda yaşamadığını bile bilmiyor.

Gazzalî ne kadar İslam'ın ürünüyse, İbn Rüşd de, Farabi ve İbn Sina da o kadar İslam'ın ürünüdür. Laikçi kafa kendisi için kullanmaya elverişli isim ararken dahi, İslam ümmetinin dağarcığına başvurmaktan başka çıkış yolu olmadığını, kendisi de görüp utanıyor mu acaba? Bu gerçekten ibretlik bir durum.

Oysa ki bu kafa, ille de kendisine bizim diyarlardan kök arayacaksa, bunun yaşı üç çeyrek yüzyılı aşamaz. Ve bu kafanın bu topraklardaki geleceği de pek parlak görünmüyor. Çok değil bir çeyrek yüzyıl sonra bu kafayı müzelerde tarihe karışmış gayr-ı tabii bir "ürün" olarak ibret-i âlem için sergilenirken görürseniz, şaşırmayınız.

İbn Rüşd'den bu kafa için malzeme çıkmaz, demiştik. Mesela İbn Rüşd'ü İbn Rüşd yapan hacmi küçük fakat değeri sırf kendi literatürümüzün değil, tüm dünya ilim literatürünün baş yapıtlarından biri olacak kadar büyük olan *Faslu'l-Makâl*'inin tam adı nedir biliyor musunuz:

Faslu'l-Makâl fî-mâ Beyne'l-Hikmeti ve'ş-Şeriati mine'l-İttisal

Bu ismi Türkçe'ye, biraz serbestçe şöyle tercüme edebiliriz: *"Felsefe ile İslam Şeriatı Arasındaki Kopmaz İlişkiye Dair Sözün Kesilip Tartışmanın Bitirilmesi"*

İbn Rüşd'ün başyapıtının sadece ismi bile, YÖK'ün başındaki zatın ve o kafadakilerin kanlarını beyinlerine sıçratması gerekmez mi?

Ne diyordu malum bay: "Gazzalî'nin İbn Rüşd'ü yenmesine bir kez daha izin vermeyeceğiz!"

Şu haydarane naraya, şu hiddet ve celadete bakınız!..

"Breh!.. breh!.." mi, yoksa "Vah...vah..."mı çekelim?

Bir numaralı eseri Şeriat'la akıl arasındaki ilişkinin koparılamazlığına dair olan İbn Rüşd'ün yanına ne kadar yakışır bu kafa? Ya da bu kafanın İbn Rüşd'ün yanında yer alıyor görünmesi ne kadar samimidir?

Bütün bunların "samimiyet"le değil "cehalet"le ilgili olması da ihtimal dahilindedir.

Ama cehaletin bu kadarı da, ancak tahsil ile mümkün olsa gerektir.

O BİR İSLAMCI

Reşid Rıza, *el-Menar* isimli tefsirinde *"Tafsilu'l-kavl fi-tercumeti'l-Kur'an"* başlığı altında tam 50 sayfa boyunca (9/314-363) işlediği Kur'an tercümeleri konusundaki görüşlerinin büyük kısmını Kur'an'ın Türkçe'ye çevirisi ve mevcut Türkçe tercümelere ayırır. Sözü, eski Maarif Nazırı Kemal Paşa'nın torunu (Albay) Cemil Said Bey'in Kur'an çevirisine getiren Rıza, sözde tercümenin ne vahim bir tahrif olduğuna şu örneği verir:

Cemil Said Bey, Yunus Suresi'nin "Biz Musa ile kardeşine: "Şehirde halkınız için kimi evleri sığınak haline getirin, evlerinizi de ibadet yerine (ya da "karargaha") dönüştürün" mealindeki 87. ayetini şöyle tercüme ("tahrif" demeliydik) eder:

"Kavminiz için Mısır'da haneler inşa ediniz ve putlarını kıble tarafına tevcih ediniz" (9/354-355)

Cündioğlu'nun *"Bir Kur'an Şairi-Mehmet Akif ve Kur'an Meali"* isimli çalışmasını görünce, Reşid Rıza'nın yıllar önce okuduğum yukarıdaki sayfalar dolusu değerlendirmeleri geldi aklıma ve hafızamı tazelemek için açmışken buraya da aktarayım dedim.

Cündioğlu'nun eseri, sadece Mehmet Akif Kitaplığına değerli bir katkı değil, aynı zamanda Türkçe Kur'an Tercümeleri Kitaplığına da bir katkı teşkil ediyor.

Akif, onun Kur'an meali, Akif'in şahsında mahkum edilen 'adam gibi adamlık', bu ülkenin kendi beynini öz elleriyle yiyen bir idrak hastası gibi en değerli evlatlarını unutulmaya mahkum etmesi...

Bütün bunlar kaç kişiyi mi ilgilendiriyor?

Bu toplumun hafıza kaybına uğradığını göz önüne alınca, belki size de hak vermek gerekebilir. Ama, böyle diyenlerin yalnızca haklı olma ihtimali var, fakat şöyle söyleyenler haklı olanların ta kendileri: Sel gider, kum kalır! İşte bu yüzden anladığımı sanıyorum şu buruk satırları:

"Tarihin hafızası da toplumun hafızası gibi midir? Asla! Tarih unutmaz, o bütün olup bitenleri kaydeder. Geçici olan belki yine geçer ama ondan yarına kalacak hep birşeyler vardır. Bugüne kadar böyle olmuştur, hiç kuşku yok ki bundan sonra da böyle olacaktır."

"Akif" deyince, bir zamanlar dedesinin asıldığı söğüdü bilmeden sulayan bir torun suçluluğuna bürünüveririm. İçim yangın yerine döner, gözüm gönlüm dolar. Benim muhayyilemde bir tek sözcükte bulur karşılığını Akif adı:

Adam!

Kesilen fakat eğilmeyen bir baş.

Kafa, bilek ve yüreğin; duygu, düşünce ve bileğin; Kuşeyri'nin kavramlarıyla beyan, burhan ve irfanın kendisinde imtizac ettiği *muvahhid şahsiyet.*

İsmail Kara'nın tasnifine göre o da bir 'islamcı'. Doğru; hepsi de Akçuraoğlu Yusuf'un *"Üç Tarz-ı Siyaset"*inden İslamcılığı meslek ve meşreb edinmiş Cemaleddin Afgani, Muhammed Abduh, Ferid Vecdi, Abdulaziz Çaviş, Said Halim Paşa gibi isimlerin hem dava yoldaşı, hem çevirmeni.

Her 'adam' gibi onun da ayıklanacak taşı olabilir, vardır. Ancak o mensubiyetini 'tüketmek' yerine 'üreterek' yaşamıştır. Akif, İslamcılığın sırtından geçinmeyen, onu tüketmeyen, aksine 'üreten', yüzünü ağartan bir İslamcıydı.

"Onun Kur'an tercümelerinin ulaştığı sadelik ve ses işçiliğine bugün bile ulaşılamamıştır" dersem, sanırım haksızlık etmiş olmam. Bunda sadece Türkçe ve Arapça'ya vukufiyeti değil, belki onlardan da önce 'şiir diline' vakıf, 'şiir kulağı' olan iyi bir 'şair' olmasının payı büyüktür.

İşte bu nedenle Akif'in tercümesi hepimiz için değerliydi. Fakat yakıldı. Elbette ki konuya duyarlı herkes gibi beni de çok üzmüştür bu sonuç. Fakat, tam beş yıldır Kur'an meali üzerinde tüm mesaisini harcayan ve henüz yarısını dahi tamamlamayı başaramayan bu fakir, Akif'in bu kararı almakla imanı uğruna ne muhteşem bir bedel ödemeyi göze aldığını tahmin edebilecek durumdadır. *"Akif, 'Kur'an Şairi' olma vasfını, asıl üzerinde yedi yıl emek verdiği mealinin yakılmasını vasiyet etmekle haketmiştir"* dersem, umarım yanlış anlaşılmam.

Ve işte bu yüzden o, bu yüzyılın yetiştirdiği ender iman adamlarından biridir. Onun aldığı bu hayati kararı tartışabilir, hatta yersiz bile bulabilirsiniz. Fakat Akif'in bu kararı almakla, imanı uğruna ne büyük bir fedakarlık yaptığını görmezden gelemezsiniz. Onu anladığımı sanıyorum.

LAFIZ-MÂNÂ-MAKSAT

Gitgide anlamsızlaştırılan bir dünyada, bu anlamsızlığın yaklaşık bir asırdır acentalığını yapan bizimkisi gibi bir ülkede, anlam aşkımız ve arayışımız sürecek. Bu aşkı ve arayışı yitirirsek, hayatımızın anlamını, yani kendimizi yitirmiş olacağız.

Politika bezirganlarının 'demokrasicilik' oyununu kahvemizi yudumlayıp seyredemedik bile; midemiz kaldırmadı. Bunca anlamsızlaştırılmış, bunca ilkesizleştirilmiş bir oyunu ciddiye alıp nefes tüketmektense, biz anlamın peşindeki yolculuğumuzu sürdürelim.

Dile kolay: Siz 600 kitabın ismini sayabilir misiniz? Ama o yazmış İsmail Paşa'nın *Esmau'l-Müellifin*'inde sadece isimleri sayfalar tutuyor; ben okumaya baş edemedim. Tabii ki bu kadar çok eser veren bir müellifin kusuru, zuhulü, yanılması ve yanlışı da bol olur; olmuş da nitekim. Eserlerinin geneli kelimenin sözlük anlamıyla tam bir 'telif'. Kimileri, ya o konuda yazılmış eserlerin bir özeti, ya da mecmuası.

Konuya âşina olanlar kimden söz ettiğimi anlamışlardır: Asyutlu Celaleddin'den, namı diğer Süyuti'den... Aslında sözü getirmek istediğim yer Süyuti'nin *el-İtkan* isimli tefsir metodolojisine dair eseri. Adından da anlaşılacağı gibi tefsir metodolojisi üzerine kaleme alınmış en hacimli iki eserden biri (diğeri Zerkeşi'nin el-Burhan'ı) olan bu eseri Süyuti, *Mecmau'l-Bahreyn ve Matlau'l-Bedreyn* adını verdiği tefsirine 'mukaddime' olarak kaleme almış. Yanlış duymadınız; tam dört ciltlik bir tefsir mukaddimesi. Ancak eser orijinal olmayıp kendinden önce yazılmış eserlerin bir özeti niteliğinde. Bunu müellif de itiraf etmiş. Anlayacağınız el-İtkan, 150 kaynaktan yararlanılarak oluşturulmuş dev bir Kur'an ilimleri ansiklopedisi. Hatırladığım kadarıyla tercümesi de bu isimle yayınlandı. Fakat yeri gelmişken söyleyeyim; gördüğüm tercümenin yeniden gözden geçirilmesi şart. Mütercimlerine duyurulur.

Bir yıldan beri Akademi'de *el-İtkan*'ı Nasr Hamid Ebu Zeyd'in genelde klasik tefsir metodolojisine özelde el-İtkan'a yönelik eleştirel bir bakışaçısıyla kaleme aldığı *Mefhumu'n-Nass*'ıyla birlikte karşılaştırmalı olarak okutuyorum. Dikkatimi çeken bir şey var: Klasik tefsir Kur'an'ı anlamayı lafız ve mânâ eksenine kilitlemiş. Anlamı yalnızca lafız ve mânâda aramış.

"Bu yanlış mı?" diyeceksiniz. Hayır, doğru. Ancak doğrunun tamamı değil bir parçası. Bazen parçalanan doğru doğruluğunu yitiriyor; parçalanan doğrudan doğru değil yanlış istihsal edilebiliyor. Peki, eksik olan ne?

Maksat.

Evet, lafız ve mânâ ile yetinip de maksadı anlam arayışında bunların yanına -belki ikisinin hakemi olarak karşısına- yerleştirmeyen bir anlama metodolojisi, yanlış anlama, eksik anlama, dolayısıyla anlamama problemine köklü bir çözüm getiremeyecektir.

Bunun için Şatıbi'nin fıkıh metodolojisinde yaptığı şeyi tefsir metodolojisinde de yapmak gerekecektir: *Makâsıdu'l-Kur'an*, yani *"Kur'an vahyinin hedefleri"*. Lafız ve mânâ eksenli klasik anlama metotlarını ve bu metotlarla elde edilmiş sonuçları makâsıdu'l-Kur'an süzgecinden geçirerek sağlayını yapmak gerekecektir.

Makâsıdu'l-Kur'an ayağı diğer iki ayak olan lafız ve mânâ ayaklarını dengeleyecek, anlamdan koparılarak lafızcılığa mahkum edildiği için 'sağır ve dilsizleşen' nass; bir çok örneğinde görüldüğü gibi gerçekleştirmek istediği maksat ve hedeflerinin tersine yorumlanmaya kalkışılamayacaktır. Yine makasıdu'l-Kur'an sayesinde, mânâ da, lafızdan koparılarak metnin onaylamadığı fakat yorum sahibi tarafından 'nesneleştirilen' metne işkence edilerek onaylatılmaya kalkışılan bir kurgu olmaktan çıkacaktır. Yani makasıdu'l-Kur'an hakemi, lafzın mânâyı, mânânın lafzı görmezden gelmesine engel olacak, bununla birlikte bu ikisinin sınırlarını da tayin edecektir.

Burada şu endişe akla gelebilir: Makasıdu'l-Kur'an adı altında nasslar istismara açık hale gelmez mi? Lafız ve mânânın karşısına böylesine yetkileri ve sınırları kesin ve net bir biçimde çizilmemiş bir 'hakem' yerleştirmek, yanlış anlamayı daha da körükleyecek bir belirsizliğe kapı aralamaz mı?

Bir kere, makâsıdın tesbiti lafız ve mânâdan bağımsız olamayacağı gibi, makâsıdu'ş-şeria(t)'dan da bağımsız olamaz. Buna varlığın ve eşyanın yasalarını, insanlığın değişmez değerlerini, "ulû'l-elbâb"ın ortak sesini (icma), selim aklın vardığı sonuçları ve tarihin yasalarını da eklersek, makâsıdu'l-Kur'an'ın aynı zamanda 'insan varoluşunun hedefleri' anlamına geldiği de kolayca anlaşılır.

Makasıdu'l-Kur'an'a Rasulullah kadar hiç kimse dikkat çekmemiştir, dersek sanırım doğru bir yargıda bulunmuş oluruz. Yine Hz. Ömer'in kimi zaman nassın lafzına aykırı gibi görünen o ünlü uygulamaları, Hz. Ali, Ebubekir, İbn Mes'ud, İbn Abbas gibi seçkin sahabilerin kimi anlayış ve uygulamaları da ancak makasıdu'l-Kur'an'la açıklanabilir cinstendir.

Bu noktada Hz. Peygamber'in Kur'anî hadlere bakışı makasıdu'l-Kur'an bağlamında çok açık bir örnek teşkil etmektedir. Kur'an'ın cinayet kısası ve hırsızlık hadleriyle ilgili nassları açıktır. Bu açık nasslara rağmen Hz. Peygamber hem sözleriyle hem uygulamalarıyla 'kuşkunun' had lehine değil had aleyhine değerlendirilmesini ilke haline getirmiştir. *"İdreu'l-hudude bi'ş-sübehât: Kuşkunun varlığı halinde hadleri düşürünüz."* hadisi işte bu ilkenin veciz ifadesidir. Maiz'in cezasının infazı sırasında kaçtığının haber verilmesi üzerine "Keşke bıraksaydınız!" demesi de öyle. Olayın ardından Maiz'i itirafa ikna eden Hezzal'i "Yaptığını beğendin mi?" diye azarlaması; suçunu itiraf için gelen birinin niyetini anlar anlamaz "Aman itiraf etme!" demesi; ilk hırsızlık cezasının infazının ardından hırsızı malı üzerinde bulup getireni şiddetli bir biçimde azarlaması...

Bütün bu örnekler, Hz. Peygamber'in makâsıdı önceleyen bakışaçısının ürünüdürler. Bu konudaki örnekler sadece bu kadarla sınırlı değildir elbet.

Fakat bir köşe yazısında anlama problemi çerçevesinde bu konu ancak bu kadar ele alınabiliyor.

Makasıdu'l-Kur'an'ı, Kur'an'ı anlamanın ana kriteri kılmak için yapılması kaçınılmaz olan bir şey var: Parçalanan islam aklının yeniden birleşmesi. Buna siz, Gazzali'den ödünç alarak şöyle de diyebilirsiniz: *İcmau ulumi'd-din: Din ilimlerinin birleştirilmesi.* Yani parçalarına ayrılan bütünün yeniden biraraya getirilmesi...

Bunun için de galiba, müslümanlar olarak "fıkıh usulü"ndün önce "tefakkuh usulü" üzerinde durmamız gerekecek.

SİYASET-HUKUK İLİŞKİSİ

Varlığını ülkedeki terör ortamına borçlu olan bir partinin başkanı 312'yi savunurken haydarane naralarla "şecaat arzediyor". Tabii ki "sirkatin söylemiyor", hatta bu "şecaat" gösterisinin amacı çalınan hak ve özgürlükleri örtmek. Örtme işi yapılırken "vatan, millet, birlik, bütünlük" edebiyatı "şal" olarak kullanılıyor; her zaman yapıldığı gibi.

Bu da gösteriyor ki, bu ülkede kim hangi görüşü savunursa savunsun, her politik düşünce kendi savunduğu değerlerin istismarını yapıyor. Bir tür tezgahtarlık bu. Siyasi duruşları değer istismarına zorlayan da sistemin ta kendisi. Varlığını istismara borçlu olan sistem, muhaliflerine dahi istismarcı olmaktan başka bir seçenek bırakmıyor.

Siyasetin içine düştüğü bu zaaf, siyaset-hukuk ilişkisine de aynen yansıyor. Zaaflı siyaset, hukukla girdiği 'uygunsuz ilişki' sonucunda, hastalığını hukuka da bulaştırıyor. Bu kez hukuk politize hale geliyor. Hukukçular halk adına değil de resmi ideoloji adına yargılayıp mahkum etmeye başlıyor. Mahkemelerde 'adaletin tecellisi' değil 'resmi ideolojinin tecellisi' gözetiliyor. Yargının bağımsızlığı sorunundan çok daha vahim bir sorun hukukun haysiyetini ayaklar altına alıyor: *Yargının yansızlığı sorunu.*

Bu günkü ideolojik istismara dayalı siyaset-hukuk ilişkisinden yola çıkarak dünün siyaset-hukuk ilişkisini merak ettim. Selçuk Üniversitesi İlahiyat Fakültesi öğretim üyelerinden Ahmet Yaman'ın aynı adlı akademik çalışmasına şöyle bir göz attım. Kitap *"Siyaset-Hukuk İlişkisi"* adını taşısa da, bu adı, *"İslam Hukukunun Oluşum Süreci ve Sonrasında"* üst başlığı kayıt altına alıyor.

Kitapta verilen örnekler hep Nebevi Hilafet'in saltanata dönüştükten sonraki özden sapma dönemlerine aitti. İlginç olan, meşruiyetini İslam'dan aldığını iddia eden bu baskıcı devlet politikalarına karşı müslüman alimlerin destansı direnişleriydi. İslam'ın istismarına dayalı bir yönetimin hak ihlallerine karşı çıkanlar, yine İslam'ı ibadet ve siyasetiyle birlikte bütün olarak savunan alimler idi.

İşte bir örnek: Muhammed b. Hasan eş-Şeybani, yani Hanefi doktrininin ilk tesbitini ve kodifikasyonunu kendisine borçlu olduğumuz Ebu Hanife'nin ünlü öğrencisi "İmam Muhammed".

İmam, Abbasiler'in baskıcı dönemlerinde, hukuku otoriteye karşı savunan müstakil bir kitap kaleme alır: *Kitabu'l-İkrah.* Serahsi'nin, İmam Muhammed'in öğrencisi İbn Semaa'ya dayanarak verdiği bilgiye göre İmam, *Kitabu'l-İkrah*'ta baskı yoluyla alınan bey'atin ve yapılan yönetime bağlılık yemininin geçersizliğini açıklayınca, onu kıskananlar Halife'ye çıkıp *"eş-Şeybani, senin zorba ve hırsız olduğunu yazıyor"* diye ihbar ederler.

Buna çok kızan halife kendisini çağırtır. Önce vezirin hışmına uğrayan eş-Şeybani, durumu açıklamaya çalışırken, işin fena akıbetini anlayan İbn Semaa süratle onun evine yönelir. Evin güvenlik görevlilerince kordon altına alındığını görünce, komşu duvarlardan atlayarak içeri girer ve söz konusu kitabı aramaya başlar. Nihayet kitabı bulur ve güvenlik kordonunu yarıp kitabı çıkaramayacağını aklı kesince evin kuyusuna atarak kendisini gizler. Ev sahibi gelince güvenlik güçleri eve girer ve arama yaparlar, fakat kitabı bulamazlar. Halife İmam'dan özür diler ve hediyeler vererek gönlünü almaya çalışır.

Fakat Şeybani kitabı yazmaktan vazgeçmez, ama her denemesinde bu acı hatıra kendisini alıkoyar. Bir müddet sonra kuyusundaki suyun renginin bozulması üzerine kuyuyu temizletmek için işçi tutar. İşçiler kuyuya indiklerinde iki taş arasına sıkışmış ve bu yüzden de içine su almamış olan bir kitap bulurlar. Bu kitap o kitaptır. İmam, kitabını daha da geliştirerek kamuoyunun istifadesine sunacaktır.

Bu olayın geçtiği ülke monarşiyle yönetiliyordu. Öyle demokrasi iddiası falan yoktu devletin. Fakat, aynı dönemde kendisine yargı başkanlığı teklifini geri çevirdiği için yönetim tarafından mimlenen Ebu Hanife'nin derslerini takip edenlerin başında aynı yönetimin ordu komutanı Hasan b. Kahtabe geliyordu. Yönetime karşı muhalif tavrından dolayı Ebu Hanife'ye can düşman olan halife Ebu Cafer Mansur, baş komutanının bu tercihine karışmayı aklından geçirmiyordu.

İki dönemin 'entelijansiyasını' karşılaştıramıyorum bile.

Resmi ideolojiye kapılanmış olan hukukçu ve aydınlar 312 ve düşünceyi düşman ilan eden benzeri maddeleri ölümüne savunmayı varlık sebebi olarak açıklayabilirler. (Varlığını düşünceye karşı konuşlandırmış olmak ne büyük talihsizlik!)

Peki, hak ve özgürlüklerin bir zümre için değil herkes için olduğunu savunan hiç 'resmi ideloji' mensubu aydın göremeyecek miyiz? Bu fabrika ne zaman 'imalat hatası' verecek diye gözümüz yollarda kaldı. Şimdiye kadar bu çizgiye mensup aydınlar arasından beni şaşırtanı hiç çıkmadı, desem yeridir.

Yoksa, yoklar mı?

Varsalar eğer, varlıklarını ne zaman isbatlayacaklar?

Ben, onlar içerisinden, başta 12 Eylül darbe anayasası olmak üzere TCK'nın tüm hak ve özgürlükleri kısıtlayıcı maddelerine karşı savaş açanına rastlamadım. En demokratı, deli fıkrasında olduğu gibi "Nerden bildin?" deyinceye kadar demokrat ve özgürlükçüydü. "Tamam, işte bir tane çıktı!" dediğiniz her seferinde, tıpkı her soruya makul ve doğru cevap verdiği için taburcu olmaya ramak kalan akıl hastası gibi, bir çuval inciri berbat eden yobazlıklarını sergiliyorlardı.

NOKTAYI YERİNE KOYMAK

"Eski Türkçe'de" diyor, "göz'ün noktasını koymazsanız 'kör' olur, 'âile'ye nokta koymaya kalkarsanız 'gâile' olur."

"Nokta deyip de geçmeyin" demek istiyor, karşısında oturduğumuz 'pür insan'. Adeta, "Melek de, şeytan da ayrıntıda gizlidir" demeye getiriyor. Dikkatimizi kalemin en küçük ameli olan 'nokta'ya çekmekle, hayatın yapıtaşlarına atıfta bulunuyor. Yani, nefesi dikkate almayan hayatı, çakıl taşını dikkate almayan binayı, hücreyi dikkate almayan insanı, habbeyi dikkate almayan kubbeyi, damlayı dikkate almayan denizi gereği gibi anlayamaz, demek istiyor.

Eyvallah! 'Göz'deki 'zel'in noktasını 'aile'nin 'ayn'ına koyarsanız, her ikisini de anlamından etmiş olursunuz. Hatta anlamlarının zıddına döndürmüş olursunuz. Gözünüz "kör" olur, huzur ve mutluluk kaynağı aileniz başınıza musallat olmuş bir "gaileye" dönüşür. Evet, "hikmet" bir şeyi yerine koymaktır, bir şeyi yerinden etmeye ise "zulüm" adı verilir.

İşte bana bunları hatırlatan girişteki cümlenin sahibi kelimenin tüm olumlu çağrışımlarıyla bir "bey" ve bir "efendi" olan Ali Öztaylan. Çağların imbiğinden süzülüp gelen İslam irfanının 'edep' suretinde dondurduğu bir sima. Haliyle, yüzüyle, gözüyle, duyan bir yüreği olana özüyle konuşuyor. Bütün bunların üzerine ipek bir şal gibi örtüyor sözü; sözüyle konuşuyor.

Nureddin Şirin'i ziyaret için gittiğim Bandırma'da, "Allah için ziyaret" gibi unutulmaya yüz tutmuş bir ibadetin hemen ödenmiş 'ücreti' olarak algıladım bu buluşmayı. Nureddin'i göremedim, "postu ziyaret dostu ziyarettir" deyip bir parça buruk dönerken, böyle bir teselli armağanıyla ödüllendirildiğimi düşündüm.

"86 yaşındayım" diyor Ali Beyefendi Amcamız. Bana "münkirin kocası hiç olur, mü'minin kocası koç olur" sözünü hatırlatıyor: Duru bir hafıza, uyanık bir şuur, keskin bir zeka.

Osmanlı'dan Cumhuriyet'e miras kalan, fakat Cumhuriyet neslinin babadan kalma serveti har vurup harman savuran mirasyedi evlat gibi israf ettiği "bakıyye" etrafında dönüp dolaşıyor sohbetimiz. Ben, daha dün sayılabilecek kadar bize yakın olan bir adım gerimiz konusunda ne kadar bilgi yoksulu olduğumuzu biliyorum. Bu konudaki açığımı hâtırât kitapları okuyarak gidermeye çalışmışımdır hep. Ama işte karşımda, canlı bir tarih oturuyor. Bu ne nimet!

Muhatabım titrek ve usûl sesiyle "Hepsi de zarif insanlardı" dediği eski dostlarını anlatıyor. Bunlardan biri ünlü Mesnevi Şarihi ve İstiklal Mahkemesi'nde İskilipli Atıf Hoca'yla birlikte yargılanan ve son anda ipten dönen Tahiru'l-Mevlevi (Ongun). Onun kendisi için yazdığı uzun şiiri hiç teklemeden okuyor. Hafızasına ben de orada bulunan herkes gibi şaşırıyorum. Mevlevi'nin bu şiiri bir kitabına aldığını söylüyor.

Söz, ünlü İslam yazısı âşığı Süheyl Hoca'ya, yani Ord. Prof. Dr. Süheyl Ünver'e geliyor. Birbirlerine gelip-gidecek kadar ahbap olduklarını anlatıyor. Onun için de "zarif insandı" diyor. Dostunun uğradığı bir haksızlığı nasıl izale ettiğini de aktarıyor bu arada: Meal sahibi ünlü alim H. Basri Çantay, Prof. Ünver'in mason olduğu kanaatindedir ve bunu yazmaktan da geri durmaz. Çantay Hoca'yla bir beraberliklerinde Üstad konuyu açıyor ve bizzat Süheyl Ünver'den dinlediği hatırasını naklediyor: *"Bir gün Süheyl Hoca masonlardan söz açtı ve dedi ki: "Bu uğursuzların hepsi beni tanır ben de onları tanırım." Masonluğun içyüzünü ve karanlık yapısını anlattıktan sonra "ABD'de de üzerime çok düştüler, fakat Allah'a hamdolsun ki hiçbirine de hain niyetini bana açma cesareti vermedim."* Çantay Hoca hemen oracıkta nedamet edip özür dileyecektir.

Neyzen Tevfik'le ilk karşılaşması hayli ilginç: Üstad Neyzen'in ziyaretine gider. Neyzen yine kör-kütüktür. Hatta Mehmet Akif'in *Safahat*'a düştüğü "Bu, Neyzen'in 2400. kez tevbesini bozması üzerine" notunu hatırlatır. (Allah taksiratını affetsin, Neyzen'in her tür 'akıl örtücüyü' kullandığını da öğrenmiş oluyoruz.) Melami meşrep Neyzen, müziksever zannederek *"Niçin beni ziyarete geldiniz; ben, ne konservatuar hocasıyım, ne de mezunuyum!"* der. Üstad *"Efendim, ben Mehmet Akif'i severim, onun sevdiklerini de severim. Onun sizi sevdiğini bildiğim için geldim"* der. Neyzen, çıldırmış gibi hıçkıra hıçkıra ağlamakta, kafasını duvarlara vurarak *"Gidin, Allah aşkına gidin! Ben ayyaşın, ben sarhoşun biriyim! Beni adamdan saymayın!"* diye bağırmaktadır. Ne kadar kötü sıfat varsa hepsini üzerine almaktadır. Üstad, *"O ağladı, ben ağladım; 'Aman efendim kendinizi heder etmeyin, biz sizi üzmeye gelmedik!' dedimse de nafile."* cümlesiyle tamamlar bu karşılaşmanın hikayesini.

Neyzen'le son görüşmelerini şöyle anlatıyor: *"Neyzen'le son görüştüğümüzde, sizi bir zaman çok üzmüştüm, bugün falan yere gelin de size bir veda neyi üfleyeyim, ödeşelim" dedi. Gittim. Kimler yok ki: İbnülemin Mahmut Kemal İnal, Süheyl Ünver, Ebulula Mardin, Eşref Edip, Mahir İz ve daha birçok zarif insan. Beni karşısında bir yere oturttu. Ney üflerken neyle beraber o da ağlıyordu, dinleyenler de ağlamaya başladı. Meğer gerçekten 'veda neyi' imiş. On gün sonra vefat etti."*

Şeyh Şamil'in torunuyla olan hatıralarına da değindi Üstad. Sultan Abdulhamid'in kızı Ayşe Sultan'la ilgili hatırası bende farklı bir iz bıraktı. Şahbaba'da gördüğümüz Avrupalı madamlara benzeyen hanım sultanların portresinden hayli farklı bir portreydi onun çizdiği Ayşe Sultan portresi. Ya "Kabe Arabın olsun / Çankaya bize yeter" diyen Behçet Kemal'in, bu hezeyanını hatırlatan Üstad'a, "redd-i miras" edercesine, bir ayıp kapatma telaşıyla *"Rica ederim, rica ederim efendim; onları kapatalım, onları bırakalım!"* deyişini.

Siz de benim gibi düşünmüyor musunuz: Aramızda canlı tarihler dolaşıyor da, farkında değiliz? Yakınlarının yerinde olsaydım, Ali Öztaylan Beyefendi Amcayı, hatıralarını yazmaya ikna ederdim. Çünkü, noktayı yerine koymak için buna şiddetle ihtiyaç var.

ALİ ULVİ KURUCU

Nedendir bilmem; onu son görüşümde Ramazanoğlu Mahmut Sami Efendi'nin son yıllarını hatırladım. Ali Ulvi Bey'i de, Şami Efendi gibi şeffaflaşmış bir halde gördüm. Bedenini ait olduğu yere terk edip, 'selam yurduna' gitmek istiyormuş gibi geldi bana. Pür-nûr olmuştu.

Son görüşmemiz geçtiğimiz yılın hac mevsimindeydi. Nurlu Medine'de mukim kılavuzumuz "Hocam sizi bekliyor" deyince, yola koyulduk. Üstadı son görüşümde zihnimde yaptığı çağrışımlar yukarıdaki gibiydi. Aslında gitmeden önce "Bu gelişimde mutlaka ziyaret etmeliyim" kararlılığındaydım. Bunun nedenini de yanımdaki arkadaşlara "Neslinin son temsilcilerindendir. İşte Abdurrahman Hoca'yı, Asım Hoca'yı peş peşe yolladık. Allah ömürler versin ama..." gibi bir gerekçeyle açıklamaya çalışmıştım.

Meğer göçe hazırlanıyormuş. Meğer hissettiklerim boş bir kuruntu değil, bir "hiss-i kable'l-vuku" imiş. Bu hisle, bile isteye Ali Ulvi Bey'i anılarına döndürmeye çalışmıştım. Çünkü o bu yüzyılın tanığıydı. Özellikle bu ülkenin başından geçen *"asırlık kaza"*nın görgü şahidiydi.

Türkiye-Mısır-Arabistan üçgeninde geçen hayatı, bugünün parçalanmış coğrafyasına rağmen, yüreğindeki coğrafyanın hâlâ parçalanmadığının göstergesiydi. Konya'da başlayıp Medine'de son bulan 80 küsur yıllık hayat yürüyüşünde, kulağı hep bu topraklardan gelecek "sevap seslere" dönük yaşadı.

Bir dönem bu topraklarda sıkboğaz edildikleri için hicretin tozlu yollarına "bismillah" diyerek ailesiyle birlikte Hz. Peygamber'in konuğu olarak Medine'ye giden Ali Ulvi Bey, ömrünün son yıllarında daha bir düşmüştü doğduğu topraklara. Davetleri reddetmiyor, ziyarete gelenleri her durumda kabul ediyordu. Bütün bunlar sırasında sürekli anlatıyor, ömrünün hasılatını muhataplarıyla paylaşıyor, onları hep hakka ve hayra yönlendiriyordu.

En çok üzerinde durduğu "insan yetiştirmek"ti. Gençlik üzerine vurgu yapıyordu. Öteden beri içinde kalmış bir ukde de, "alim yetiştirecek kurumlar kurulması" konusuydu. Bu konudaki açığın farkındaydı. İmkanı olanlara dilinin döndüğünce bu konunun önemini anlatmaya çalıştığını ifade ediyordu.

Gerçek bir Peygamber aşığıydı. Üç cümle konuşursa, mutlaka birinde sözü Hz. Peygamber'e getirirdi. Bununla farkında olmadan "sünnetin hayat tarzı olduğunu" isbat eder gibiydi.

Kitaplar üzerine yaptığımız sohbetlerden birinde uzun yıllar yöneticiliğini yaptığı *Medine Arif Hikmet Bey Kütüphanesi*'nde kayıtlı bulunan değerli eserler üzerine konuşmuştuk. Şair ruhluluğu, kitap sevgisinde de kendini dışa vuruyordu belli ki.

Son ziyaretimde bir şeyi fark ettim: Ezher yıllarını konuşmaktan özel bir haz alıyor ve o yıllardan söz açılması onu heyecanlandırıyordu. Bunu, onunla bu konuyu paylaşacak insanların azlığına yordum.

Hocalarından söz açtı. Özellikle de Şeyhülislam Mustafa Sabri Efendi ve Yozgatlı İhsan Efendiler...

Mustafa Sabri Efendiden söz ederken o yaşına rağmen, sanki hocası oradaymış gibi kendisini toparlaması dikkatimi çekti. Onun ünlü eserini kastederek *"Mevkıfu'l-Beşer Tahte Sultani'l-Kader* (=Kaderin otoritesi altında insanlığın konumu) adlı kitabını ben tebyiz ettim" demişti. O eseri temize çekerken kimi yerlerini anlamakta zorlandığını, kimi yerlerini de kabullenmekte zorlandığını îmâ etti. Eseri matbaaya veren de yine üstadın kendisi olmuş.

Sözün buraya gelmesi benim için de bulunmaz bir fırsattı. Mustafa Sabri Efendi'nin bu eserde neden katı bir Eş'ari yorumuna meylettiğini, hatta "kader" konusunda adeta su katılmamış bir Cebriyye müntesibi gibi düşündüğünü sordum.

Belli ki, Hocası hakkında olumsuz bir şey söylemekten

dikkatle kaçınıyordu. Olağanüstü nazik bir üslupla, bu konuda Mustafa Sabri Efendinin neden böyle bir tavrı tercih ettiğini kendisinin de merak ettiğini, bunun mutlaka bir sebeb-i hikmeti olması gerektiğini, ama kendisinin bunu bilemediğini söyledi.

Ben, bu noktada kendi düşüncemi açtım: "Acaba" dedim, "Efendinin Osmanlı bakiyesi topraklarda ve özellikle de Anadolu'da baş döndürücü bir hızla gerçekleşen kırılmalar ve altüst oluşlar karşısında yaşadığı hayal kırıklığı ve umutsuzluk hali mi onu bu noktaya sürükledi?"

Üstat uzun uzun düşündükten sonra "Bilemiyorum" demekle yetindi.

Onun vefatı, sadece bir Peygamber aşığının kaybı değil, aynı zamanda bir çağın tanığının da kaybı anlamına geliyor. Bu güzide insanın kaybını hiçbir şey telafi edemez elbet; fakat gönül onun hayat hikayesini kendi elleriyle kaleme almış olduğunu duymak istiyor. Eğer böyle bir şey olduysa, bu sadece onu sevenlere bıraktığı en güzel yadigar olmakla kalmayacak, aynı zamanda dönemindeki kimi karanlık noktalara ışık tutan bir belge hüviyetini de taşıyacaktır.

Ruhu şâd, mekanı cennet olsun.

EY ADAM DOĞURAN ADAM: GÜLE GÜLE GİT!

28 Şubat post-modern darbesi, sıra dışı bir müdahaleydi. Baskı ve zulüm yöntemleri de sıra dışı oldu. Bu müdahalenin zulüm çetelesini tutanlar, görünenin dışında bir çok görünmeyen mağdur ve mazlumun varlığını gün geçtikçe daha net görecekler.

Sırf benim dinlediğim öyle iç paralayıcı, öyle dehşetengiz 28 Şubat dramları var ki, bırakın yaşamayı, bunları dinlemeye bile tahammül edemiyor insan. Esad Coşan Hocaefendi de post-modern darbe sürecinin görünmeyen mağdurlarından biri. Evet, doğrudur "gönüllü sürgün" ifadesi. Hatta yumuşatıldığı bile düşünülebilir.

Her biri hicretin ebedi gelini Hacer gibi dünyanın dört bir yanına hicret etmek zorunda bırakılan başörtüsü mağduru kızlar da, merhum Esad Hoca gibi birer 28 Şubat sürgünü değiller mi? Bu ülkenin kendisine zindan edildiği, yaşam alanı daraltılan ve birinci tehdit ilan edilip kendilerine "topyekün savaş" açılan dindar kesimlerine mensup kaç kişi, yurdunu yuvasını, evini barkını, hatta ülkesini yaşlı gözler ve kırık gönüllerle "Ya Kahhar!" çekerek terk etmiştir, Allah bilir.

Esad Coşan'ın, Fethullah Gülen'in ve bu ülkenin yetiştirdiği daha bir çok değerin gönüllü-gönülsüz sürgüne tabi tutulması elbette bu ülke adına bir utanç ve kayıptı. Fakat ben bu post-modern sürgünleri, *"cüz'î şerle küllî hayrın murad edildiği"* ilahi bir 'atama' olarak algılama taraflısı oldum. Kimi dostlar bu görüşüme ısrarla karşı çıksalar da, ben bu post-modern sürgünleri birer 'hicret' olarak değerlendirdim.

Tüm hicretler, bardağın boş yanına bakınca birer 'kaçıştırlar'. Eğer şeytanın gör dediği yerden bakılırsa en soylu hicretler bile böyle değerlendirilebilir. Fakat, aslında her hicret bir heyelandır. Heyelanlar, ilk bakışta bir felaket, bir âfet gibi görünürler. Zemin kaymasıdırlar ve kimi zaman can da yakarlar. Fakat, her heyelanın görünmeyen güzel bir yüzü daha vardır; yorgun toprakların dinç topraklarla yer değiştirmesi, bir tazelenme, yenilenme...

Dünya tarihinde iz bırakan tüm medeniyetler büyük göçlerin sonunda gerçekleşmiştir. Kavimler ana yurtlarında hiçbir şeyken, göç ettikten sonra tarihe damga vurmuşlardır. Tarihin en büyük iman hamleleri, sürgünlerin, göçlerin ardından yaşanmıştır. Hz. İbrahim'in gönüllü sürgünü, Hz. Yusuf'un zoraki göçü, Hz. Musa'nın 'isra'sı, Hz. Muhammed'in Hicret'i gibi...

Anadolu'daki İslam'ın kendisi de bir göçün, hem de büyük ve organize bir göçün eseri değil midir? Âlimleri, gazileri, dervişleri nasıl unuturuz? Rumeli'de ve Balkanlar'da İslam'ın temellerini atan Sarı Saltuk'u nasıl unuturuz? Öldüğü zaman cesedinin hangisinde olduğu bilinmeyen yedi tabut hazırl tılıp, bunların Macaristan'dan İsveç'e, Dobruca'dan Moskova'ya kadar tek tek belirttiği yerlere gömülmesini vasiyet etmişti. Avrupa'daki İslam'ın müstakbel sınırlarını tabutlarıyla çizen bu adamın medeniyet bilincine bu ülkenin asil ve cins evlatlarını gözünü kırpmadan harcayan yöneticilerin aklı erer mi?

Esad Coşan, gittikçe rafineleşen ve tortularını atarak yaygın bir halk eğitim müessesesine dönüşen Anadolu sûfîliğinin en şuurlu ve dik duruşlu önderlerinden biriydi. İlimle, kitapla, kalemle ünsiyeti olan ve 'mahsus' (hisse dayalı) değil 'mansus' (nassa dayalı) bir tasavvufi kola mensup olması, görüş ve düşüncelerini gittikçe daha berrak hale getirmişti. Bakınız, vefatından önceki bir Cuma konuşmasında (26 Ocak 2001) ne diyor:

"Lütfen beni de sivriltmeyiniz... Her biriniz kendiniz hizmet ediniz... Bir tek kişinin çalışmasına bağlı olan çalışma, çalışma değildir. Mühim olan İslam'a hizmettir... Hepinizi şuura davet ediyorum, göreve davet ediyorum, İslam'a hizmet etmeye davet ediyorum, Hakka tabi olmaya davet ediyorum, körü körüne hareket etmemeye davet ediyorum. Müslümanlar fikir farklarına rağmen işbirliği yapmasını öğrenmek mecburiyetindedirler!"

Bu cümlelerin altına hangi aklı başında müslüman imza atmaz? Merhum "aşırı yüceltmeye", "insanüstüleştirmeye" açıkça tavır alıyor. Müntesiplerini 'gölge' değil 'şahsiyet' olmaya davet ediyor. Müminleri duygu, düşünce ve iş birliğine davet ediyor. Adeta bir vasiyet gibi olan bu son konuşmasının bir yerinde lokomotifi olduğu meşrebi de aşıp engin ufukları kucaklayan şu çağrısı, onun yaşadığı son acılardan hakikat ve bilinç damıttığının en güzel göstergesi:

"Ben, Allah'ın rızasına uygun hayat tarzını hedef alıyorum. Yani ben, illa mutasavvıf olacağım diye yola çıkmış değilim, ben Allah rızasını kazanmak için yola çıkmışım. O yol beni nereye götürürse ben oyum!... Biz insanlara "Derviş ol!" diyoruz, halbuki "Ehl-i Kur'an ol, ehl-i hadis ol!" dememiz lazım. Çünkü Kur'an münakaşasız bir rehberimiz, Peygamber Efendimiz münakaşasız bir önderimiz. Sen Kur'an'ın hakiki ehli ol, ben senin ayağını öpeyim..."

Bu, işte bu!

Ruhuna sağlık üstadım; imanına, iz'anına, irfanına, ihsanına sağlık!..

Güle güle git; yolun da bahtın gibi açıktır, gözün de yüzün gibi aydın olsun!

Çizgiler, üsluplar, yaklaşımlar ayrı olmuş, ne fark eder ki? Aynı rüyayı görmüyor muyuz? Aynı sevdayı duymuyor muyuz? Aynı davayı omuzlamıyor muyuz? Aynı sancıyı çekmiyor muyuz?

Bize oralardan dua et üstadım! Buralardan ağıt sesi duyarsan, sanma ki senin içindir. Kalanlar kendi hallerine ağlıyorlar, ağlasınlar... Ağlasınlar ki seni ve senin gibi adam doğuran adamları anlasınlar!

Güle güle git! Makamın cennet olsun!

CD'DEN ALİM OLMAZ; AMA ARTIK ALİM CD'SİZ OLMAZ

'Otçunun gözü yoncada olur' deyimi, tam da bizim gibilerin durumunu ifade ediyor. Ne zaman bir yurtdışı seyahatine çıksam gözüm hep kitaplarda olur. Şimdi eskiden olduğu gibi yalnızca kitap piyasasını değil, aynı zamanda CD piyasasını da kolaçan etmek gerekiyor.

Daha önce Abraham Sharoni'nin Arapça'dan İbranice'ye en iyi sözlük sayılan *el-Mu'cemu'l-Muasır* (*The Up-to-date Arabic-Hebrew Dictionary*)'ını ve İbranice'den Arapça'ya en iyi lugat sayılan Y. Kucman'ın *Kâmus*'unu Kudüs'ten getirtmiştim. Bu yaştan sonra kös kös İbranice çözmeye çalışmak tatlı bir ıstırap. Ama birkaç kez başvurduğum Baş hahamlık, çok rica etmeme rağmen birkaç cümlelik İbranice metinleri bile gerekçeli biçimde çözümleyip bana teslim etmeyince, başka çarem kalmamıştı. Eğer Kudüste yolum kesilmeseydi bir *E. Judaica* (*Yahudi Ansiklopedisi*) alacaktım, olmadı. Bu kitap Yahudi kültürünün hazinesi, geçmişte çok lazım oldu ve hâlâ olmayı sürdürüyor.

Amman bilgisayar piyasası açısından Arap dünyasının en gelişmiş yerlerinden biri. Özellikle ilmi CD'ler açısından çok zengin. Fakat Amman'da gezerken bir türlü fırsatını yakalayıp piyasayı kolaçan edemedim. Aradığım fırsatı sonunda Mekke'de buldum.

Nüzhe, Mekke'nin bilgisayar merkezi. Yolum ne zaman Mekke'ye düşse Nüzhe'ye muhakkak uğrarım. Taksiciler de artık işi öğrenmişler: "Nüzhe" deyince sizi en ünlü bilgisayar sitelerinin önüne getirip bırakıyorlar. Hoş, artık İlmi CD'ler Nüzhe dışında da satılıyor. Hatta, o piyasa çoğunlukla Alt kıtalı tezgahtarların insafına terk edildiği için, Nüzhe dışından almak daha cazip gibi geldi.

İslami ilimler alanında ilmi çalışma yapıp da *Turas* adını duymayan var mıdır, bilmiyorum. Bu Amman/Ürdün merkezli bir şirket (www.turath.com). Ondan önce kurulan Sahr gibi şirketleri kısa zamanda fersah fersah geçerek İslami İlimler alanında CD piyasasının bir numarası oluverdi.

Bendeniz 3.5 yıldan beri Turas'ın ürünlerini kullanırım. İlk ürünleri flopy ile kurulan eski sistem ürünlerdi. Şirket, ürünlerinin kopyalanmasını önlemek için olağanüstü koruma (himaye) önlemleri almış, fakat ürünün "exe" dosyalarına virüs sızmasını önleyememişti. Şimdi o problemi halletmişler. Yeni ürünleri disketsiz, doğrudan CD'den kuruluyor.

Turas'ın ilk şaheseri *el-Mevsuatu'z-Zehebiyye* (*Altın Ansiklopedi*) idi. Bazıları 20-30 cildi bulan 450 eseri içeren CD 200 000 hadisi senet ve şerhleriyle birlikte tahlile imkan tanıyordu.

Bu ilk çıkıştan sonra Turas, bu altın adımını binlerce cilt tutan 1000 kitabı içeren *Silsiletu'l-Elfiyye* ile taçlandırdı. 1400 yıllık hadis külliyatının hemen tamamına yakınını bir tek CD'ye sığdırılacağını ve aradığınız hadisin kritiği, ravileri, ravilerinin hal tercümeleri, onlar hakkında söylenen sözler, o hadisin değişik varyantları ve hakkında yapılmış tenkitlerle birlikte bir tuşta önünüze serileceğini çok değil çeyrek yüzyıl önce hayal bile edemezdiniz.

Eski alimlerin ne zor şartlar altında çalışıp ürettiği gözümün önüne geldikçe, kendim ve kuşağım adına biraz da utanıyorum. Bunca imkana rağmen neden "kaht-ı rical" (Adam/yiğit kıtlığı) kahredici boyutlarda? İlmin bereketi mi kaçtı? Yoksa alimin 'madeni' mi tükendi? Benim 30 metrekarelik kütüphanemin aldığı sayıda kitabı tek bir CD'ye sığdırmışlar ve alın kullanın diye önümüze koymuşlar. Elbet bunun da bir vebali vardır, diye düşünüyorum.

Turas'ın, Fıkıh, Kelam, Tarih, Edebiyat ve Ansiklopedi alanında da dolgun içerikli CD'leri bulunuyor. Ben öteden beri Lübnan merkezli Aris şirketinin 18 tefsir ve Kur'an ilimleri kitabına ilaveten İngilizce ve Fransızca meali ve üç adet de ses CD'si olan ürününü kullanmaktaydım. Fakat bu ürün, bilimsel araştırma yapanlar için eksiklikler içeriyordu. En başta, kaynak göstermek için, Turas ürünlerinde olduğu gibi, eserlerin sayfalandırma (tasfih) sistemi bulunmuyordu. Turas şimdi bir de *Mektebetu't-Tefsir ve Ulumu'l-Kur'an* isimli bir CD çıkarmış. CD'de 25 tefsir, 44 Kur'an İlimleri, 6 tefsirle ilgili biyografi ve monografi kitabı 9 da Kur'an'la ilgili lugat ve ıstılah kitabı yer almakta. Görür görmez tereddüt etmeden aldım. Henüz kurup da safasını sürmeye başlamadım.

Turas ürünlerinin en büyük eksiği, bütün bir İslam bilgi birikimini bize sunmuyor oluşu. Maalesef bu konuda hâlâ eskinin ideolojik yaklaşımı revaçta. Sünni ideolojisi dışında kalan İslam kültür mirasına (Zemahşeri'nin *Keşşaf*'ı gibi birkaç istisnası dışında) hemen hiç yer verilmemiş. Oysa Hadis, Tefsir, Fıkıh CD'leri içerisine Mutezili, Şii, Harici/İbadi ve hatta İsmaili müktesebat da girmeli. İlim adamları için hazırlanan bu CD'lerde bu ümmetin müstakbel alimleri, kendi bilgi birikimlerini tüm soru, sorun ve ekolleriyle birlikte mukayeseli olarak öğrenebilmeliydi. Buna da şükür. Elbet bu da bir şey.

Bendeniz bu yazıda, asıl Ummu'l-Kura Üniversitesi hocalarından Necati Bey'in "Gördünüz mü?" uyarısı üzerine araya araya bulduğum üç cilt halinde basılmış bir doktora tezinden söz etmek istiyordum: *İtticahatu't-Tefsir fi'l-Karni'r-Rabi Aşer* (*14. Yüzyılda Tefsir Yönelişleri*). Fakat yer kalmadı. İnşaallah bir başka zamana.

Sözün özü: Eskinin hadis hafızlarından daha kapasiteli hadis CD'lerimiz var; fakat 'rivayet'e gücü yetiyor da 'dirayet'e gücü yetmiyor, mutlaka insan/alim' istiyor. Eskinin en ünlü müfessirlerinin elinin ulaşamayacağı Kur'an ve tefsir ilimleri kitabını içerisinde toplayan tefsir CD'lerimiz var; fakat 'anlam'ı arayamıyor ve 'yorum' yapamıyor. Beş mezhebin (5. Mezhep Zahiriler) fıkıh kitaplarını ve usullerini içeren fıkıh CD'lerimiz var; fakat CD'ler 'ictihadı' beceremiyor ve 'fetva' veremiyor. Çünkü CD'nin 'aklı' yok.

O halde; CD'den alim olmaz; ama artık alim CD'siz olmaz.

MARMARA İLAHİYAT'IN İDAM FERMANI

'Derin'lerden gelen fermana göre, İlahiyatlar'ın idam hükmü, İmam Hatipler'in ve Kur'an Kursları'nın idam hükmüyle eşzamanlı olarak imzalanmış. Ne ki İlahiyatlar infaz sırasını beklemekteymiş.

'İyi haber alan' kaynaklarımın söylediğine bakılırsa, ferman sahipleri hedefi daha baştan belirlemişler. Buna göre, İmam Hatip Liseleri'nin sayısının yurt çapında 600'den 60'a, İlahiyatlar'ın sayısınınsa 60'tan 6'ya indirilmesi için ferman çıkarılmış.

Hani, bir zamanların bisküvi reklamı vardı ya: "Bisküvi deyince akla/hemen onun adı gelir!" Tıpkı o misal, "devlet" deyince akla "hemen onun adı gelen" bazı derin güçlerin imzaladığı idam fermanından haberdar olan kimi İlahiyat kökenli tecrübeli siyasiler, "Bu fermanı ancak yazanlar bozabilirler, gerisi boş" diyesiymiş.

Bu tür bir söylem, bana biraz "grev kırıcılık" gibi geldi. İnsanları hukuk mücadelesinden caydırma ve haksızlığa karşı "dilsiz şeytan" kılma amacına hizmet edecek her tür söz ve tavırdan uzak durmak, akl-ı selim gereğidir diye düşünüyorum.

Şimdilerde infaz sırası Marmara İlahiyat'a gelmiş bulunuyor. İstanbul Valisi, İlahiyat'ın boynuna asılan idam kararını okudu bile. Vali Çakır, Salı günü bir özel kanala verdiği demeçte, bıçaklama olayı münasebetiyle aynen şunları söylüyordu: "Marmara Üniversitesi İlahiyat Fakültesi irticai kesimler tarafından üs olarak kullanılmaktadır. Fakültenin bu niteliği ortadan kaldırılacaktır."

Marmara İlahiyat'ın ipini çekme görevi ise, bayağı gizemli bir isim olarak tanınan baygın bakışlı Zekeriya Beyaz'a havale edilmiş. Meğer Beyaz da aynı okulun mezunu değil miymiş? Talihin garip cilvesine bakın; Marmara İlahiyat gibi geleneği olan bir eğitim kurumunun körpe fidanlarını, sapı kendinden olan bir 'aletle' kesecekler. Oedipus Kompleksi dedikleri bu mu acep? Hani şu bilmeden baba katili olan oğulu anlatan Yunan tragedyası. "Ne bilmedeni? Taammüden, taammüden!.." diye haykırdığınızı duyar gibiyim. Size hak veriyorum.

Marmara İlahiyat'ın bir "ekol" olup olmadığına ben karar veremem. Fakat, bu İlahiyat'ın hiçbir sevabı olmasa dahi, yirmi cilde kadar gelip dayanan *İslam Ansiklopedisi*'ni hazırlayan kadronun bel kemiğini bu okulun hocalarının oluşturması, tek başına iftihar olarak yeter. Kaldı ki, Marmara İlahiyat, Hayreddin Karaman gibi tek başına ekol olmuş hocalar yetiştirmesinin yanında, kadrosu itibarıyla Osmanlı'dan cumhuriyete din ilimleri tedrisatındaki sürekliliği temsil eden bir özelliği de bünyesinde taşıyor. Son yıllarda Marmara İlahiyat'ın misyonunda ölçülebilir bir aşınma gözlemlense de, yine de okul, diğer İlahiyatlar içerisindeki ayrıcalıklı yerini korumayı sürdürüyor.

İşte onun bu ve daha sayamadığım özellikleri, bu ülkede dinle irtibatlı her hangi bir kurumun 'gelenek sahibi olmasını' tehlikeli bulan uzatmalı derin iradeyi rahatsız etmiş olmalı ki, ona alternatif olarak İstanbul İlahiyat'ı "sipariş" ettiler. Yıllardır adı var, kadrosu var, fakat kendisi yok olan bu sözüm ona okulun ne işe yaradığını/yarayacağını kimseler bilemedi. Belki onun başına paraşütle indirilen Yaşar Nuri Hoca dahi...

Fakat, herkesi 'horul horul' uyutanlar, İstanbul İlahiyat'ın Horhor'daki inşaatını, arkalarından atlı gelir gibi 'harıl harıl' sürdürüyorlar. İnsan ilk bakışta bir anlam veremiyor: Bir yanda İlahiyatlar'ın kapısına kilit vurmak için operasyonlar sürerken, diğer yanda hummalı bir biçimde süren İlahiyat inşaatı...

Her şey açık. Ferman sahipleri paranoyalarını, Marmara İlahiyat'ta okuyan bin civarındaki başörtülü kızın gözyaşı üzerinden tatmin edecekler. Bu arada, Marmara İlahiyat'ın hoca kadrosu da ustaca dağıtılmış olacak.

Hep o bildik oyun oynanacak yine. İlk su koyverenler,

emekliliği hak etmiş olanlar arasından, istifa etmesi halinde "Yıkılası hanede evlad u ıyal var!" mazeretine sığınamayacaklar arasından çıkacak. Kimi hocaları, öz yavrusunu yiyen kedi rolünü oynamaya ikna etmeye çalışacaklar. Kimbilir, belki bu oyuna gelenler de çıkacak. Bir taşla birkaç kuş vurmuş olacaklar. Muhtemel sonuç hem onurlarını, hem okullarını, hem de talebelerini ellerinden alıp, bunun sonunda hiçbir şey elde edemeden, onursuz ve okulsuz ortada kalıvermek olacak.

Dilerim bu kötü bir rüyadır. Haksız çıkmayı hiç bu kadar arzu etmemiştim. Umarım ben haksız çıkarım ve bütün bunlar olmaz. Umarım herkes oynanmak istenen oyunun farkına varır, talebesiyle hocasıyla bu köklü kurum kurda kuşa yem edilmez.

Bütün bunlardan sonra, hakkında yazılanlardan hayli şaibeli biri olduğu anlaşılan Beyaz'ı kimin bıçakladığının ne önemi var?

Baygın bakışlı Zekeriya'nın yarası iyi olacak; ama Marmara İlahiyatlı kızların ve onlar gibi daha binlercesinin yüreğinde açılan yara ise, İslam'a karşı açılan savaşın sembolü haline gelen başörtüsü yasağı bitene dek sürecek.

Koskoca ülkede, dînî unsurlara karşı yürütülen bu savaşın, bu ülkenin idam fermanı olduğunu ferman sahiplerine duyuracak etkili bir ağız yok mu?

MEDENİYET PERSPEKTİFİ OLMAYANIN FETVASI

Önceki yazılarımda, Batılılaşma sürecinin AB'a giriş (ya da girmeyiş)'le bir şekilde tamamlanması gerektiğini, bu topraklara yeni bir istikamet açısı tayin etmek için batıcı-yabancılaşmış kadroların tasfiyesinin bir yolunun da bu olduğunu söylemiştim.

Yeni coğrafyalara açılım, yeni bir 'yürek fethi' hareketine zemin hazırlayabilirdi. *Gaziyan-ı Rum, Baciyan-ı Rum* ve *Abdalan-ı Rum*'un on asır öncesinden Anadolu'da ektikleri güçlü İslam tohumu sayesinde bu topraklar her türlü sapma ve saptırma girişimine karşı direnebildi. Yönetici seçkinlerin güç kullanarak zorla yabancılaştırma projelerinin tutmayışının temelinde işte bu 'kökler' yatmaktaydı.

Hatta ne kadar yabancılaşmış olursa olsun, o köklere nisbeti olanlarla o köklere nisbeti olmayanların -'refleksif' ve 'içgüdüsel' de olsa- davranışları arasındaki farkın sebebi bu. Mehmet Barlas, kendisiyle yapılan bir mülakatta 28 Şubat'ın kirli çamaşırlarını ortaya dökerken Aydın Doğan Dinç Bilgin farkını şöyle ortaya koyuyor:

"Aydın Doğan malum süreçte Dinç Bilgin'e göre çok daha tutarlı davrandı. Gazetesi Ankara'dan talimatla çıktı. Havuz gazeteciliğinin bir parçası oldu; ama Yavuz Gökmen gibi yazarlar da atılmadı. Militarist, derin devletçi yazarlar vardı: ama hiçbir yazar o dönemde satılmadı. Yine o dönemle ilgili Taha Akyol bana bir olay anlattı: "Çevik Bir, Aydın Doğan'ı eleştiriyor "Gazetendeki bazı yazarlar türban konusunda, genç kızların başörtüsü konusunda yanlış yazıyor' diyor. Aydın Bey Çevik Bir'e 'Gel kendileri ile konuş' diyor. Bunun üzerine Çevik Bir gazeteye geliyor. Genelkurmay ikinci başkanı yazarlarla toplantı yapıyor. Taha Akyol kendisine soruyor: 'Niye Türk toplumunun geleneklerine bu kadar karşı çıkıyorsunuz? Bunun için Türkiye'de çok değerli sosyologlar var. Niye onlara danışmıyorsunuz?' Çevik Bir de

'Eğer sosyologlara danışırsak bu konudaki kararlılığımız dağılır' diyor. Daha sonra toplantıda sert tartışmalar oluyor. Çevik Bir gidince Aydın Bey Taha Akyol'u kutluyor. 'Sen bildiğin gibi yaz. Ben senin arkandayım.' Diyor. Aydın Doğan'ın böyle şeyleri var; ama Dinç Bilgin böyle değil. Aslında Bilgin, aydın, Batı'ya dönük, her kitabı okur gibi görünen; ama ne istediyse tam tersine varan bir insan." (Zaman)

Barlas'ın gözden kaçırdığı nokta, Sabatayist Dinç Bilgin'in köken olarak bu topraklara, bu toprakları bizim kılan değerlere nisbetinin olmadığı idi. Modernleşmeyi "değer yıkıcılık" olarak anlayıp, bu toprakların öz insanlarına ve onların bağlı olduğu değerlere karşı yıkıcı davranan batılılaşmış seçkinler bu açıdan elemeye tabi tutarsanız, elde ettiğiniz sonuç size küçük dilinizi yutturabilir.

Asıl söylemek istediğim, Anadolu'yu İslam yurdu kılan yürek fethi hareketinin Batı için de geçerli olduğu. Önceki gün akşam bir Alman mühtedisini izlerken gönlüm ve gözüm dolu dolu oldu. İslam'ı atalarından miras olarak alanların mirasyedi psikolojisiyle ulaşamayacakları bir şuur seviyesine, Hüda ismini alan genç kızın yürek teriyle kazandığı iman sayesinde nasıl ulaştığına sözü, yüzü, gözü ve de özü şahitlik ediyordu.

Ben bu gerçeğin yıllardır şahidiyim. Avrupa'ya her gidişimde bir çok mühtedi müslümanla tanışırım. Bilinç seviyeleri beni şaşırtacak kadar ileridir çoğunun. Kimileriyle mesaj alışverişimiz sürer. Onlardaki perspektifi, birçok atadan kalma müslümanda göremeyişime hayıflanırım. Bunun en büyük nedeninin "mağlubiyet psikolojisi" olduğunu sanıyorum. Asıl mağlubiyetin kendine ve inandığı değerlere güvenmemek olduğunu insanımıza anlatmanın bir yolunu bulmalı. O zaman, aşağılık kompleksinden belki kurtulacaklardır.

Bu da "medeniyet perspektifi" kazanarak sağlanır. Önce F. Köprülü'nün sonra M. T. Okiç'in çalışmaları sayesinde gün yüzüne çıkan Sarı Saltuk misyonu beni hep kendisine hayran bırakmıştır. Sarı Saltuk'un bugün yedi yerde mezarı (makamları hariç) vardır. Bunun hikmetini ancak medeniyet perspektifiyle açıklayabiliriz: Hicri 662 (1263 m.)'de, davet maksadıyla beraberindeki bir grupla birlikte Avrupa'ya (Balkanlar) geçen Sarı Saltuk, vefatından sonra cesedinin hazırlanan yedi tabuttan birinin içine konmasını ve bu yedi tabutun uzaklarda bulunan yedi kâfir memleketine *(Moskov, Leh, Çeh, İsveç, Edirne, Boğdan, Dobruca)* defnedilmesini vasiyet etmişti. Zira bu şekilde kabrini ziyaret edecek müslümanların gerçek mezarını bilmeyecekleri, yedi kâfir memleketinin her birine gitmek zorunda kalacakları ve bu ziyaretler dolayısıyla bu ülkelerin İslam toprağına inkılap, ilhak ya da iltihak edeceğini düşünmüştü.

Yıllar önce Avrupa ziyaretlerimden birinde bir konferansın ardından bir soru sorulmuştu:

"Bazı hocalar, daru'l-küfür gerekçesiyle ölülerimizi buraya gömmemizin caiz olmadığını söylüyorlar. Biz de binlerce mark vererek ölülerimizi Türkiye'ye gönderiyoruz. Siz ne diyorsunuz?"

Ben şaşırmıştım. Türkiye'nin ölülere değil 'dirilere' ihtiyacı olduğunu, fakat Avrupa'nın müslümanın ölüsüne de ihtiyacı olduğunu, her müslüman mezarının, bu topraklardaki İslam tapusu olduğunu, yaptıklarının her açıdan yanlış olduğunu söylemekle yetindim.

Anlaşılan bundan böyle bir şeylerin cevazını sorgulamadan önce, şu sorunun cevabını bulmamız gerek:

Medeniyet projesi ve perspektifi olmayan bir âlimin başta ekonomik meseleler olmak üzere, sosyal konularda fetva vermesi caiz midir?

YENİ KİTAP
DAĞARCIK
- I -
Bu kitap,
1992-1994 yılları arasında,
Vakit ve günlük Selâm gazetelerinde
yayımlanan yazılardan
bir kısmının gözden
geçirilmesiyle vücut buldu.
DAĞARCIK -I-
Mustafa İslâmoğlu
Daha Okunacak Çok Şey Var!
DENGE YAYINLARI
Tel: (0212) 524 75 24 · Fax: (0212) 631 06 15